# 人口減少社会のデザイン

広井良典〔著〕

東洋経済新報社

目次◉人口減少社会のデザイン

## 第7章 持続可能な福祉社会——地球倫理の可能性

イントロダクション：

# AIが示す日本社会の未来――2050年、日本は持続可能か？

## はじめに――AIは未来予測や政策に活用できるか

「AI（人工知能）」という言葉が、あらゆる場面に登場している。アメリカの未来学者カーツワイルが唱えたいわゆる「シンギュラリティ（技術的特異点）」論ないし〝2045年問題〟のように、最高度に発達したAIがやがて人間を凌駕し、さらにはそれが人体改造された人間と結びついて〝永遠の意識〟が生まれるといった議論も存在する。また、AIによって人間の仕事ないし雇用の大半が取って代わられ大量の失業が生まれるといった話題は繰り返し論じられている。

しかし昨今の議論を聞いていると、いささかAIの能力が過大評価ないし〝神聖化〟されているように思われることが多い。

私は1980年代末の2年間をアメリカのボストンで（MIT［マサチューセッツ工科大学］の

大学院生として）過ごしたが、当時はＡＩの「第二次ブーム」と呼ばれている時期で、現在と同様にＡＩ論が非常に盛り上がっており、〝病気の診断もすべてＡＩが行うようになるので医者はいらなくなる〟といった議論もよく行われていた。その後いったんそうした「ブーム」は沈静化し、やがてリバイバルとなったわけだが、そうした流れからも、少し冷静な視点が重要だろう。

いずれにしても、このようにＡＩに対する社会的関心が高まっている中で、私たちの研究グループ（私を代表とする京都大学の研究者４名と、２０１６年６月に京都大学に創設された日立京大ラボのメンバー数名）は２０１７年９月、ＡＩを活用した日本社会の持続可能性と政策提言に関する研究成果を公表した（ウェブサイト「ＡＩの活用により、持続可能な日本の未来に向けた政策を提言」参照）。その内容は、ＡＩを活用して２０５０年頃に向けた約２万通りの将来シミュレーションを行い、それを踏まえて採られるべき政策の選択肢を提起するという趣旨のものだった。

〝ＡＩを活用した社会構想と政策提言〟という研究はほとんど日本初のものだったこともあり、政府の各省庁、関連機関、地方自治体、民間企業等、各方面から多くの問い合わせがあり、こうしたテーマに対する関心の高さと手ごたえを感じた。また、長野県庁や岡山県真庭市等とはそれぞれの地域の未来構想に関する同様のＡＩ活用を連携して進め、このうち長野県のものは、リニア新幹線開通が地域にもたらす影響への対応というテーマを含め、２０１９年４月に

「ＡＩを活用した、長野県の持続可能な未来に向けた政策研究について」として公表した。

一方、中央省庁では文部科学省の高等教育局と、上記の研究成果に高等教育を組み入れた新たなシミュレーションを協働で作成し、２０１８年11月に中央教育審議会大学分科会・将来構想部会合同会議に報告するなどした。これは日本の省庁が「ＡＩを活用した社会構想と政策立案」に関する試みを行った初めてのケースだろう（以上の内容はいずれもウェブ上で閲覧可能）。

そして、ＡＩを活用して行った日本社会の未来に関するシミュレーションは、本書のテーマである「人口減少社会のデザイン」と深く関わる内容のものであるので、ここではその概要を紹介するとともに、そこから浮かび上がってくる今後の課題や展望について若干の議論を行ってみたい。

## 問題の設定――「２０５０年、日本は持続可能か？」

私たちの研究の出発点にあったのは、現在の日本社会は「持続可能性」という点において〝危機的〟と言わざるをえない状況にあるという問題意識である。

日本社会が持続可能性において危機的であるということは、多くの事実関係から言えることだが、特に次のような点が重要ないし象徴的な事柄と言えると思われる。

## （1）財政あるいは世代間継承性における持続可能性

しばしば指摘されるように、日本における政府の債務残高ないし借金は1000兆円あるいはGDP（国内総生産）の約2倍という、国際的に見ても際立って大きな規模に及んでおり、言い換えれば私たちは膨大な借金を将来世代にツケ回ししている。

図表0－1はそうした政府の債務残高の推移の国際比較だが、文字どおり日本が突出している。これに関して多少の余談を記すと、私は1996年から2016年までの20年間、千葉大学で社会保障論という通年の講義を行っていたが、その講義を始めた90年代後半の頃——それはこの図の左端の時期にほぼ対応している——、私は講義の中で、日本の借金はすでに相当の規模になっているけれども、イタリアを抜くことはないのではないかと学生に話していたことをよく覚えている。しかしそうした予想を裏切って日本はイタリアを軽く抜き、その後も政府の借金はどんどん増えていった。

「政府の借金」というと、どこか〝他人事〟のように感じる人も多いのだが、要するに、私たちは医療や年金、福祉などの社会保障の「給付」は求めるが、それに必要なだけのお金（＝税や社会保険料）を払おうとせず、その結果、将来世代に膨大な借金をツケとして回しているのだ。

これは、持続可能性という観点からも真っ先に注目すべき事実だろう。そしてそれは世代間の公平という観点、あるいは〝子や孫に借金を残すのは避けるべきだ〟という、日本人が本来

**図表 0–1　債務残高の国際比較（対GDP比）……日本が突出**

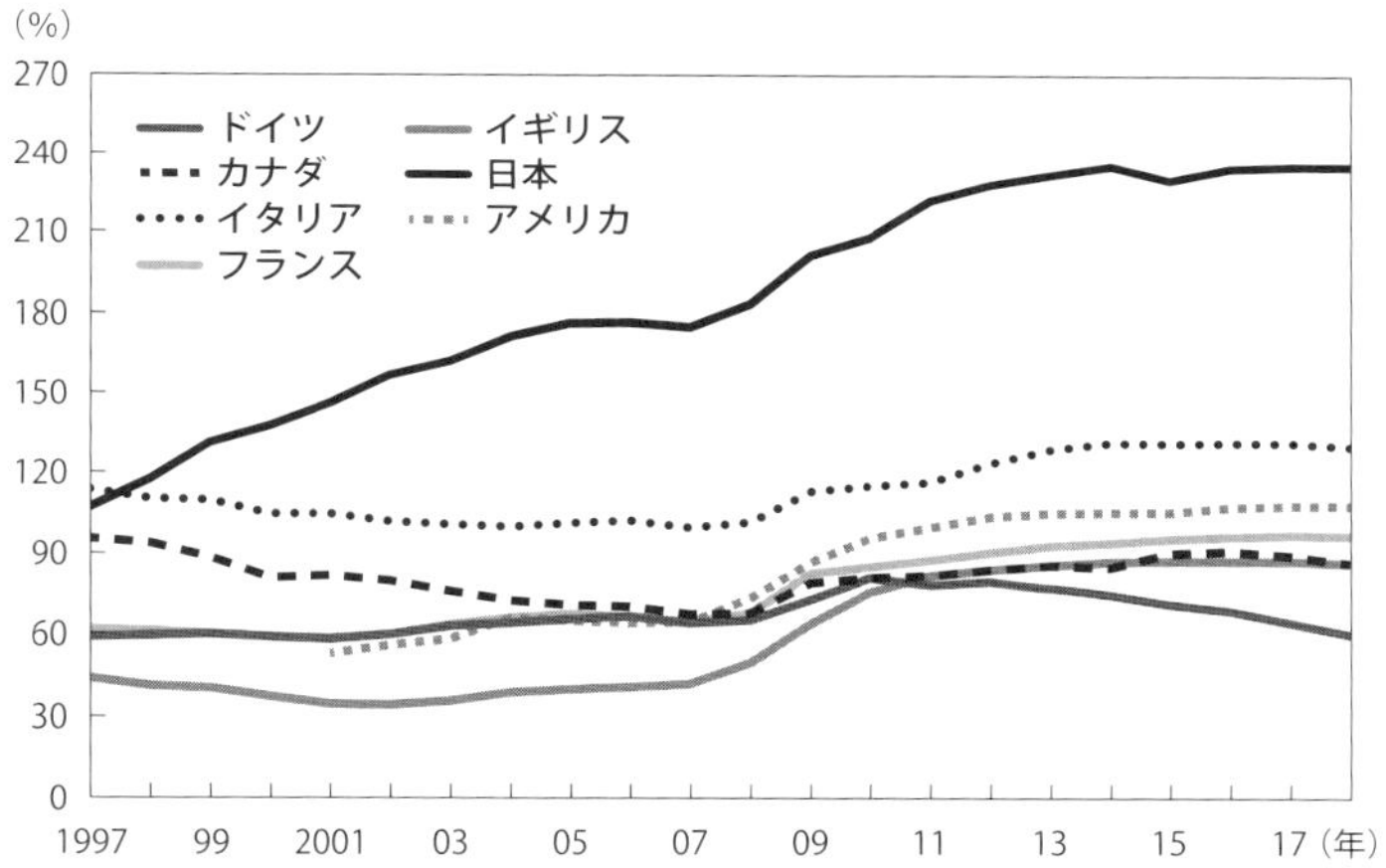


（注1）数値は一般政府ベース。
（注2）本資料はIMF, *World Economic Outlook Database*による2018年4月時点のデータを用いており、2018年度予算の内容を反映しているものではない。
（注3）日本、フランス、イタリア及びカナダは2017年から推計値、それ以外の国々は2018年から推計値。
（出典）IMF, *World Economic Outlook Database April 2018*
（出所）宇波弘貴編著『図説日本の財政 平成30年度版』、財経詳報社、2019年

もっていた（はずの）倫理から見ても、最優先で取り組むべき課題だと私は思う。

　加えて、日本がこうしたことを続けてきた背景には、アベノミクスにも象徴されるように、〝増税などを急がなくても、やがて「景気」が回復して経済が成長していくから、税収はやがて自ずと増え借金も減っていく〟という、高度経済成長時代に染みついた発想を今も根強く引きずっているという点があるだろう。

　端的に言えば、かつて「ジャパン・アズ・ナンバーワン」と

**図表0–2　生活保護を受けている者の割合（保護率）の推移**

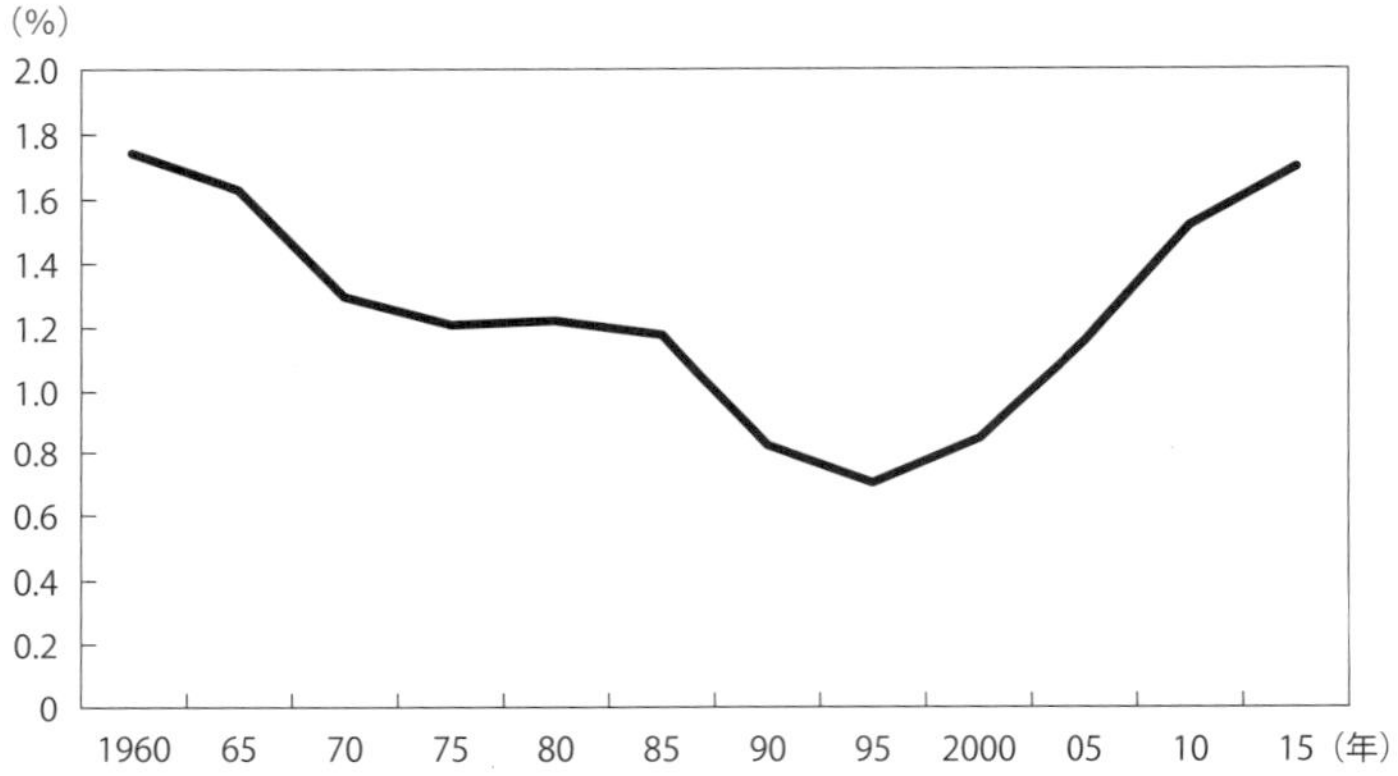


（出所）厚生労働省社会・援護局「被保護者調査」

まで言われた〝成功体験〟に由来する、**「経済成長がすべての問題を解決してくれる」**という思考様式である。本書のテーマである「人口減少社会のデザイン」において重要なのは、まさにこうした「拡大・成長」型の思考、あるいは**〝短期的な損得〟のみにとらわれ長期的な持続可能性を後回しにする発想の枠組みから抜け出していくこと**にある。

## （2）格差拡大と人口における持続可能性

次に図表0–2を見ていただきたい。これは生活保護を受けている層、つまり貧困層の割合の推移を示した図で、これもトレンドが非常にはっきりしている。すなわちグラフの一番左が1960年で、そこから高度成長期を通じて貧困世帯は一貫して減っていったわけだが、ここでも90年代の半ばというのが日本社会のある種の転換期のような時代となっており、1995年を谷として生活保護を受ける人の割合は増加に転じ、その後も着実に増えていった。

ある意味でこれは氷山の一角であり、生活保護に至らずとも、生活が困窮していたり、あるいは非正規雇用を含めて雇用が不安定であったりする層が着実に増加している。また、本書の中であらためてくわしく見ていくように、日本においては若者に対する社会保障その他の支援が国際的に見てきわめて手薄であることも手伝って、特に若い世代の雇用や生活が不安定になっている。そしてそのことが未婚化・晩婚化の背景ともなり、それが出生率の低下につながり、人口減少をさらに加速させるという、悪循環が生まれている。「人口の持続可能性」をめぐる困難と、かつて〝一億総中流〟と呼ばれた構造の侵食が並行して進んでいるのである。

## (3) コミュニティないし「つながり」に関する持続可能性

図表0-3は比較的よく知られた国際比較調査(ミシガン大学が中心に行っている「世界価値観調査[World Values Survey]」)の一部で、「**社会的孤立**(social isolation)」に関する国際比較を示している。ここでの「社会的孤立」は、家族などの集団を超えたつながりや交流がどのくらいあるかに関する度合いを指しているが、図にも示されているように、そうした社会的孤立度が、残念ながら日本は先進諸国の中でもっとも高い国ないし社会になっている。

**図表 0–3　先進諸国における社会的孤立の状況**
**……日本はもっとも高く．個人がばらばらで孤立した状況**

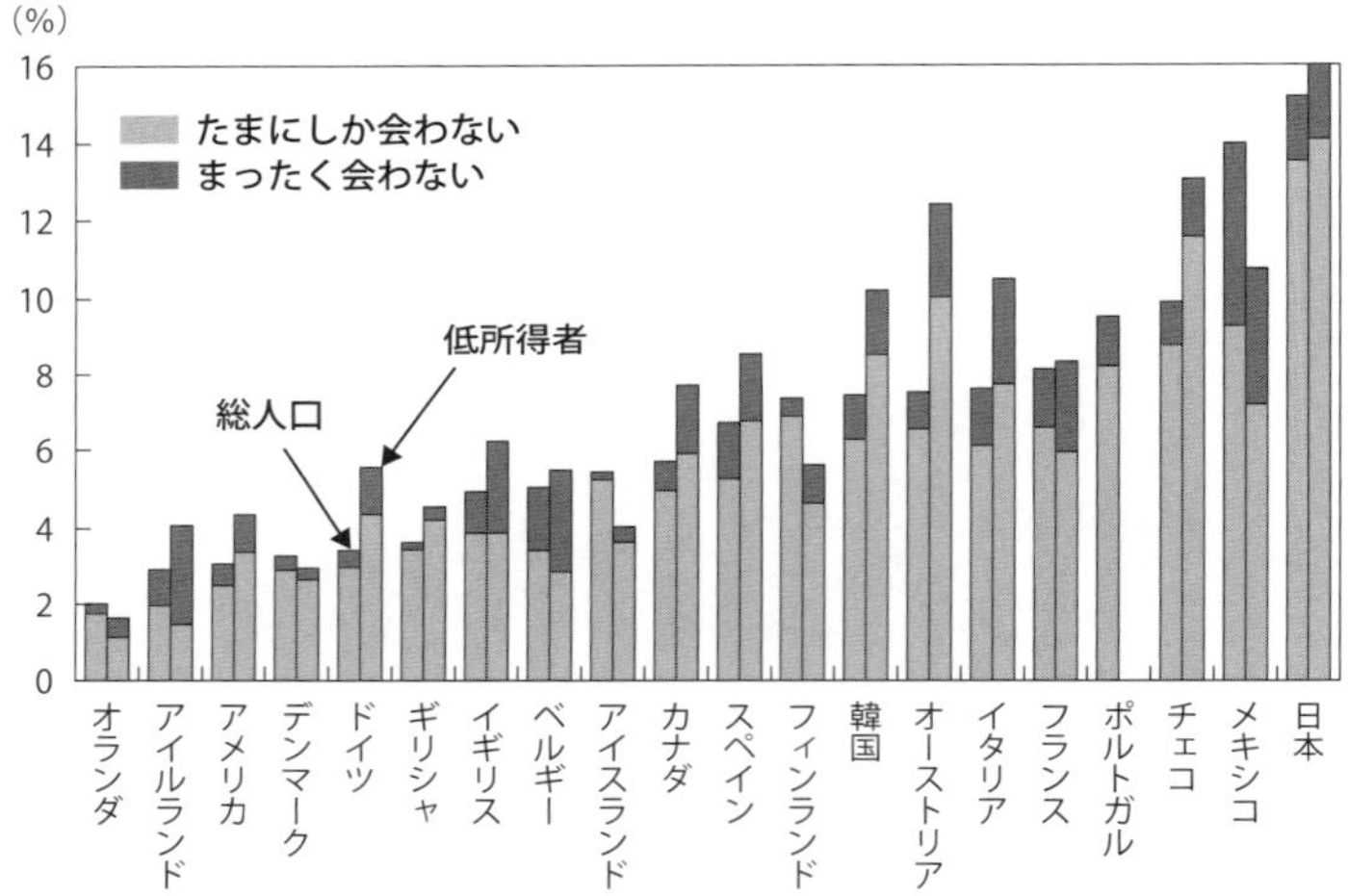


（注）この主観的な孤立の測定は、社交のために友人、同僚または家族以外の者と、まったくあるいはごくたまにしか会わないと示した回答者の割合をいう。図における国の並びは社会的孤立の割合の昇順である。低所得者とは、回答者により報告された、所得分布下位3分の1に位置するものである。
（出典）*World Values Survey 2001*
（出所）OECD編著『世界の社会政策の動向』、井原辰雄訳、明石書店、2005年

私は、現在の日本社会の様々な問題の根底にあるのがこの点ではないかと思っている。本書第2章の「コミュニティ」に関する議論の中でくわしく述べていきたいが、端的に言えば、現在の日本社会は〝古い共同体（農村社会など）が崩れて、それに代わる新しいコミュニティができていない〟という状況にあり、そのことがこうした「社会的孤立」という点に現れていると思われる。

また、この点は先ほど指摘した政府債務の累積や、その

背景にある（社会保障の財源としての）「税」や「社会保険料」への忌避感とも実は重なっているだろう。つまり、およそ社会保障というシステムは、介護にしても年金にしても、〝（税や社会保険料を通じた）家族を超えた支え合い〟の仕組みであるわけだが、「社会的孤立」度が高いということは、家族（あるいは自分が属する集団）以外の〝他人〟への無関心や、そうした他者との支え合いへの忌避感というものにつながる。それが結局、第一に挙げた政府の借金の累積ということにつながっているのである。

以上、3つの論点にそくして述べたが、こうした事実に示されるように、現在の日本は持続可能性という点において相当深刻な状況にある。そして、「2050年、日本は持続可能か」という問いをテーマとして設定した場合、現在のような政策や対応を続けていれば、日本は「持続可能シナリオ」よりも「破局シナリオ」に至る蓋然性が高いのではないか。

「破局シナリオ」とはあえて強い表現を使ったものだが、その主旨は、以上に指摘したような点を含め、財政破綻、人口減少加速（↔出生率低下↔若者困窮）、格差・貧困拡大、失業率上昇（AIによる代替を含む）、地方都市空洞化&シャッター通り化、買物難民拡大、農業空洞化等々といった一連の事象が複合的に生じるということである。上記のように、昨今のような政策基調のもとではこれらが生じる蓋然性は相当程度高いと思われるし、実際、このテーマで学生に

**図表0–4　2050年へのシナリオとビジョン・政策選択**

- A）**持続可能シナリオ**
- B）**破局シナリオ**……財政破綻、人口減少加速（←出生率低下←若者困窮）、格差・貧困拡大、失業率上昇（←AIによる代替等）、地方都市空洞化＆シャッター通り化、買物難民拡大（現在600〜700万人）、農業空洞化

- これらについてAIを活用しシミュレーション
……**AI活用による社会構想＆政策提言**という新たな試み。
- ①人口、②財政・社会保障、③都市・地域、④環境・資源という4つの局面の持続可能性に注目。
- 「幸福」など**主観的**要素も考慮。
- 2025年、2040年頃（高齢者数最大）、2060年頃（高齢化率最高）という節目・時間軸を視野に。

レポートを書かせたことがあるが、日本社会の持続可能性について悲観的な見通しを記すものが予想以上に多かった。

こうした関心を踏まえ、ＡＩ技術を活用し、また「幸福度」といった主観的な要素も視野に入れた形で将来シミュレーションを行い、日本社会の未来の分岐構造がどのようなもので、またどのような対応がなされるべきかを探ったのが今回の研究である（図表０–４参照）。

具体的には、以上のような関心から、日本社会の現状そして今後において重要と考えられる１４９個の社会的要因を抽出するとともにそれらからなる因果連関モデルを作成し、それを基にしてＡＩを活用したシミュレーションによって２０１８年から２０５２年までの35年間の期間にわたる約２万通りの未来シナリオ予測を行い、それらをまず23のシナリオ・グループに分類した上で、最終的に６つの代表的なシナリオ・グループに分類した。

分類にあたっては、①人口、②財政・社会保障、③都市・地域、④環境・資源という4つの局面の持続可能性と、（a）雇用、（b）格差、（c）健康、（d）幸福という4つの領域に注目した。

## AIが示す日本の未来シナリオ――「都市集中型」か「地方分散型」かが最大の分岐点

さて、シミュレーションの結果として明らかになったのは次のような内容だった。

**（1）2050年に向けた未来シナリオとして主に「都市集中型」と「地方分散型」のグループがあり、その概要は以下のようになる。**

**（a）都市集中型シナリオ**

主に都市の企業が主導する技術革新によって、人口の都市への一極集中が進行し、地方は衰退する。出生率の低下と格差の拡大がさらに進行し、個人の健康寿命や幸福感は低下する一方で、政府支出の都市への集中によって政府の財政は持ち直す。

**（b）地方分散型シナリオ**

地方へ人口分散が起こり、出生率が持ち直して格差が縮小し、個人の健康寿命や幸福感も増大する。ただし、次項以降に述べるように、地方分散シナリオは、政府の財政あるいは環境（$CO_2$排出量など）を悪化させる可能性を含むため、このシナリオを真に持続可能なものとするには、細心の注意が必要となる。

**(2) 8～10年後までに都市集中型か地方分散型かを選択して必要な政策を実行すべきである。**

今から8～10年程度後に、都市集中型シナリオと地方分散型シナリオとの分岐が発生し、以降は両シナリオが再び交わることはない。

持続可能性の観点からより望ましいと考えられる地方分散型シナリオへの分岐を実現するには、労働生産性から資源生産性への転換を促す環境課税、地域経済循環を促す再生可能エネルギーの活性化、まちづくりのための地域公共交通機関の充実、地域コミュニティを支える文化や倫理の伝承、住民・地域社会の資産形成を促す社会保障などの政策が有効である。

**(3) 持続可能な地方分散型シナリオの実現には、約17～20年後まで継続的な政策実行が必要である。**

地方分散型シナリオは、都市集中型シナリオに比べると相対的に持続可能性に優れているが、地域内の経済循環が十分に機能しないと財政あるいは環境が極度に悪化し、(2)で述べた分岐の後にやがて持続不能となる可能性がある。

これらの持続不能シナリオへの分岐は約17～20年後までに発生する。持続可能シナリオへ誘

### 図表 0-5　日本の未来の分岐シミュレーション（イメージ）［2042年のもの］

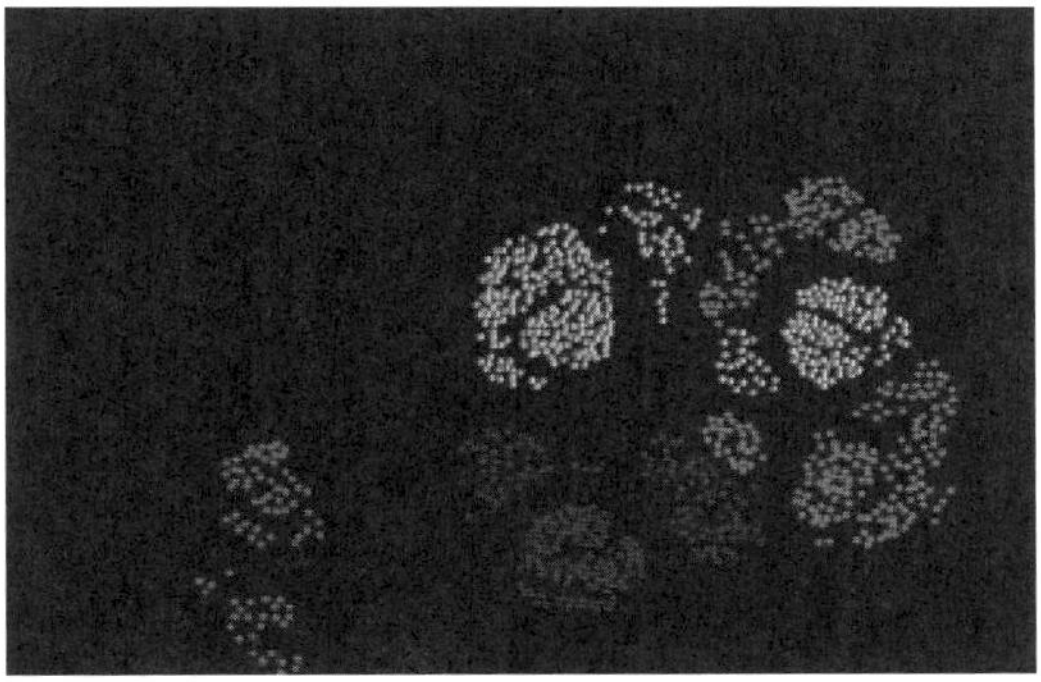

（注）約2万通りの未来シナリオの分布を単純化して示したもの。それぞれの点が異なる未来の姿を表し、点と点の距離が大きいほど各点が示す社会のあり方が異なっていることを表している。左下のグループが「都市集中型」シナリオで、他が「地方分散型」シナリオ。

### 図表 0-6　6つの代表的シナリオ・グループの比較

| シナリオ・グループ | 人口 | 財政・社会保障 | 都市・地域 | 環境・資源 | 雇用 | 格差 | 健康 | 幸福 | 特徴 |
|---|---|---|---|---|---|---|---|---|---|
| 1〜4 | ○ | △ | ○ | △ | △ | ○ | △ | ○ | 地域再生・持続可能<br>財政持続性に注意要 |
| 5〜7 | △ | △ | △ | △ | △ | △ | △ | △ | 持続性不良・不満 |
| 8〜11 | ○ | △ | △ | △ | △ | ○ | △ | △ | 人口持続可能・不満 |
| 12〜15 | ○ | △ | ○ | × | △ | ○ | ○ | ○ | 環境持続不能 |
| 16〜20 | ○ | × | ○ | ○ | △ | ○ | ○ | △ | 財政持続不能 |
| 21〜23 | × | ○ | × | ○ | ○ | × | × | × | 都市集中・格差拡大<br>人口持続困難 |

（注）約2万通りの未来シナリオを、その分岐構造からまず23のシナリオ・グループ、最終的に6つの代表的グループに分類し、モデルで採用した149の社会指標のうち特に重要と思われる指標の動きを、4つの持続可能性（人口、財政・社会保障、都市・地域、環境・資源）と4つの領域（雇用、格差、健康、幸福）という評価軸に基づいて評価し、それぞれのグループが示す社会像の特徴を概括したものである。

導するには、地方税収、地域内エネルギー自給率、地方雇用などについて経済循環を高める政策を継続的に実行する必要がある。

以上がシミュレーション結果の概要だが、将来の日本社会が分岐していくシナリオのイメージを示したのが図表0-5である。左下のほうのグループが「都市集中型シナリオ」で、他が「地方分散型シナリオ」であり、両者が互いに離れて分岐している様子が示されている（これは2042年時点のもの）。また、シミュレーションの結果浮かび上がってきた6つの代表的なシナリオ・グループの簡潔なまとめを示したのが図表0-6である（最下欄が都市集中型シナリオ）。

## 「地方分散型」社会のイメージ——国際比較から

以上が今回私たちが行った、AIを活用した日本社会の未来に関する予測の概要である。研究を進めた私自身にとってもある意味で予想外だったのだが、AIによる日本の未来についての今回のシミュレーションが示したのは、**日本全体の持続可能性を図っていく上で、「都市集中」——とりわけその象徴としての東京への一極集中——か「地方分散」かという分岐ないし対立軸が、もっとも本質的な分岐点ないし選択肢である**という内容だった。

言い換えれば、日本社会全体の持続可能性を考えていく上で、ヒト・モノ・カネができる限り地域で循環するような「分散型の社会システム」に転換していくことが、決定的な意味をもつということが示されたという点である。

この場合、「地方分散型シナリオ」と言っても、現在の日本はあまりにも一極集中が顕著であるため、そのイメージがつかみにくいという人が多いだろう。この点をもう少し明らかにするべく、以下では海外の例や、戦後日本の政策展開を概観することを通じ、問題の所在と今後の方向性をクリアにすることを試みたい。これは本書のテーマである「人口減少社会のデザイン」の基本的な話題にもつながるものだ。

「地方分散型」社会あるいは「持続可能な地域」というもののイメージをもつため、まず写真0−1をご覧いただきたい。

これはドイツのニュルンベルク郊外にあるエアランゲンという地方都市（人口約10万人）の中心部の様子である。印象的なこととして、ドイツのほとんどの都市がそうであるように、中心部から自動車を完全に排除して歩行者だけの空間にし、人々が「歩いて楽しむ」ことができ、しかもゆるやかなコミュニティ的つながりが感じられるような街になっているという点がある。

そして何より、人口10万人という中規模以下の都市でありながら、中心部が活気あるにぎわいを見せているというのが印象深く、これはここエアランゲンに限らずドイツの中小都市すべてに言えることである。残念ながら、日本での同様の規模の地方都市の中心部はいわゆる

写真 0–1　中心部からの自動車排除と「歩いて楽しめる街」（エアランゲン［人口約10万人］）。街のにぎわいと活性化にも効果あり

シャッター通りになり空洞化しているのがほとんどという状況だ。

一般に、ヨーロッパの都市においては１９８０年代前後から、都市の中心部において大胆に自動車交通を抑制し、歩行者が〝歩いて楽しめる〟空間をつくっていくという方向が顕著になり、現在では広く浸透している。私はほぼ毎年ドイツを中心にヨーロッパの都市や農村を訪れているが、私が見る限りそうした姿がもっとも顕著なのはドイツの都市であり、加えてデンマークなどの北欧、オランダ、フランスほか、概して中部以北のヨーロッパにおいて明瞭で、意識的な政策が進められている帰結と考えられる。

また、ここではＡＩに関する話題を述べているので、そうした点と関連するもう一つの例を

挙げてみよう。

ドイツの北部にある都市ハノーファーは、人口約50万人の中堅都市であるが、国際見本市（メッセ）が毎年開催される街であるとともに、近年ではドイツが積極的に展開し日本でもしばしば話題となっている「インダストリー4・0」や「IoT（モノのインターネット）」の関連で言及されることの多い都市である。そうした印象からは、すべてがコンピューターによって効率化された〝超ハイテク都市〟といったイメージが浮かび上がるかもしれないが、実際の街の様子はそれとは真逆のものになっている。

すなわち、やはり都市の中心部からは完全に自動車が排除され、歩行者だけが歩いて楽しめる「コミュニティ空間」となっていて、そこでは様々な世代、車いすの人、ベビーカーをひく人などがゆっくりと過ごしている（写真0-2、0-3）。そうした姿は、他のドイツの都市以上に徹底しているようにも思われた。

昨今、日本においてITや情報化などの話題とともに「スマートシティ」ということがしばしば言われるが、ドイツの場合、それはいわば〝**人間の顔をしたスマートシティ**〟であり、日本におけるスマートシティの議論が、もっぱら経済の効率化や〝省エネ〟といった視点を中心に論じられているのとは大きな違いがある。そしてドイツのこうした例を見れば、AIやIoT、情報化という方向が、ここで論じているような「地方分散型」システム、地域の自立性や持続

写真 0–2　ハノーファー（インダストリー4.0～ IoTのメッカの一つ）の街の様子――“人間の顔をしたスマートシティ”①

写真 0–3　ハノーファーにおける中心部からの自動車排除と「歩いて楽しめる街」――“人間の顔をしたスマートシティ”②

可能性、そして人々の生活の質や「幸福」というテーマと結びつきうるということが具体的なイメージとして浮かび上がるだろう。

ちなみに、ドイツも日本と同様に人口減少社会であり、また本書の後の部分であらためて論じるように、そもそもヨーロッパの大半の国々が、日本より人口の絶対数も人口密度もずっと低い社会である。したがって、**日本において広く見られる地方都市の空洞化や〝シャッター通り〟化、農村の過疎化等といった問題は、しばしば言われるように「人口減少社会」それ自体が原因なのでは決してない。**むしろ**それは人がどう住み、どのようなまちや地域を作り、またどのような公共政策や社会システムづくりを進めるかという、政策選択や社会構想の問題**なのだ。それがまさに「人口減少社会のデザイン」というテーマである。

## 日本の状況——〝アメリカ・モデル〟の信奉と帰結

ところで、いまドイツやヨーロッパの街のありようについて述べたが、こうした点は概してアメリカの都市とヨーロッパの都市で大きく異なっている。冒頭で一部ふれたように、私はアメリカに80年代の終わり2年間と2001年の計3年ほど暮らしたが(ボストン)、アメリカの都市の場合、まず街が完全に自動車中心にできており、歩いて楽しめる空間や商店街的なものが非常に少ない。しかも貧富の差の大きさを背景に治安が悪いこともあって、中心部には(窓ガラスが割れたまま放置されているなど）荒廃したエリアやごみが散乱しているようなエリアが多く見られ、またヨーロッパに比べてカフェ的空間などのいわゆる「サード・プレイス（職場と自宅以外の居場所）」も少なく、街の〝くつろいだ楽しさ〟や〝ゆったりした落ち着き〟が欠如していると感じられることが多い。

日本の場合、第二次大戦後は道路整備や流通政策を含め〝官民挙げて〟アメリカをモデルに都市や地域をつくってきた面が大きいこともあり、その結果、残念ながらアメリカ同様に街が完全に自動車中心となり、また中心部が空洞化している場合が多いのが現状だ。

一例を挙げてみよう。私は２０１６年の夏に、一週間ほどかけて紀伊半島をぐるりと一周して回る機会があったが、それは図らずも、〝シャッター通りをめぐる旅〟のような形になった。

写真０‐４で示しているのが和歌山市、田辺市、新宮市、尾鷲市の中心街の様子だが、人口が約36万人の和歌山市の中心市街地――「ぶらくり丁」という、かつては人混みのためまっすぐ歩けないほど栄えた商店街など――でさえ空洞化あるいはシャッター通り化が進んでいるという状況であり、田辺市（約7万人）、新宮市（約3万人）、尾鷲市（約2万人）といった10万人以下の規模の都市の状況は推して知るべしである。

あらためて言うまでもないが、こうした状況は紀伊半島周辺に限ったことではなく、日本全国に共通していることだ。私の印象では、上記の和歌山市のように、人口30万人規模ないしそ

写真 0-4　日本の地方都市の現状

和歌山市中心市街地（ぶらくり丁）

田辺市

新宮市

尾鷲市

れ以上の都市でさえ中心市街地の空洞化が進んでいるのが通常であり、たとえば先ほど見たドイツのように、5〜10万人、あるいはそれ以下の規模の地方都市でも中心部がにぎわっているのとは根本的に異なっている（この点は第2章でさらに掘り下げたい）。

そして重要なことは、先ほども述べたように、これは「人口減少」が必然的にもたらす帰結なのではなく、公共政策や経済社会システムのありようの問題であるという認識である。

つまり戦後の日本社会は、高度成長期の前半期には「工業化」という方向を国是とし、農村から都市への人口大移動を促すような政策を行っていった。本書の中であらためて論じるように、地方における人口流出がもっとも大きかったのはこの時代であり、その様々な影響が数十年のタイム・ラグをへて現在顕在化している。そして、地方都市の中心市街地や商店街にとって決定的だったのは、1980年代ないし90年代以降の政策展開であり、建設省（当時）の道路・交通政策に通産省（当時）の流通政策も加わる形で、アメリカン・モデルをなぞるように〝郊外ショッピング・モール型〟の都市・地域像が志向されていった。

したがって、皮肉なことに**現在の日本の地方都市の空洞化は、国の政策の〝失敗〟の帰結なのではなく、むしろ政策の〝成功〟、つまり政策が思い描いたような都市・地域像が実現していった結果**という側面をもっている。この点は第2章でくわしく論じる予定だが、これまでの政策が目指した（あるいは十分にその帰結を予測していなかった）都市や地域のありようと現状の評価を冷徹に分析し、直視しなければ、新たな展望は開けないだろう。そしてそれは逆に言えば、あるいは希望をこめて言えば、政策の転換を通じて、私たちはより望ましい都市や地域のあり方を実現していけるという可能性を示唆している。

## 人口減少社会のデザイン

ここで述べてきた内容を再確認すると、私たちの研究グループは、ＡＩを活用した日本社会の未来シミュレーションを行い、①人口、②財政・社会保障、③都市・地域、④環境・資源という四つの持続可能性に注目し、日本が２０５０年に向けて持続可能であるための条件やそのためにとられるべき政策を提言する内容の成果をまとめた。

そこでは興味深いことに、日本社会の持続可能性を実現していく上で、「都市集中型」か「地方分散型」かという分岐がもっとも本質的な選択肢であり、また人口や地域の持続可能性、そして健康、格差、幸福等の観点からは「地方分散型」が望ましいという結果が示された。

もちろん「地方分散型」という方向を進めればすべての問題が解決するわけではないだろう。いずれにしても、現在の日本社会が様々な面で持続可能性をめぐる危機に直面していることは確かであり、「２０５０年、日本は持続可能か？」という問いを正面から設定し、従来よりもひと回り大きな視野に立って、かつ分野横断的な視点から、日本社会の未来とその構想、選択について議論を行っていくことがいま求められている。
それが本書のテーマである「人口減少社会のデザイン」に他ならない。

# 第1章

# 人口減少社会の意味

## ——日本・世界・地球

ここでは、人口減少社会をそもそもどうとらえるかについての基本的な視点について、まず日本の状況から出発しつつ、国際比較や地球全体の展望までを含めて幅広い角度から考えてみよう。

# 1　人口減少社会の到来

## ジャパン・シンドローム？——人口減少社会と日本

さて写真1−1は、イギリスの国際経済誌『Economist』の2010年11月に出た日本特集号の表紙である。大きな日の丸の下で子どもがつぶれそうになっていて、「Japan's burden（日本の負担）」と書かれている。非常に象徴的な絵であるとともに、この号で使われたキーワードは「Japan syndrome」、つまり〝日本症候群〟という言葉だった。

そしてこの特集の基本的な主旨は、現在の日本が直面している問題の本質は「高齢化」と「人口減少」に集約されるという点だった。ただし、この課題はある意味で他の国々も日本と同じようにやがて経験していくことになるので、日本がこのテーマにどう対応していくかは、日本

写真1-1　ジャパン・シンドローム？　高齢化と人口減少
……危機かチャンスか――世界が注目

にとってのみならず、世界にとっても意味があるという、そうした関心をベースに特集が組まれていたのである。

同時に、この雑誌は経済誌ということもあり、高齢化や人口減少という現象を基本的にネガティブなものとしてとらえており、そこからいかに経済成長や生産性の向上を図っていくかという関心のもとで議論が展開されていた。

たしかに高齢化や人口減少という現象は私たちに多くの困難な課題を突き付けてくるものであり、それはイントロダクションで述べた「2050年、日本は持続可能か？」という問いともつながるものだ。しかし同時に、私たちが迎えつつある人口減少社会という

図表1-1　日本の総人口の長期的トレンド

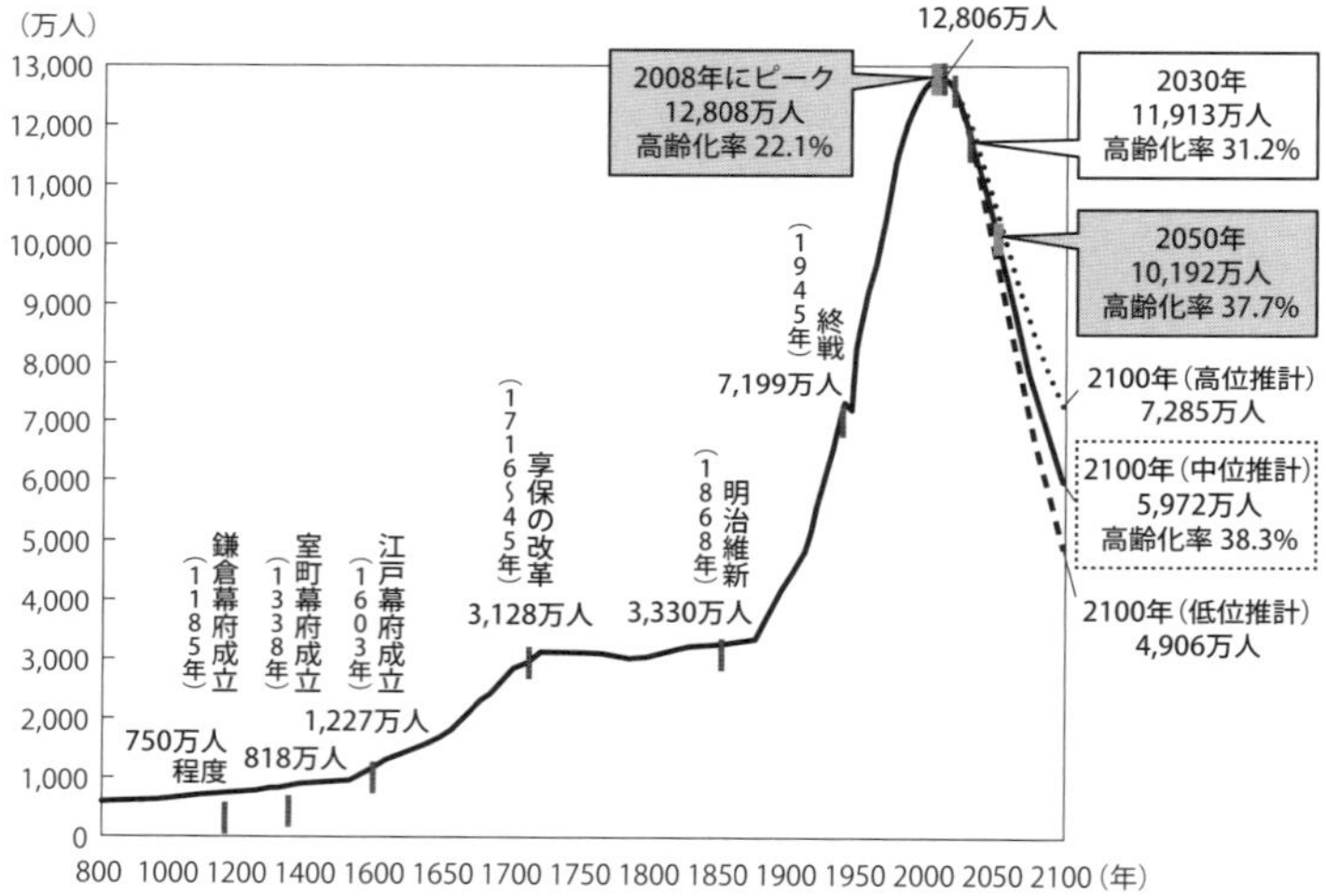


(出典) 国土庁「日本列島における人口分布の長期時系列分析」(1974年)
ただし、1920年からは、総務省「国勢調査」、「人口推計年報」、「国勢調査結果による補間補正人口　平成17年及び22年国勢調査の結果による補間補正」、国立社会保障・人口問題研究所「日本の将来推計人口(平成29年推計)」により追加
(出所) 国土交通省資料

新たな状況に対して、発想や対応を転換して新たなスタンスで臨んでいけば、むしろそこに様々なプラスの可能性も開けてくると私自身は考えている。そうした点は、本書全体の中で様々な話題にそくして吟味していきたい。

さて、日本が迎えている人口減少社会という状況についての基本的なイメージをもつ意味で、図表1－1を見てみよう。この図は日本の人口の推移を長い時間軸でとらえたもので、横軸の一番左は800年、つまり京都に都が移った頃(平安京)である。

そこから日本の人口はほぼ横ばいに推移しており、やがて江戸時代の前半で若干人口が増え、その後江戸時代の後半は3000万人強の人口で推移し、ある種の〝人口定常〟社会――農業を基盤とする定常型社会――であったことが示されている。

ここで少し立ち止まって考えてみると、江戸時代にはもちろん様々な課題があったわけだが、本格的な人口減少社会にならず「定常的な人口」を〝維持〟できていたという点は、積極的に評価しうる面をもっていたとも言え、これは人口減少が本格化している現在の日本に視座を置いてこそ立ち上がってくる見方である。

再び図表1-1に戻ると、人口が概ね定常的であった江戸時代までに比べて、明治以降は線が〝直立〟するぐらい人口が急激に増えている。これは〝黒船ショック〟と呼ぶべき現象がすべての起点であり、つまり欧米列強の軍事力、そしてその背景にある科学技術力にいわば〝度胆を抜かれ〟、これでは日本が占領され支配されてしまうという意識のもと、強力な「富国強兵」の道をたどっていった歴史をそのまま表している。

少し角度を変えて表現すれば、それは「17世紀前後から勃興した〝世界資本主義の大きな渦〟に、アジアの辺境にあった日本という国が巻き込まれていった」プロセスそのものだったとも言えるだろう。

やがて第二次大戦終戦以降になると、今度は「経済成長」ということが国を挙げての目標となり、それとパラレルに人口増加の急激な坂道を引き続き上っていったことになる。

しかし20世紀から21世紀への世紀の転換とほぼ重なる時期に、状況は根本的に変化する。2005年に初めて前年より人口が減るということが起こり、その後数年、人口が上下する年が続いたが（最終的に日本の総人口がピークだったのは2008年）、2011年以降は完全な人口減少社会に入ったのである。そして、現在のような合計特殊出生率（一人の女性が生涯で産む子どもの数の平均）――2018年で1・42――が続いていけば、人口は減少を続け、2050年過ぎには1億人を割り、その後さらに下がっていくことが予測されている（国立社会保障・人口問題研究所「日本の将来推計人口［平成29年推計］」）。

## 「集団で一本の道を登る時代」からの変容

全体として、この図はまるでジェットコースターのような絵になっており、現在の私たちはちょうどジェットコースターが落下する位置に立っているように見える。だからこそ人口減少は〝大変だ〟という議論になっているわけであり、たしかに大変な面は多く存在する。しかし少し見方を変えるならば、私たちが現在立っているのは文字通りの〝ターニング・ポイント〟であり、次のような意味で、むしろ様々なチャンスの時代、あるいは「真の（成熟社会の）豊かさ」に向けた新たな出発の時代とも言えるのではないか。

すなわち、人口の直立的な増加カーブに象徴されるように、急激な坂を上っていた時代というのは、ある意味で相当な〝無理を重ねてきた〟時代とも言え、たとえばそれは未だに「過労死」といった現象が起こっていることにも示されている。また急激な社会変動の中で私たちが失ってきたことも多いのではないか。

大きくとらえると、急激な人口増加の時代というのは、一言で表すとすれば日本人あるいは日本社会が**「集団で一本の道を登る時代」**だったと要約できるだろう。それは良くも悪くも〝一本の道〟であるから、教育や人生のルートなどを含めて多様性といったことはあまり考慮されず、文字通り画一化が進み、それと並行していわゆる集団の〝同調圧力〟といったものも強固なものになっていった。

そのような強力かつ一元的なベクトルから人々が〝解放〟され、いわば坂道を登った後の広いスペースで各人が自由な創造性を発揮していける、そうした時代がまさに人口減少社会ととらえられるのではないか。

元号の変わり目と結びつけて考えれば、昭和が人口増加とともに「限りない拡大・成長」を志向した時代であり、平成がバブル崩壊や人口減少社会への移行を含めてそこからの変容の時代だったとすれば、「令和」は本格化する人口減少に向かい合いつつ、そこに様々なポジティブな可能性を拓き、成熟社会の真の豊かさを実現していく時代としてとらえるべきではないだろうか。

## 「幸福」というテーマへの関心の高まり

以上のような視点とも関連する話題として、近年、「幸福」というテーマが様々な分野で関心事になっている。

たとえば、ノーベル経済学賞を受賞したスティグリッツやアマルティア・センといったメインストリームの経済学者が、GDP（国内総生産）では本当の〝豊かさ〟は測れないという問題意識から、フランスのサルコジ大統領（当時）の委託を受けて、GDPに代わる指標に関する報告書を2010年にまとめている（Stiglitz et al［2010］）。また、同様な関心から、アジアの小国ブータンが「GNH（グロス・ナショナル・ハピネス、国民総幸福量）」というコンセプト及びその測定のための具体的な指標を提唱してきたことは近年ではよく知られるようになり、国連などを含め国際的な文脈でもしばしば取り上げられるに至っている。

そして主観的な幸福度や、様々な社会的指標を組み合わせて各国の幸福度を評価する試みも活発になっているが、残念ながら、こうした幸福度の国際比較において日本はかなり見劣りするポジションにあることが多い。たとえばミシガン大学を中心に行われてきた「世界価値観調査（World Values Survey）」では43位（1位デンマーク）、イギリスのレスター大学の「世界幸福地図（World Map of Happiness）」では90位（1位デンマーク）、また近年国連が毎年刊行するようになった「世界幸福報告（The World Happiness Report）」（２０１９年版）では58位（1位フィンランド）という具合である。

こうした国際比較において、日本の順位がかなり低くなるのは、一つにはたとえば「社会的サポート」といった要因や「多様性」といった要因において概して日本のパフォーマンスが低いことが働いている。これはイントロダクションで述べた「社会的孤立」という点や、本書の中で論じていく「コミュニティ」をめぐる話題、あるいは先ほど指摘した、人口増加期に特に強化された〝集団で一本の道を登る〟という同質性とも深く関わっているだろう。

一方、主観的な幸福感については、「文化差」という点も大きく、日本人は（他人に〝遠慮〟して）あまり自分の幸福度が高いということを言いたがらないとか、理想とする幸福度も「10点」にはならず〝そこそこ〟の程度を求める、といった背景から、主観的幸福度が低く表れるといった点も考慮に入れるべきだろう。そうした意味で、こうした主観的な要素に関する国際比較については慎重な見方が必要であり、それを額面通りに受け止めるべきではないと私は思うが、それを踏まえた上でなお、先ほど人口変化の図にそくして見たように、日本が経済的あるいは物質的な豊かさについては一定以上実現してきたものの、何か脇に置いてきたものがあるのではないかということを、考えていく一つの手がかりにはなると思われる。

## 幸福度をめぐる様々な展開

ちなみに多少話題を広げることになるが、「GAH」という言葉を聞いたことがあるだろうか。これは東京都の荒川区が2005年から提唱しているもので、「グロス・アラカワ・ハピネス」つまり「荒川区民の〝幸福〟の総量」という意味であり、これを改善していくことを区政の目標にしようというものである。私自身もここ10年ほど多少の関わりがあるが、同区では単にそうした理念をうたうだけではなく、荒川区自治総合研究所という組織を設立し、健康・福祉、子育て・教育、産業、環境、文化、安全・安心という6領域46項目にわたる幸福度指標を作って、幸福度と関連政策に関する展開を進めている。ちなみに幸福度の関係で荒川区が最初に取り上げた課題が「子どもの貧困」だった。

さらに、荒川区の呼びかけのもと、何らかの形で幸福度指標の考え方を取り入れた政策展開を図ろうとする市町村あるいは基礎自治体のネットワークとして「幸せリーグ」という連携の試みも進んでおり、現在約100の市町村がこれに参加している（「幸せリーグ」事務局編［2014］）。

後でも関連の話題にふれるが、ここでのポイントは、人口増加期あるいは高度成長期のように、豊かさや幸福といったテーマを〝国〟単位で一律に考えるのではなく、いわば「幸せのモノサシ」を地域のローカルなレベルでとらえていこうという動きが活発になっているという点

図表1-2　世界における生活満足度と所得の関係

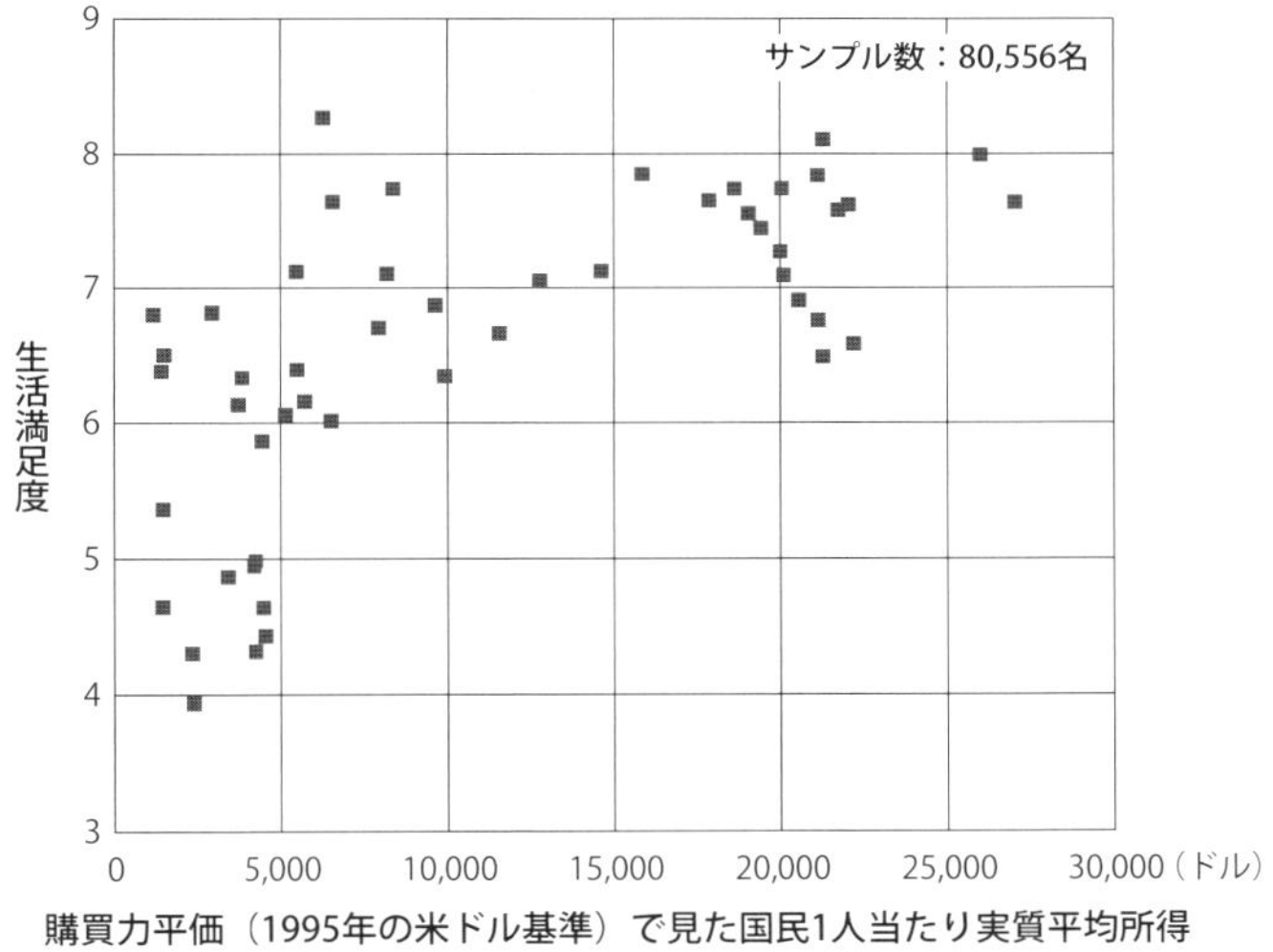


（出典）*World Values Survey 1990-1993/1995-1997*（*ICPSR 2790*）及び*World Development Report 1997*
（出所）フライ他［2005］

であり、これも先ほどの「集団で一本の道を登る」時代からの変容の一端を表しているだろう。

「幸福」というテーマに関する様々な動きについて述べたが、こうした点については研究の面でも、「幸福研究」、あるいは幸福の（政治）経済学といった研究が活発になっている。

たとえば図表1－2は、世界の国々における一人当たり所得と生活満足度の相関を見たものだが、次のような興味深い傾向が見て取れる。すなわち、年間平均所得がある程度低い段階においては、経済成長に伴う所得増加と生活満足

図表1–3　経済成長と「Well-being（幸福、福祉）」（仮説的なパターン）

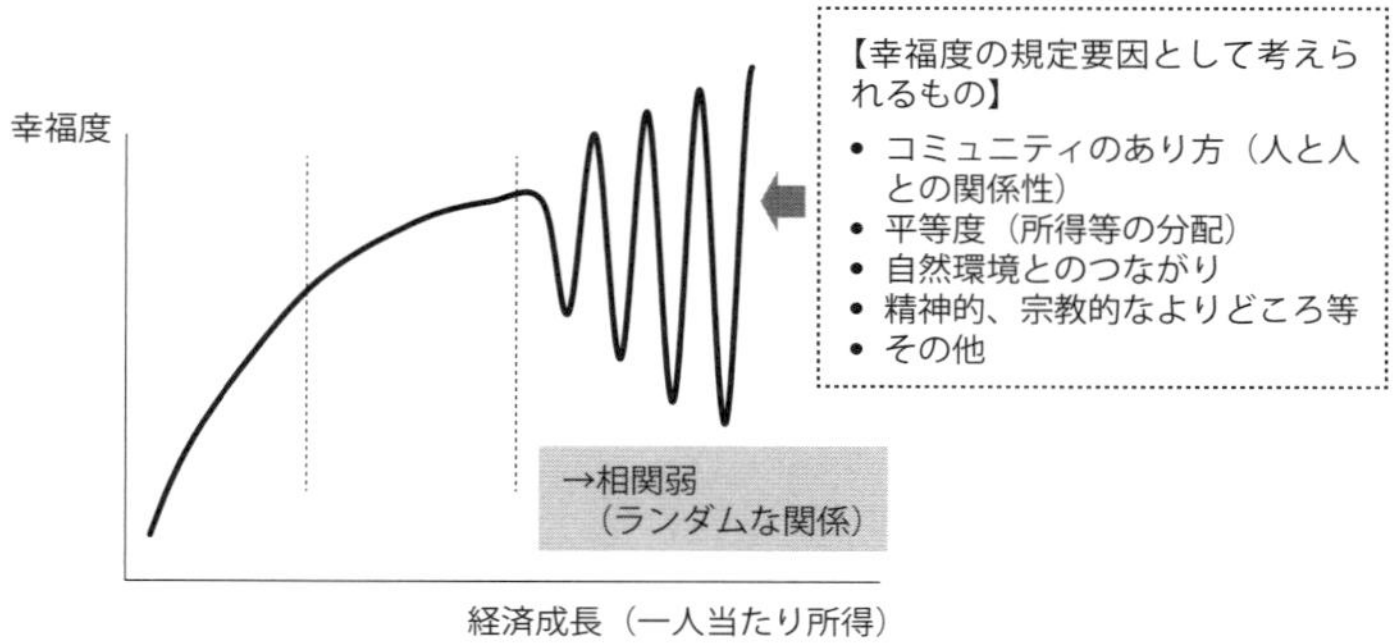


度の上昇との間にかなり明瞭な相関が見られるが、それを超えたレベル以降は徐々にそうした相関関係が薄くなり、両者の関係はランダムなものになっているという点である（フライ他［２００５］）。

こうした研究は、上記のように近年活発になっているもののなお探求途上にあるというべきであるし、そもそも「幸福」という、きわめて主観的でかつ量的測定や比較の困難な事象についての調査は、データの確かさや解釈の仕方等について慎重である必要がある。しかしながら、経済成長と人々の主観的幸福との関係についてごく仮説的な理解の枠組みを考えるとすれば、図表１–３のようなパターンを想定することは一概に不合理ではないだろう。

図表１–３で示しているのは、経済成長あるいは一人当たり所得の水準が一定レベルを超えると幸福度との相関関係が弱いものになっていくという点を踏まえつつ、

ではそうした段階以降において「幸福」（この場合はある国や地域における人々の平均的な幸福度）を左右する要因は何かという点について、

**①コミュニティのあり方（人と人との関係性やつながりの質。いわゆるソーシャル・キャピタル［社会関係資本］とも関連）**

**②平等度ないし格差（所得・資産の分配のあり方）**

**③自然環境とのつながり**

**④精神的、宗教的なよりどころ等**

を挙げているものである。

思えばこれらは、日本のように、一定の経済成長あるいは物質的な豊かさを実現した国ないし社会において、社会の豊かさや人々の幸福という話題を考える上で浮上してくるテーマであり、まさに「人口減少社会のデザイン」において重要な柱となる課題群である。本書の以下の章において、これらのテーマについて順次深めていきたいと思う。

## 人口減少社会の〝空間的〟側面

以上、人口減少社会の到来がもつ意味について、「集団で一本の道を登る時代」としての人口増加期からの変容という点や、単なるGDPの増加を超えた「幸福」への関心の高まりといった点を挙げたが、人口減少社会には、以上とはやや異なるもう一つの側面がある。それはいわば社会の〝空間的〟な次元に関することだ。

1975年に大ヒットした太田裕美の「木綿のハンカチーフ」という曲がある。いささか余談となるが、これは世代間ギャップをもっとも強く感じる話題の一つであり、私前後の世代には説明するまでもない内容だが、学生など若い世代にはほとんど通じない（先日京大のある授業で学生に聞いた時は、知っているのは約2割だった）。あらためて確認すると、高度成長期の後半期〝東へと向かう列車（暗に「東京」行きをさす）〟に乗って地元を離れて行った若い男性と地元に残った女性の恋人との掛け合いの歌で、やがて男性のほうは都会の生活が楽しくて地元に帰れないと言うようになり、涙を拭く「木綿のハンカチーフ」をくださいとラストに女性が言うという内容である。

この話題にここでふれたのは、先ほどの図表1−1（40ページ）に示される急激な人口増加の時代と、**〝すべてが東京に向かって流れる〟**時代ということが、パラレルなものであったという点からである。言い換えれば、明治期を含めて人口増加の時代とは、「集権化」、あるいは社会の「求心性」ということが急速に強まっていった時代でもあった。

先ほど述べたように、人口が急速に増加する時代とは、「集団で一本の道を登る」ような時代であり、そのように社会が〝一つの方向〟に向かって強力に進んでいくことと並行して、あるいはそうした方向を確実に進めていくためのシステムとして、社会の集権化あるいは求心性ということが強まっていったのである。

そうであるとすれば、図表1-1に示されるように私たちがこれから本格的に迎えることになる人口減少社会とは、社会の集権的性格や人の空間的な流れにおいても、人口増加期とはむしろ逆の流れが進んでいく時代と考えるのが自然ではないだろうか。

やや理屈っぽく言うならば、それは**「時間軸」が優位の時代から「空間軸」が優位の時代への転換**、ととらえることもできる。すなわち、人口増加の時代は上記のように世の中が一つの方向に進んでいくので、この地域は〝進んでいる〟、この地域は〝遅れている〟という具合に、いわば時間軸上に様々な地域がすべて位置づけられていく。「東京は進んでいる、地方は遅れている」とか「アメリカは進んでいる、アジアは遅れている」といった発想である。

しかし人口減少社会、あるいは一定の「拡大・成長」を遂げた後の成熟社会ないし「ポスト成長社会」においては、そうした時間軸自体が背景に退き、空間軸、つまりそれぞれの地域がもつ固有の価値や風土的・文化的多様性への人々の関心が高まるという、新たな流れが生成し浸透していくだろう。こうした方向を踏まえた人口減少社会の都市や地域のありようは、まさに「人口減少社会の〝デザイン〟」という表現にストレートに重なるテーマであり、次章でさらに深めていきたい。

## 若い世代のローカル志向と支援――〝地域への着陸〟の時代

以上のような時代の構造変化に関わることだが、私自身がここ10年くらい感じてきたこととして、「若い世代のローカル志向」という点がある。

すなわち、ゼミの学生などに接する中で、たとえば静岡のある町出身の学生が、〝自分が生まれ育った町を世界一住みやすい町にする〟ことが自分のテーマだとか、新潟出身の別の学生が、地元の農業をさらに活性化するのが自分の関心事だとか、さらに別の学生が愛郷心を卒論のテーマにするとか、こういった傾向が私にとって意外に思うほど目立つようになってきている。あるいは、もともとグローバルな課題に関心を向けていた学生が、留学をへて、むしろ日本国内にこそ多くの課題や問題が存在していると感じるようになり、ローカルな地域や地元での活動に関わったり仕事につくといった例も増えている。

もちろんすべての学生や若い世代がこうした志向をもっているというわけではないが、こうした若い世代の志向は、先ほどから述べている人口減少時代の方向性を、ある意味で先取りしていると見ることもできるだろう。それは比喩的に表現するならば、高度成長期に象徴されるような〝**地域からの離陸**〟の時代から、〝**地域への着陸**〟の時代への変化とも呼べるものである。

ちなみに関連するいくつかのデータを確認すると、たとえばリクルート進学総研の調査（２０１３年）では、大学に進学した者のうち49％が大学進学にあたり「地元に残りたい」と考えて志望校を選んでおり、この数字は４年前に比べて９ポイント増加している。また２０１８年の調査では、大学進学者の「地元残留率」は44・２％で、これは２００８年の42・４％から１・８ポイント増加している。また文部科学省の14年度調査では、高校生の「県外就職率」は17・９％で、09年から４・０ポイント下落している。

関連して、明治大学の小田切徳美教授が毎日新聞と共同で行った調査では、地方（東京都と大阪府以外）への移住者の数は２８６４人（２００９年度）から１万１７３５人（２０１４年度）へと着実に増加している（5年間で4・1倍の増加。毎日新聞２０１5年1月3日付）。

一方、以上のように若い世代のローカル志向ないし地域志向が高まっていると言っても、さしあたりそれは「志向」や「希望」にとどまり、実際にＩターンやＵターンを行うにあたっては雇用、住宅など様々な面でのハードルがあり、際立って優秀であったり強いモチベーションをもつ若者でなければ実現に至らないという面がある。したがって若い世代のローカル志向を雇用、住宅等の面から側面支援するような公共政策や制度的サポートが重要となってくるのだ。

これはローカル志向の若者をとりたてて〝優遇〟するという意味ではない。思えば高度成長期においては、首都圏など大都市近辺に大量の公的住宅を日本住宅公団（現在のＵＲ都市機構）

が建設し、地方から大都市圏に出てくる若者を、いわば〝国を挙げて〟支援したのである。次章で詳述するが、地方創生や人口減少が課題になっている現在において求められているのは、高度成長期ないし人口増加期とはむしろ逆の、**「逆・都市化政策」**と呼ぶべき政策なのである。

## 2 少子化・高齢化をめぐる日本と世界

### 高齢化と少子化をめぐる動向

前節では人口減少社会の意味に関する基本的な視点について述べた。一方、人口減少ということの実質的な背景にあるのは少子化（出生率の低下）と高齢化という点である。ここではこれらをめぐる現状認識や展望を、国際比較も踏まえながら考えてみたい。

まず基本的な確認を行うと、日本の高齢化率（65歳以上の高齢者が人口全体に占める割合）は2018年において28・1％（総務省推計）で、すでに「世界一」である。

図表1–4はそうした高齢化の推移の国際比較で、上が日本と欧米でいわゆる先進国、下が日本とアジア、あるいは途上国と呼ばれている国との比較である。横軸の一番右が2060年と

## 図表1-4　高齢化率の推移：国際比較

### 1. 欧米

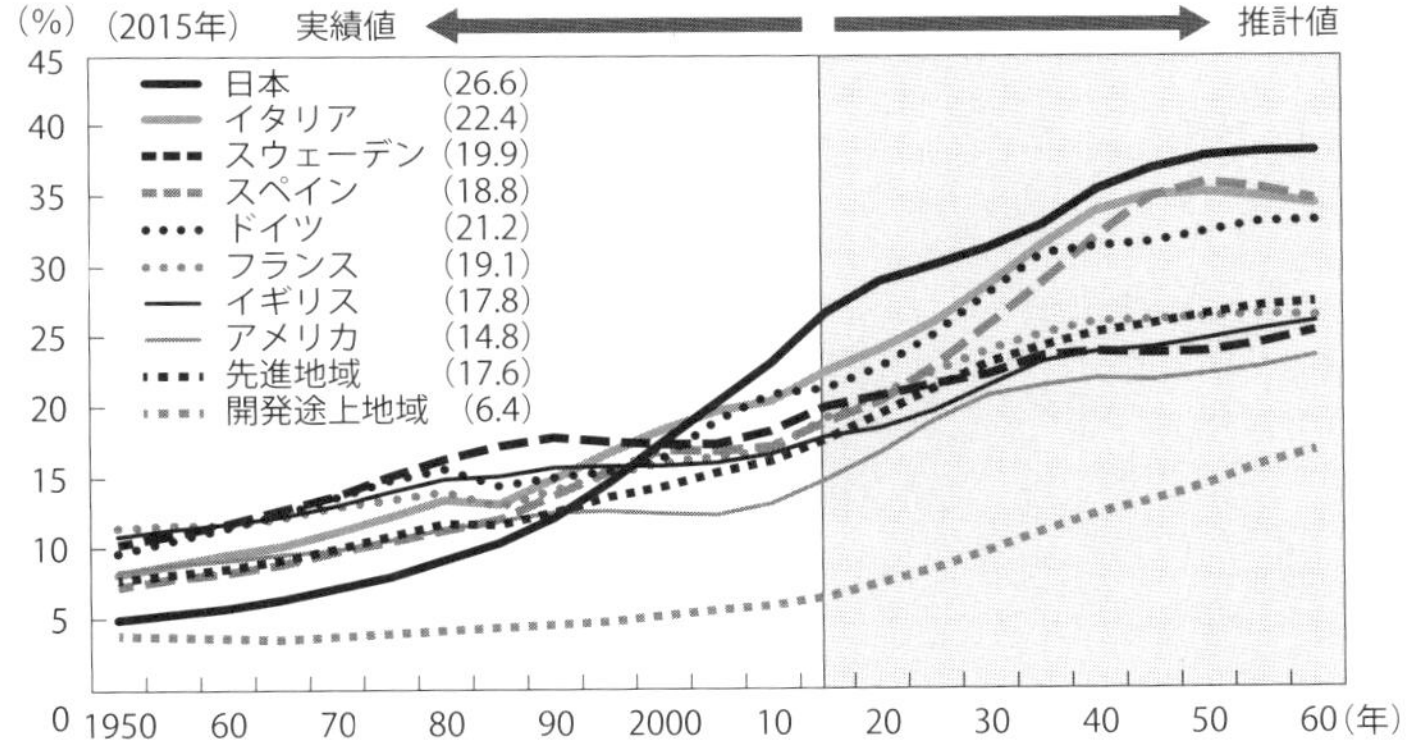


### 2. アジア

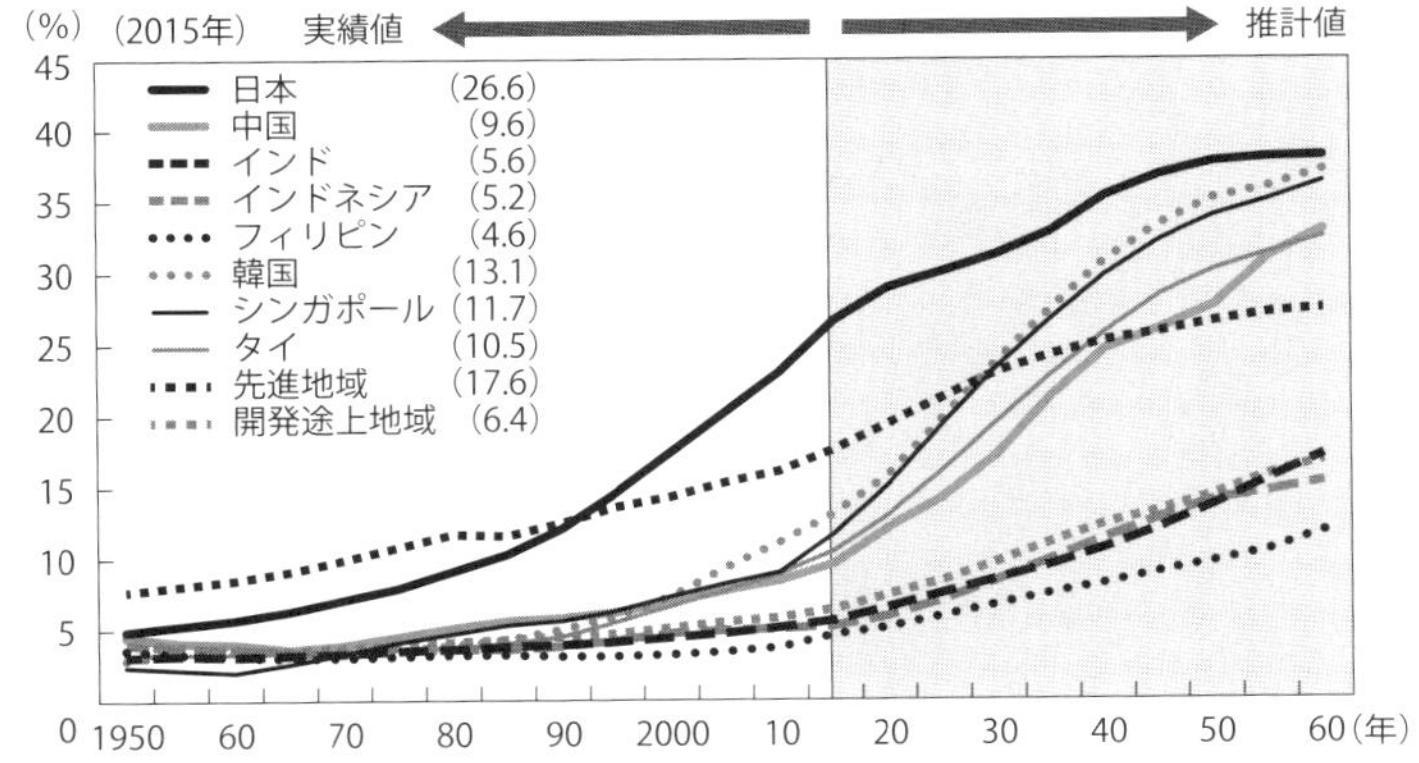


（注）先進地域とは、北部アメリカ、日本、ヨーロッパ、オーストラリア及びニュージーランドからなる地域をいう。開発途上地域とは、アフリカ、アジア（日本を除く）、中南米、メラネシア、ミクロネシア及びポリネシアからなる地域をいう。

（資料）United Nations, *The World Population Prospects*：*The 2015 Revision.* ただし日本は、2015年までは総務省「国勢調査」。2020年以降は国立社会保障・人口問題研究所「日本の将来推計人口（平成29年推計）」の出生中位・死亡中位仮定による推計結果による

（出所）内閣府『平成29年版高齢社会白書』

なっているが、一目見て高齢化に関して日本が〝先頭〟を走っているのがわかる。

非常に顕著なのは、上のグラフに示されているように、１９８０年代まで、日本は先進諸国の中でもっとも〝若い〟国であったのが、90年代に入ると先進諸国をいわば〝ごぼう抜き〟し、やがてトップに躍り出て、これからも２０６０年に向けてトップを走っていくという点だ。高齢化率は２０６５年に38・４％まで上昇すると予測されている（国立社会保障・人口問題研究所「日本の将来推計人口［平成29年推計］」）。

他の国では欧米ではスペインやイタリアの高齢化率が日本に近く、アジアでは韓国やシンガポールなどが急速に高齢化し２０６０年頃には日本に迫ってくるという予測になっている。なぜこうなるかという原因は、やはり少子化であり、日本の合計特殊出生率は上記のように１・42（２０１８年）だが、概して東アジアはどの国も日本より低く、韓国１・17、香港１・21、台湾１・17、シンガポール１・20といった状況にある（２０１６年）。

そして、ここでの重要なポイントは、**日本の高齢化率が特に高くなっていくのは、長寿が要因ではなく、少子化が大きな要因**であるという点だ。もちろん長寿化つまり平均寿命の延びも高齢化率を高める方向に働くわけだが、実際のところは先進諸国において平均寿命の相違はさほど大きなものではなく、特に大きいのは出生率の違いであって、そのありようが高齢化率を左右することになるのである。

ではその出生率ないし少子化をめぐる状況は各国でどうなっているかと言うと、先進諸国の場合、大きくは二つのグループ、つまり出生率が比較的高い国々と、比較的低い国々に分かれると言ってよい。すなわち、前者はフランス（1・92）、スウェーデン（1・85）、アメリカ（1・82）、イギリス（1・79）などのグループであり、後者はドイツ（1・59）、イタリア（1・34）、スペイン（1・32）、ギリシャ（1・30）、そして日本（1・42）などのグループである（2016年［スペイン、ギリシャは2015年、日本は2018年］）。そして上記のように、高齢化率が顕著に高くなっていくのは、日本を含め出生率が低く少子化が進んでいる後者のグループの国々なのである。

## 少子化の背景は何か

では、少子化の背景は何であり、あるいは少子化ないし出生率が国によってかなり異なるのはなぜなのかという問いが自ずと生じる。

これについて、まず重要な事実関係の確認となるが、少子化というと、直感的には結婚したカップルの子どもの数が減っていると考えがちであるが、実はそうではない。実際のところ日本の場合、結婚したカップルの子どもの数はさほど減っておらず、1977年の2・19から2・09（2005年）、1・96（2010年）、1・94（2015年）という状況である（国立社会保障・人口問題研究所「出生動向基本調査」)。少子化の原因となっているのは、むしろ結婚そのものに関する状況の変化、すなわち未婚化と晩婚化なのである。〝ハードル〟は結婚の前にあると言ってもよいかもしれない(この点は後ほどあらためて立ち返りたい)。

こうした話題に関する基本的な現状の確認となるが、図表1-5は年齢階級別の未婚率の推移を示している。この図から、結婚ということに関してかなり急速な社会的変化が進んでいるということが見て取れるだろう。

たとえば20代後半の女性の場合、1970年では未婚率は20%弱だった——つまり8割以上はすでに結婚していた——のが、その後急速にカーブが上昇し、2015年は6割以上が未婚となっている。男性も、たとえば30代前半の1970年での未婚率は10%強だったのが、2015年では半分近く(47・1%)は結婚していない。このように、上記のとおり結婚ということに関してこの50年ほどの間に急速な社会的変化が進んでいると言える。

以上のような事実を踏まえた上で、ではどのような要因が少子化の背景になっているのか、重要と思われるいくつかの論点を確認してみたい。

まず、しばしば少子化は「女性の社会進出」が原因だという見方がなされるが、それは正しくない。これについては図表1-6を見てみよう。これはOECD加盟国(いわゆる先進諸国)における女性の就業率(横軸)と出生率(縦軸)の関係を示したもので、上の図が1980年、下

図表 1-5　年齢階級別未婚率の推移

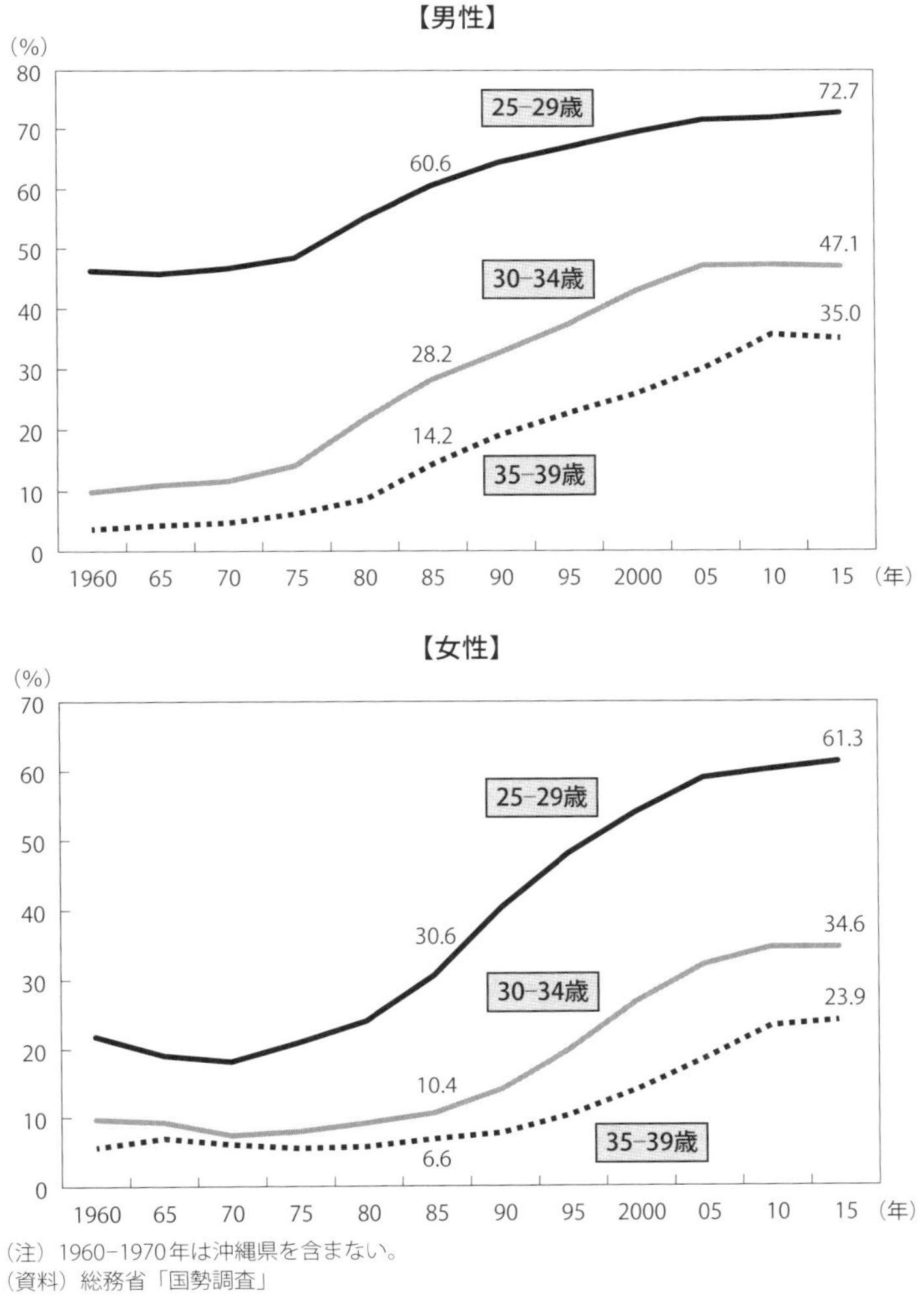


(注) 1960−1970年は沖縄県を含まない。
(資料) 総務省「国勢調査」

## 図表 1-6　OECD諸国における女性の就業率と出生率の相関

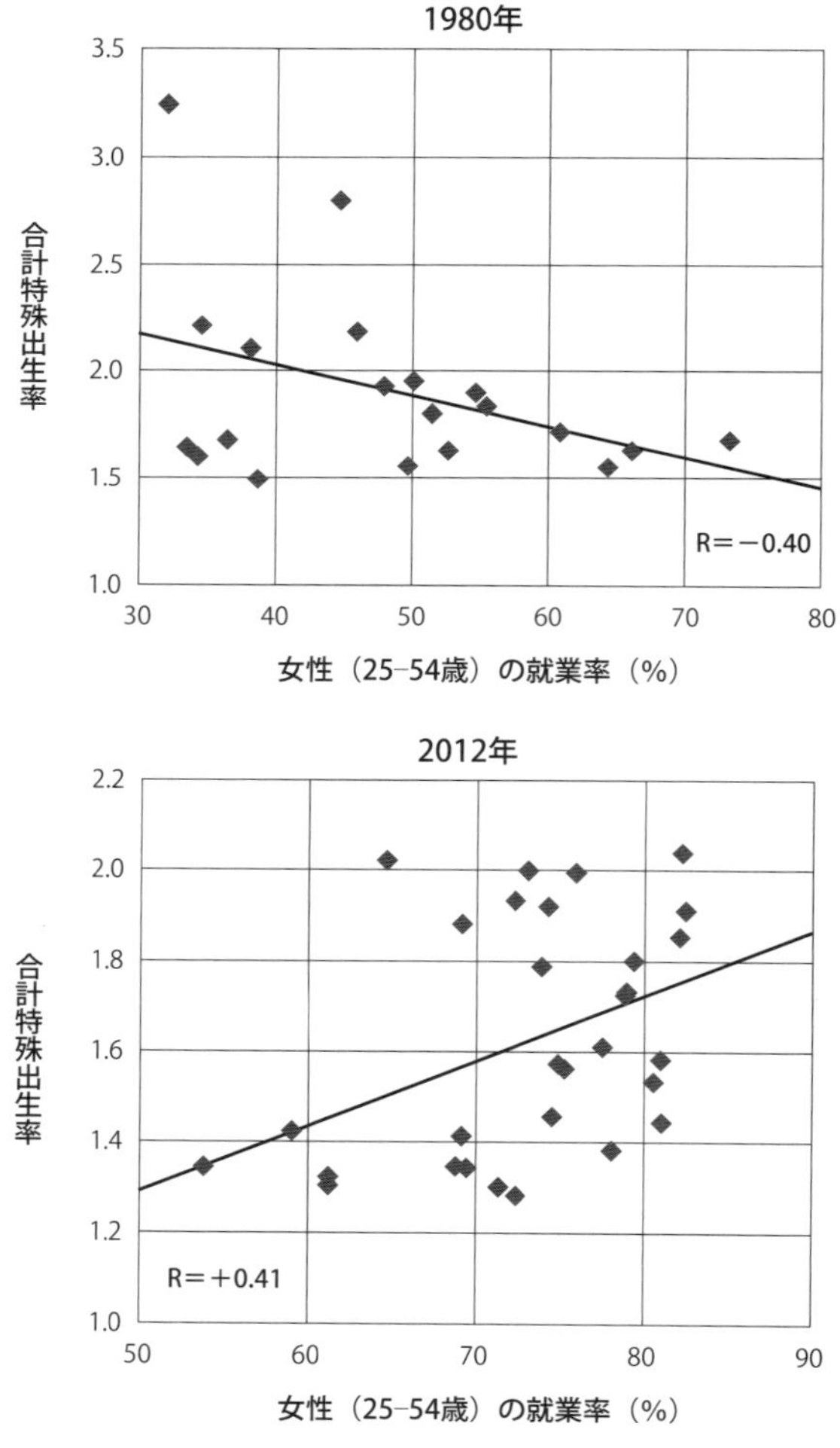


（出所）OECD, Social Policy Division, *Directorate of Employment, Labour and Social Affairs* 資料

が2012年のものである。

これを見ると、1980年では女性の就業率と出生率に負の相関が見られるが、2012年ではむしろ逆に正の相関があり、つまり大きく言えば**「女性の就業率が高い国のほうが概して出生率も高い」**という傾向が見て取れるのである。

イントロダクションでもふれた社会保障論という通年の講義を私が大学で行う中で、非常に意外で驚いたという感想が学生の小レポートなどによく出てくるのがこの点に関してである。いずれにしても、〝女性が社会進出するから出生率が下がる〟ということではなく、そうした変化に応じた政策的な対応や、社会システムの対応を行っていくかどうかが非常に重要だということであり、日本については、残念ながらそうした対応がなお十分できていないことは確かだろう。

一方、出生率については、国内でかなりの地域差があることも無視できない事実である。基本的な確認となるが、日本で出生率がもっとも高い都道府県は沖縄（1・89）であり、一番低いのは東京（1・20）である（2018年）。興味深いことに九州は概して出生率が高く、宮崎、鹿児島、熊本などがベスト10に入っている。こうした事実の背景には無数の要因が働いており、単純な指摘は困難だが、広い意味での「生活のゆとり」、または「仕事と子育ての両立のしやすさ」ということが関与していることは確かではないだろうか。あるいは、祖父母との同居や近接性（子育てへの支援）といった要因も関わっている可能性がある。

いずれにしても、東京の出生率がもっとも低いという事実は、その事実関係が不変であるとすれば、すでに様々に議論されている点であるが、単純に言えば〝人口が東京に集中すればするほど日本全体の出生率が下がり、人口減少が進む〟ことを意味している。

## 「経済効率性」をめぐる逆説と若い世代の生活不安

この点をさらに考えてみよう。東京は言うまでもなく「経済」や「効率性」という点では圧倒的な〝トップ〟の存在であるわけだが、その東京において出生率がもっとも低く、したがって「人口減少」がもっとも進行しやすい地域であるという点は、ある意味で根本的な逆説を含んでいるのではないだろうか。つまり、経済的な効率性や生産性ということだけを追求すると、短期的には一見望ましいパフォーマンスを上げるようにも見えるが、いくら生産性が上昇しても、出生率が低下し人口減少が進んでいけば、中長期的にはまさに「経済」にとっても根本的なマイナスとなるわけである。

比喩的な言い方として、「人口減少」問題への対応には、イソップ物語での〝北風〟ではなく〝太陽〟的な発想や対応が重要と私は考えている。その主旨は、バブル期にもあったような〝24時間戦えますか〟的な発想では、（東京がまさにそうであるように）仕事と子育ての両立といったことは後回しになり、結果的に少子化そして人口減少が進み、長い目で見ると経済にも深いマイナスとなっていくということだ。言い換えれば、旧来型の経済効率性や「限りない拡大・成長」の追求という発想が、逆説的にも人口や経済にマイナスに働くのである。

一方、先ほど少子化が進んでいるのは結婚したカップルの子どもの数が減っているのではなく未婚化・晩婚化によるものだという点を指摘した。この点に関し、特に2000年代に入って以降、若い世代の雇用が大幅に不安定化していることが非常に重要な要因になっている。

2011年に内閣府が行った調査で、20代から30代の男性について、年収300万円を境にして、それ以上かそれ未満かで結婚率に大きな違いがあるという結果が出て、話題にもなった（年収300万円未満の層では既婚者は20代で8・7％、30代で9・3％、年収300万円以上400万円未満の層ではそれぞれ25・7％、26・5％）。また、同様に正規雇用か非正規雇用かによって、結婚率にかなり大きな違いがあるというデータもある（たとえば30代男性の場合、正規雇用の場合は結婚率60・1％に対し非正規雇用の場合は27・1％。［2012年労働力調査（総務省）より厚生労働省政策評価官室作成］）。

したがって、若い世代の生活や雇用の不安定ないし困窮が、少子化の要因の一つとなっているのであり、若い世代への支援というテーマが「人口減少社会のデザイン」にとって、非常に重要であると言える。

この場合、以上のように結婚したカップルの子どもの数はさほど減っておらず、未婚化・晩婚化が少子化の主要な背景だとすれば、いささか強調した言い方をするならば、保育所の整備など、すでに結婚して子どものいる層への支援もさることながら、むしろ結婚の手前にいて、本来は結婚したいが生活や雇用の不安定のためにそれができないという層などへの幅広い支援策（住宅、雇用、教育など）が重要だろう。こうした点は第4章において「人生前半の社会保障」というテーマにそくしてさらに考えてみたい。

## 少子化をめぐる構造――国際比較

以上、少子化をめぐる状況や背景について、国際比較を含めて様々な角度から見てきたが、その主要な構図をやや単純化して示したのが図表1－7である。

これは縦軸が子育てや若者に関する公的支援が大きいか小さいかを示しており、この場合の公的支援というのは、子育てに関しては保育所や児童手当、育児休暇といった制度を指し、若者に関しては雇用や教育、住宅等に関する支援を指している。一方、横軸は個人の行動や価値観に関わるもので、ひとまず大づかみに左のほうを伝統的性別役割分担、右のほうを個人主義としている。イメージとしては、左は男女の役割分担やそれに関する規範が比較的はっきりし

**図表 1-7　少子化・家族政策をめぐる国際比較**

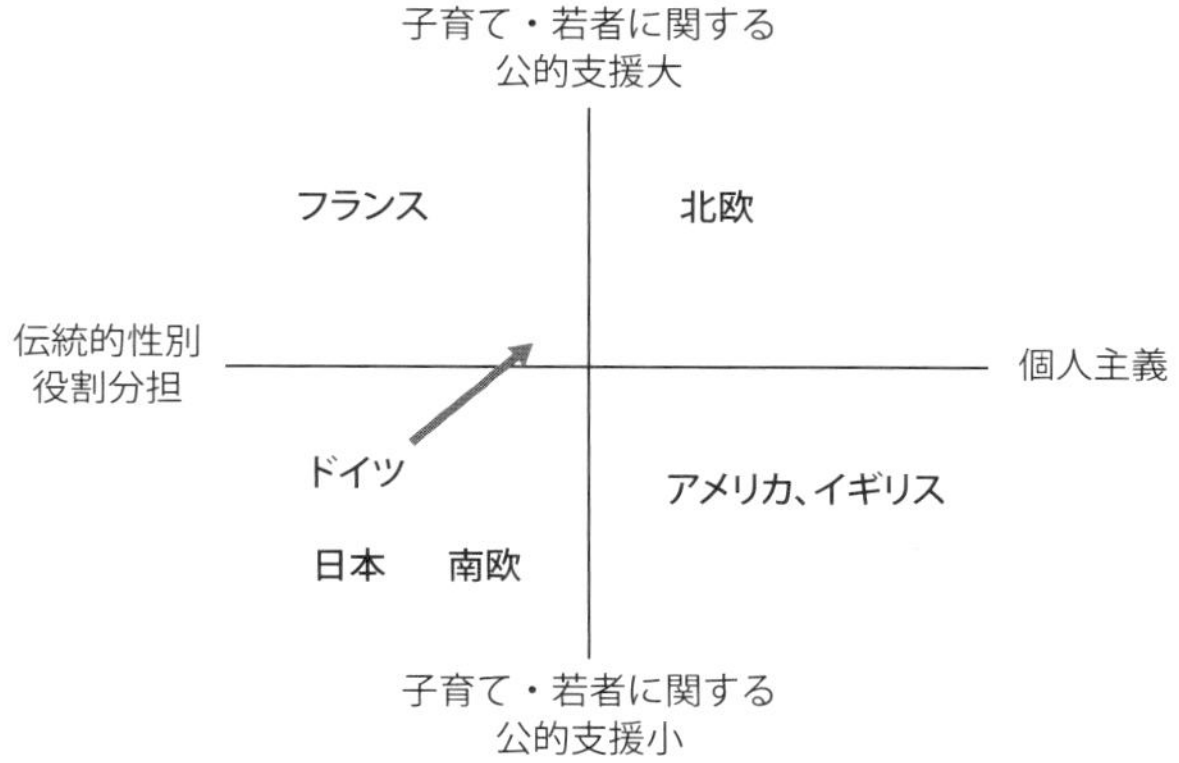


ている保守主義的な社会であり、右は男女の固定的な性別役割分担にとらわれず、個人の能力に着目するような個人主義的な社会ということになる。

コミュニティに関する次章でも論じる予定だが、私は良き意味での個人主義というものが、これからの日本社会において非常に重要なポイントになると思っている（〝良き意味での個人主義〟と記したのは、個人がある程度独立しつつ、しかし孤立するのではなく集団を超えてゆるくつながるような関係性を意味し、次章で「都市型コミュニティ」と呼ぶ姿と重なっている）。また、ここで言う個人主義とは、たとえばあまり〝付き合い残業〟的なことをしないとか、職場の「空気」に縛られず休暇をとることができるといった、ある種のドライな関係性と呼ぶべきものを指している。

図表1-7にそくして見ると、大きな傾向として、先進諸国において出生率が比較的高いのは、いま述

べた二つのポイント、つまり①子育てや若者に関する公的支援と、②伝統的な性別役割分担にとらわれない個人主義的志向という二者の、いずれかがある程度実現している国であることがわかるだろう。すなわち、北欧の場合は①も②も明確であり、一方、フランスはカトリックの国ということもあって伝統的家族の性的役割分担の観念が一定以上根強いが、しかし早い時期から子育て支援策を非常に充実させてきた国である。

逆にアメリカ、イギリスといったアングロサクソン系の国々（特に前者）は、公的保育所や児童手当といった制度はさほど充実しておらず（特にアメリカ）、むしろ民間のベビー・シッターを雇うといった傾向の強い社会であるが、しかし個人主義的な行動様式が浸透していて、結果的に出生率は比較的高くなっている。

そして、子育てや若者への公的支援も薄く、かつ伝統的な性別役割分担の傾向がなお残る図の左下の国々、つまりドイツ、日本、南欧が、実際においても出生率が低いグループになっているのである。

ドイツについて一言補足すると、イントロダクションでも述べたように、ドイツは成熟社会のモデルとしてもっとも優れた社会の一つと私は考えており、また（時折なされる誤解とは大きく異なって）基本的に個人主義的な行動様式の強い国と言えるので、ドイツの出生率の低さはある意味で私にとって解き明かしにくい面をもっているが――敗戦国としての歴史的経緯も関係しているかもしれない――、近年では子育てや若者に対する政策が充実してきており、実際出生率も徐々に回復し、その意味で図の右上のほうに移行する傾向にあるように思える。

## 3 高齢化の地球的進行と「グローバル定常型社会」

ここまで人口減少社会に関する日本の状況と関連する国際比較を中心に述べてきたが、以上の点を踏まえながら、地球全体の姿にも関心を広げつつ、人口減少をめぐる今後の展望について考えてみたい。

**日本についての展望――「定常人口」への移行**

まず、日本の人口ないし人口減少の今後についての私自身の基本的な考えを記してみよう。

本章の1で確認したように、日本は現在すでに人口減少社会となっているが、私自身は、現在の日本の人口（2019年でおよそ1億2600万人）はある程度は減少してもよいと考えている。あるいはそれ以前に、出生率が急に上昇するということは現実にはありえないことであり、しかも高齢者数の特に多い現在の日本において年間の死亡者数は当分の間着実に増加していくので——この点は第6章での死生観をめぐるテーマの関連でもあらためて立ち返りたい——、日本の人口が今後しばらくの間減少を続けることは避けられない事実なのである。

また、日本の人口が「ある程度は減少してもよい」と述べた一つの理由は次の点にある。先進諸国の人口を概観すると、たとえばイギリス、フランス、イタリアの人口はほぼ同じで約6000万人であり、日本の半分以下である。ちなみに、フランスは日本より国土の面積が広く（54万平方キロで日本の1・5倍に近い）、イギリスとイタリアは日本よりやや小さい程度である。ドイツは人口が約8000万人強で、面積は日本とほぼ同じである。

加えて日本はヨーロッパの国々の多くと違い、国土全体が山がちで森林面積率7割という国であるから、以上のような点を踏まえると、日本は人口が過密になりすぎていると考えても不合理ではないし、言い換えれば、現在の人口が絶対的に維持すべき水準と考える理由はどこにもないだろう。

しかし一方、私は人口が「減り続ける」のは問題だと考えており、基本的な方向として、出生率はできれば2・0前後の水準——人口が維持されるいわゆる人口置き換え水準（2・07程度）前後——に回復するのが望ましいだろう。

その理由としては、一つにはマクロ的な視点において、「定常人口」、あるいはより大きな視野で言えば「定常型社会」と私が呼んできた社会のありようが望ましいと考えるという点がある。しかしより重要なのは、むしろミクロあるいは個人のレベルにおいて、現状では欲しい（希望ないし理想の）子どもの数に対して、実際の子どもの数がかなり低いということが様々な調査で示されており――国立社会保障・人口問題研究所の「出生動向基本調査」によれば、結婚意思のある未婚者が希望する子どもの数は、男性（18〜34歳）で1・91、女性（同）で2・02となっている（2015年調査）――、したがって個人の生活の質あるいは個人の幸福という観点から、希望通り子どもをもち産み育てられるような環境ないし社会の実現が重要と思われるからである。

以上のように考えると、これは一つのイメージだが、出生率は現在の1・4強から徐々に2・0に向けて時間をかけて回復していくことが望ましい。ということは、人口は当面は減っていくけれども、ある段階でいわば〝下げ止まり〟、やがて「定常状態」になって落ち着く。

こうした展望が、ある意味で常識的に考えても望ましい姿ではないかと私は考える。そして、その定常状態の人口水準がどの程度になるかは、出生率が今後2・0前後に向けて回復していく際のパターンないし時間的な経過によるということになる。

ちなみに、興味深いことに国連の人口推計でも、2100年に向けて各国の出生率が2・0に向けて収斂していくということが仮定として示されている。すなわち、日本のように出生率が低い国は上昇し、逆に発展途上国のように出生率が高い国のそれは次第に減少していき、いわば全体として均衡するという展望である。そうした前提に立つと、日本の人口は２１００年には概ね８０００万人前後で定常化する、という姿が浮かび上がることになる。

もちろん出生率については多様かつ無数の要因が関わっているので、単純に〝こうすればこうなる〟といった性格のものではもちろんなく、またどのような姿が望ましいということについて、一つの正しい答えがあるわけでもないが、人口減少社会というテーマを考えるにあたって、今後向かうべき方向についての基本的なイメージないしビジョンをもつことは重要と思われる。

## 「高齢化の地球的進行」

もう一つ、人口をめぐる地球レベルでの動きに関して重要な点として押さえておくべきなのは、**「高齢化の地球的進行（Global Aging）」**という点である。

一般に、高齢化というと日本を含む〝先進諸国〟の話のように思いがちだが、そうではない。図表１－８は若干古いデータだが、『高齢化の危機を回避する（Averting the Old Age Crisis）』という、世界銀行が１９９４年に出した報告書からのものである。これは２０３０年までに世界で増加する60歳以上の高齢者の地域別の割合を示しており、全体の約３割を中国が占めているのがま

図表1-8　高齢化の地球的進行（Global Aging）

2030年までに世界で増加する高齢者（60歳以上）の地域別割合

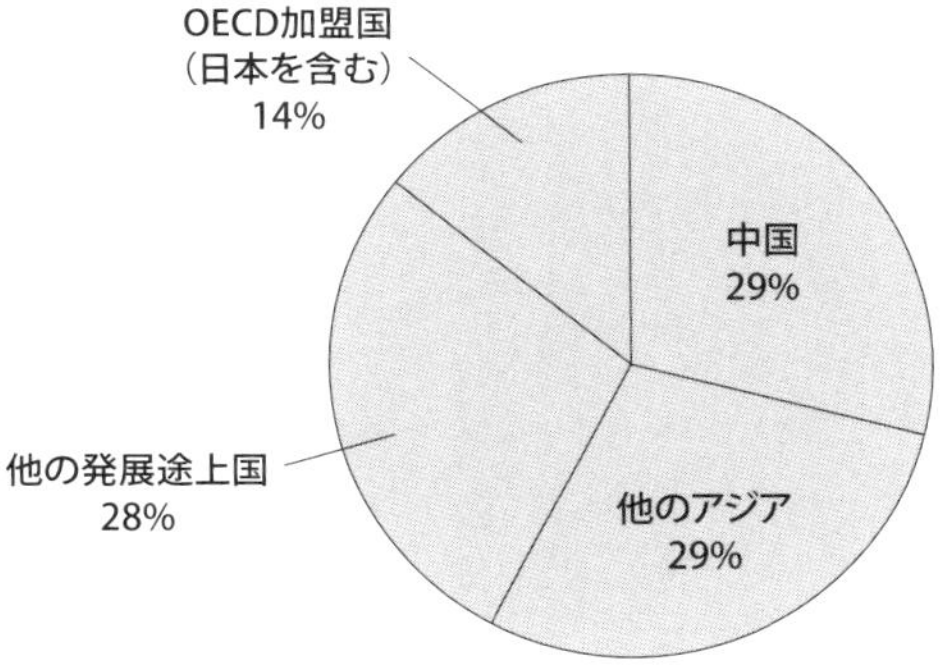


（出所）World Bank, *Averting the Old Age Crisis: policies to protect the old and promote growth*, 1994

ず印象的である。続いて他のアジア諸国も同様に約3割を占めていて、アジア全体が大きく高齢化していくことが示されている。一方、日本は先進諸国の集まりであるOECD加盟国に含まれているが、その割合は14%に過ぎず、むしろ少数派である。要するに、今後地球上で増えていく高齢者のうち、その大半はいわゆる新興国ないし発展途上国の高齢者ということであり、まさに「高齢化の地球的進行」という現象が今後進んでいくことになる。

もう一言記すと、私はこの高齢化というテーマの関連でも中国との関係は大事にすべきと考えている。端的に言えば、「高齢化率」において世界の先頭を走っていくのが日本であり、「高齢者の絶対数」に関して先頭を走っていくのが中国である。つまり高齢化に関して、日本と中国は異なる形ではあれ世界の〝フロントランナー〟として歩んでいくことになるのであり、高齢化社会のモデルを構想していくという点においても互いに協力していくべきものと私は思っている（広井・沈編［2007］参照）。

さて、以上のような「高齢化の地球的進行」という事態を踏まえた上で、では世界あるいは地球の人口はどうなっていくのだろうか。

図表1-9は国連による世界人口のこれまでの推移と予測である。大きく見ると、世界人口は20世紀の間に16億から60億まで増え、現在は70億強である。それが今後は次第に増加率がゆるやかになり、2100年に112億程度で安定するというのが、希望的観測も含めた国連の予測である（2019年に新たに公表された推計では、2100年に109億人と下方修正された。50年の時点で97億人なので、21世紀後半の人口増加はきわめて小さい）。つまり世界人口は、21世紀の半ば頃から大方成熟化していき、やがて定常状態に至るのだ。

こうした点に関して、興味深い事実がある。図表1-10は、同じく国連が2015年に出した、2100年の世界人口推計における国別ベスト10だ。1位がインド、2位が中国というのはこうした話題に多少関心のある人にとっては周知の事柄だろうが、興味深いのは、ベスト10のうち5つをアフリカの国が占めているという点である（ナイジェリア、コンゴ、タンザニア、エチオピア、ニジェール）。

## 図表 1-9　世界人口の推移と予測（1950–2100年）

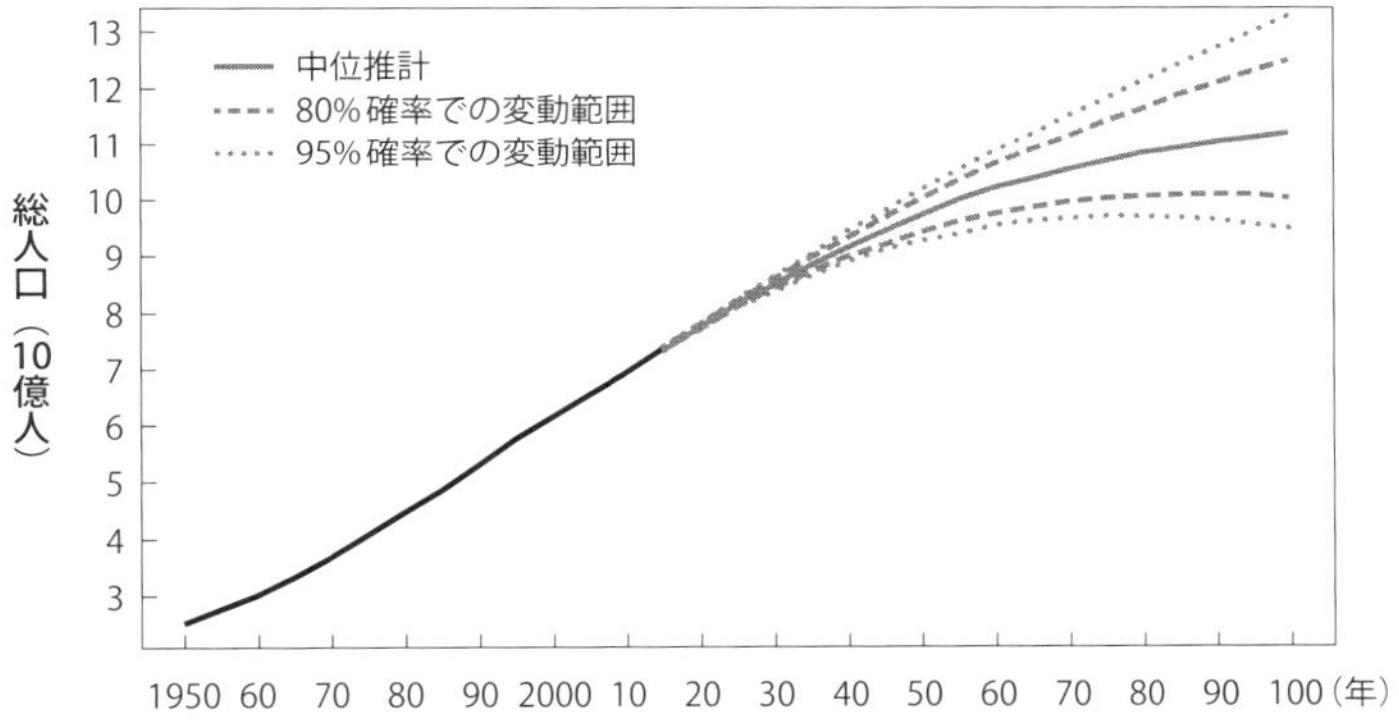


（注）将来予測（薄い実線）は世界人口の中位推計で、各国の合計特殊出生率が今後概ね2.0に収斂すると仮定。破線は80%の確率での変動範囲、点線は95%の確率での変動範囲を示す。

（出所）United Nations, *The World Population Prospects: The 2015 Revision*

## 図表 1-10　ReAFRICA?：2100年の世界人口推計 上位10か国のうち5か国がアフリカ諸国（国連人口推計［2015年］）

（億人）

| | | |
|---|---|---|
| 1 | インド | 16.6 |
| 2 | 中国 | 10.0 |
| 3 | **ナイジェリア** | 7.5 |
| 4 | アメリカ | 4.5 |
| 5 | **コンゴ** | 3.9 |
| 6 | パキスタン | 3.6 |
| 7 | インドネシア | 3.1 |
| 8 | **タンザニア** | 3.0 |
| 9 | **エチオピア** | 2.4 |
| 10 | **ニジェール** | 2.1 |

（注）日本は30位（8,300万人）。

（出所）United Nations, *The World Population Prospects: The 2015 Revision*

このことを、次のような角度から見るのもおもしろいかもしれない。すなわち、今から約20万年前にホモ・サピエンスがアフリカで生まれ、農耕文明の周縁地域であったイギリスで17世紀前後に資本主義が生まれて世界に広がり、そして〝資本主義の最後のフロンティア〟とも言われるアフリカにそれが（幸か不幸か）全部行きわたり、最終的に、ある意味で人類の歴史が一つの定常状態に至るという把握である。

それは、マルクス主義の系譜に属する「従属理論」の旗手であったアンドレ・G・フランクの著作『リオリエント（ReORIENT）』の議論――世界史の全体を通じて世界のセンターはほぼ一貫して中国を中心とするアジアにあり、現在生じつつあるのはそこへの回帰現象であるという把握（フランク［2000］）――をさらに超えて、「リアフリカ（ReAFRICA）＝再びアフリカへ」とも呼びうる現象かもしれない。

## ＊アフリカの人口増加をめぐって

やや立ち入った論点になるが、ここで少し考えてみたいのは、〝最後のフロンティア〟として、21世紀後半に向けてアフリカの人口が大幅に増えると予想される割には、世界人口はそれほど増えないのはなぜか、という点だ。先ほど述べたように20世紀は世界人口が16億から60億に増えているので4倍近くになっている。しかし21世紀の100年は60億から109億程度への増加なので、2倍にも満たない。それはなぜかというと、実はアフリカの人口がもともと（ユーラシアに比べて）相対的に少ないからである。アフリカは、その風土的特性から狩猟採集が中心の地域が多く、農耕がさほど発展してこず、いわば増加の母体となる人口規模がユーラシアに比べて少ないため、アフリカの人口増加率が高くても、世界人口の全体への影響は相対的にやや小さいということだ。

ちなみにジャレド・ダイアモンドは、『銃・病原菌・鉄』でのアフリカに関する章の中で次のように述べている。「アフリカには栽培化や家畜化可能な野生祖先種があまり生息していなかった。食料の生産に適した土地があまりなかった」。「食料生産に適した土地の問題にしても、アフリカ大陸の総面積はユーラシア大陸のおよそ半分しかない。しかも、紀元前1000年以前に農耕民や牧畜民が居住していたのは、ユーラシア大陸の半分の広さしかないアフリカ大陸の約三分の一を占めるにすぎない、赤道以北のサヘル地域であった。今日、ユーラシア大陸には40億の人びとが暮らしている。これに対して、アフリカの総人口は7億人に満たない」（ダイアモンド［2000］（下））。

## 世界人口の定常化と「グローバル定常型社会」

世界全体に話を戻すと、日本・アジアと世界人口の動向を見ても、中国も一人っ子政策の影響もあって2020年代の半ばには約13・9億でピークに達し、意外に早く人口定常化ないし人口減少の時代に入る。また、先ほどもふれたが、東アジアは日本以上に少子化が進んでおり、出生率はどの国も日本より低く、韓国1・17、香港1・21、台湾1・17、シンガポール1・20といった状況にある（2016年）。

こうした全体的な展望について、人口学者のルッツという研究者が、**「20世紀が人口増加の世紀だったとすれば、21世紀は世界人口の増加の終焉と人口高齢化の世紀となるだろう」**と言っているが（Lutz et al［2004］）、これは確かにそのとおりのことだろう。そしてある意味で、日本はその先頭を走っていることになる。

私はこうした展望を、**「グローバル定常型社会」**と呼んできた（広井［1999］、［2009a］）。それは一言で言えば、「21世紀後半に向けて世界は、高齢化が高度に進み、人口や資源消費も均衡化するような、ある定常点に向かいつつあるし、またそうならなければ持続可能ではない」という認識である。

そして、上記のようにそのフロントランナーとして日本は歩んでいくことになるので、そのような「定常型社会」のモデルを先頭になって構想し、実現していくことが日本の立ち位置、あるいは責務と言えるのではないだろうか。

最後に、こうした世界人口の変動というテーマに関連して、次のような話題に目を向けてみたい。

図表1－11は、16世紀以降の各世紀における、戦争による死者数の推移である。これはデ

図表1-11　戦争による死者数の推移（1500-1999年）

| 時期 | 戦争死者数（100万人） | 人口1,000人当たり戦争死者数 |
|---|---|---|
| 1500-1599年 | 1.6 | 3.2 |
| 1600-1699年 | 6.1 | 11.2 |
| 1700-1799年 | 7.0 | 9.7 |
| 1800-1899年 | 19.4 | 16.2 |
| **1900-1999年** | **109.7** | **44.4** |

（出所）David Christian, *Maps of Time*, University of California Press, 2004, p.458

ヴィッド・クリスチャンという歴史家の『Maps of Time（時間の地図）』という、近年関心を集めている「ビッグ・ヒストリー」という分野の代表的著作から引用したものである（Christian［2004］）。

この図に示されているように、戦争による死者数は、16世紀以降の近代社会における人口の急激な拡大・成長の時期に、それに比例するかのように増加し、20世紀にピークに達した。20世紀における戦争死者数は1億人強に達しており——そのうち第二次大戦における死者数は約5300万人——、人口1000人当たりの死者数においてもそれまでの時代に比して群を抜いて大きい。

もちろん、人口の増加と戦争が単純に直結するわけではないが、しかし一般的に、人口や経済の拡大・成長期というのは、自ずと資源やエネルギー、領土をめぐって国や部族間のクラッシュが生じやすいのは確かだろう。したがって本章で見てきたように、人口の急激な増加の時代が終焉に向かい定常化しつつあるということは、世界的なレベルにおいても一つの大きな転換であり、様々な課題が存在するものの、そこにむしろ多くのポジティブな展望が宿っていると私は考えている。そしてもちろん、21世紀が戦争死者数の減少への転換の時代となるか否かは、私たちの対応如何にかかっている。

# 第2章

# コミュニティとまちづくり・地域再生

前章では、人口減少社会というものをそもそもどう理解するかという点について、日本・世界・地球という視座にそくしつつ様々な角度から概観した。

さて、「人口減少社会のデザイン」という本書のテーマにとって、まず重要となるキーワードとして「コミュニティ」と「地域／ローカル」がある。この場合、「コミュニティ」とはさしあたり人と人との関係性に関わる概念なので、まずそれは〝ソフトウェア〟の領域に属するものだが、同時にコミュニティは「場所」とか街の空間構造、交通のありよう、環境など様々な〝ハードウェア〟とも不可分の関係にある。本章ではこうした「コミュニティ」や「地域」をめぐる課題について、幅広い視点から考えていこう。

## 1　コミュニティとは何だろうか

最初に、そもそもコミュニティとは一体何かという点について、若干の基本的な議論を行っておこう。

## コミュニティという〝あいまい〟な存在

コミュニティとは、ある意味で非常に〝あいまい〟な存在と言えるだろう。それは次のような意味においてである。

やや理念的な話となるが、近代という時代の枠組みでは、社会ないし世界は、独立した「個人」（あるいは「個体」）から成り立つものと考えられ、経済的な文脈では、個人は市場において互いに自由に競争し、利潤の最大化を図ることが想定されている。そして、そこで生じうる格差の拡大とか、環境破壊といった問題については、「政府」という公的部門をつくって、それがそれらの問題の是正や調整を行うものとされる。

これが近代的な人間観ないし社会観の基本にある思考枠組みであり、それはいわば「個人」と「社会」、あるいは〝私〟（プライベート）と〝公〟（パブリック）、ないし「市場」と「政府」の二元論であって、そこには「コミュニティ」という概念や要素は登場しない。つまり〝コミュニティという存在を前提とせずとも人間の社会は成り立つし（むしろそのほうが望ましく）、また人間や社会の理解は可能である〟というのが近代的なパラダイムだった。

ところが、近年に至り、様々な背景から、そうした「個人―社会」、「私―公」、「市場―政府」といった二元論的枠組みでは、現在生じている種々の問題の解決はどこか根本的に不可能なのではないか、あるいはそもそも人間という存在の理解が十分にできないのではないかという疑

図表 2-1 「公・共・私」をめぐるダイナミクス

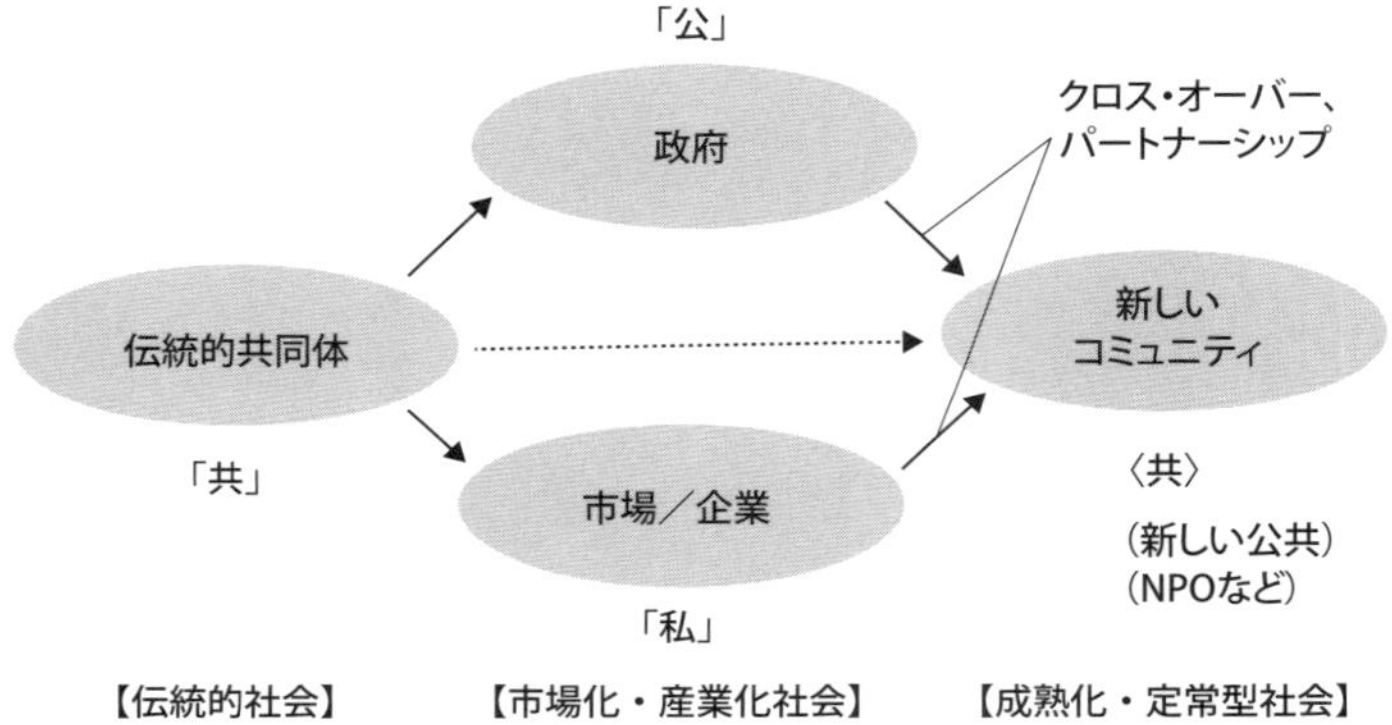


問が提出されるようになり、そこで浮上してきたのが、他ならぬ「コミュニティ」という存在――〝公―私〟に関して言えば〝共〟という第三の領域ないし関係性――であるととらえることができる。

思えばコミュニティという存在は、近代以前の伝統的社会――たとえば農村共同体――においては中心的な意味を担っていたので、以上のような近年の方向は、ある意味で「新しいコミュニティ」を再構築するような動きであるとも言えるだろう（こうした「公・共・私」をめぐる歴史的なダイナミクスについて、図表2―1を参照されたい）。

実際、様々な学問分野において、〝文・理〟の枠を超えて、そうしたコミュニティや人間の関係性、あるいは「〝個体〟を超えた人間理解」に関する新たな把握やコンセプト等が百花繚乱のように湧き起っているように見える。この話題は次章において立ち返りたいが、いずれにしてもこうした近年の様々な領域での展開の軸にあるのが、「コミュニティという〝あいまい〟な存在」をめぐる問題群なのである。

## 情報とコミュニティの進化

以上は主として人間にそくした議論だが、人間以外の生物も含めて「コミュニティ」ということを考えるとどうだろうか。ここで浮上してくるのが「情報」というコンセプトである。手がかりとして、かつてカール・セーガンが著書『エデンの恐竜』の中で展開した次のような視点が参考になる（セーガン［1978］）。

すなわち、情報は大きく「遺伝情報」と「脳情報」に区分することができる。前者はいわゆるDNAに組み込まれた情報であり、これは他でもなく遺伝子（という情報メディア）を通じて親から子へとバトンタッチされていく。

しかしながら生物が複雑になっていくと、この遺伝情報だけでは〝不十分〟になってくる。つまり、必要な情報の容量ないし容器がDNAでは間に合わなくなるのだ。

そこで遺伝情報に加えて、生物は「脳」という情報の貯蔵メディアを作り出し、「脳情報」を通じて様々な情報の蓄積や伝達を行うようにした。この場合、脳情報の伝達は、生物の個体間の種々のコミュニケーションによって行われる。そしてこうした中で形成されるのが、様々なかたちの「コミュニティ」に他ならない。

このように「情報」と「コミュニティ」とは不可分の概念である。そして、こうした脳情報&コミュニティは生物進化の中で次第にその比重が大きくなり、哺乳類において大きく拡大することになるが、言うまでもなくそれが最高度に展開したのが人間という生き物であった。

セーガンの議論のおもしろい点は、このようにして脳情報を大きく進化させた人間であるが、しかし歴史の展開の中で、脳すら〝容量不足〟となり、やがて人間はさらに新たな情報の媒体を作っていったという把握である。

すなわちそれは、「文字情報」とその蓄積手段としての書物、ひいてはそれを保存する図書館などであり、これはいわば脳にとっての〝外部メモリー〟のようなものと言えるだろう。そして、やがてこれでも不十分となり、コンピューターが現れ、デジタル情報の蓄積や伝達が展開していったのが20世紀後半ということになる。

まとめると、**「遺伝情報→脳情報（→文字情報）→デジタル情報」という形で、情報とコミュニケーションの何重かの〝外部化〟を行ってきたのが人間**ということになる。いわゆる「ネット（ないしデジタル）コミュニティ」が人間にとってどういう意味をもつかは、こうした大きな視野においてとらえられる必要があるだろう（図表2-2参照）。

では「デジタル情報」やそのコミュニティの先はどう展望されるのか。思えば近年しばしば

図表 2–2　情報とコミュニティの進化

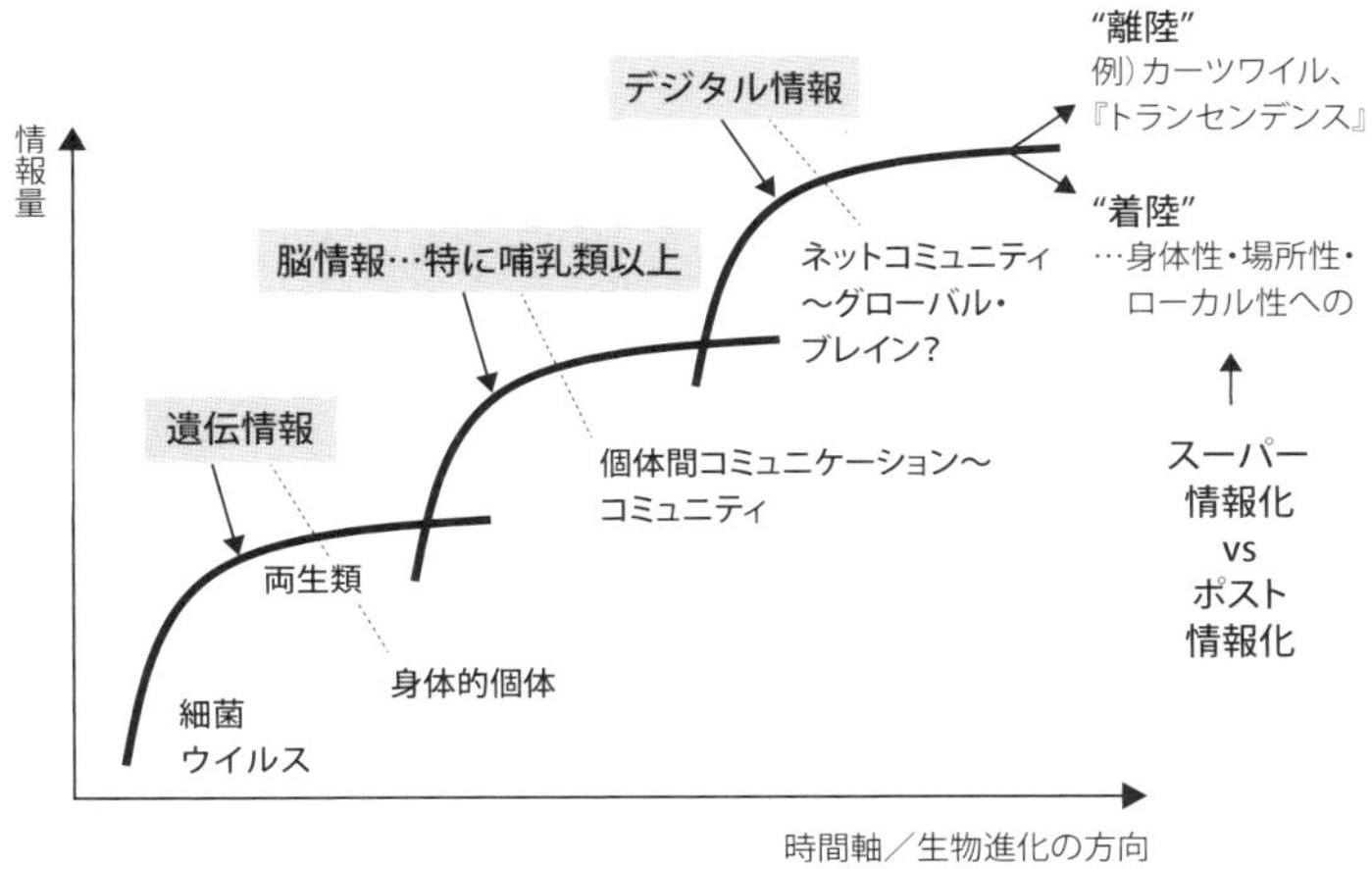


（出所）セーガン［1978］より作成

話題になる、アメリカの未来学者カーツワイルのいわゆる「シンギュラリティ」論は、この**デジタル情報に遺伝情報も脳情報もすべて取り込んでいく**というビジョンと言えるだろう。彼の著書の副題が「人間が生物学を超えるとき（When Humans Transcend Biology）」となっているのはそうした世界観を象徴している。

しかし、そのようなビジョンは人間や生命、世界を大幅に矮小化してとらえているのではないか。そうしたいわば「スーパー情報化」ないし「スーパー資本主義」と呼びうる方向ではなく、むしろ身体性やローカルな場所性、あるいは情報に還元されない生命そのものへの〝着陸〟という方向が、人間の理解や幸福にとって、あるいは有限な地球の持続可能性にとって望ましい道ではないかと私は考えており、それは後ほど述べる「ローカライゼーション」や「ポスト情報化」というテーマとつながる。

## 日本社会とコミュニティ

以上、コミュニティをめぐるやや理念的な議論をまず行ったが、これからの人口減少社会におけるコミュニティというテーマを考えていくにあたり、どうしても避けて通れないのが、日本社会あるいは日本人と「コミュニティ」に関する話題である。

私はコミュニティには「農村型コミュニティ」と「都市型コミュニティ」という異質な二者があり（図表2-3）、かつ両者は人間にとっていずれも本質的で補完的なものと考えている。ここで言う「農村型コミュニティ」とは、集団の中に個人が埋め込まれるようなコミュニティのありようであり、そのつながりは〝情緒的な一体感〟をベースとするもので、強固な結束性をもつ一方、外部に対して排他的な側面をもっている。それに対して「都市型コミュニティ」とは、あくまで個人が独立しながら、そうした個人同士がゆるくつながるようなコミュニティのありようであり、そのつながりは理念の共有や公共意識といったものをベースとするものである。

この場合、日本との関係で言えば、日本社会あるいは日本人の関係性が「農村型コミュニティ」に傾斜しがちであり、そのことが「ウチとソト」の明確な区別や、「〝同調〟と〝排除〟

図表2-3　農村型コミュニティと都市型コミュニティ

| | 農村型コミュニティ | 都市型コミュニティ |
|---|---|---|
| 特質 | "同心円を広げてつながる" | "独立した個人としてつながる" |
| 内容 | 共同体的な一体意識 | 個人をベースとする公共意識 |
| 性格 | 情緒的（＆非言語的） | 規範的（＆言語的） |
| 関連事項 | 文化 | 文明 |
| | 共同性 common | 公共性 public |
| ソーシャル・キャピタル | 結合型（bonding）［同質的な者同士の緊密なつながり］ | 橋渡し型（bridging）［異質な個人間のネットワーク的つながり］ |

の二極化」といった性向として現れやすいことは確かである。

比喩的な言い方となるが、それは〝稲作の遺伝子〟とも呼ぶべき、２０００年に及ぶ稲作を中心とした社会構造の中で培われてきた、人と人との関係のあり方や行動様式に由来するものと言えるだろう（広井［２００９ｂ］、［２０１１］参照）。

この点は、本書のイントロダクションでも言及した、先進諸国の中で現在の日本がもっとも「社会的孤立」度が高いという現状にもつながっている。ここでの「社会的孤立」は、家族などの集団を超えたつながりや交流がどのくらいあるかに関する度合いを指しているわけだが、まさにそうした〝集団を超えた個人と個人のつながり〟の構築という点が、今の日本社会における様々な課題の根っこに存在しているだろう。

個人的な実感に関わる話であり、これまでも本の中などでふれてきた点だが、特に海外（ヨーロッパなど）に行って日本の状況と対比する時に痛感するのが、特に東京のような大都市での、あるいは地方都市も含めた現在の日本での、次のような事実である（広井［２００９ｂ］）。

（１）見知らぬ者同士が、ちょっとしたことで声をかけあったり、あいさつをしたり会話を交わしたりすることがほとんど見られないこと

（２）見知らぬ者同士が道をゆずり合うといったことが稀であり、また、駅などでぶつかったりしても互いに何も言わないことが普通であること

（３）「ありがとう」という言葉を他人同士で使うことが少なく、せいぜい「すみません」といった、謝罪とも感謝ともつかないような言葉がごく限られた範囲で使われること

（４）以上のような中で、都市におけるコミュニケーションとしてわずかにあるのが「お金」を介した（店員と客との）やりとりであるが、そこでは店員の側からの声かけが一方通行的に行われ、客の側からの働きかけや応答はごく限られたものであること

対照的に、〝見知らぬ者同士がちょっとしたことで声をかけあう〟ことが、概して海外では（ヨーロッパなどに限らず、アジアの国々においても）日本よりもずっと多い。それはたとえば、電車などの中で棚に荷物を上げるのに苦労している人をさりげなく手伝うとか、道でぶつかりそ

うになった時に互いに少し笑顔をかわすとかといった、本当に日常の中のささいな行為なのだが、そうした見知らぬ者同士のやりとりやコミュニケーションが圧倒的に多いのである。

この場合のポイントは「見知らぬ者同士」という点であり、残念ながら現在の日本の場合、「知っている者同士」の間では極端なほどに互いに気を遣い、また同調的にふるまおうとするが、見知らぬ者あるいは集団の「ソト」の者に対しては、ほとんど関心を向けないか、潜在的な敵対関係が支配するという現状がある。そして、東京などのような都市は、文字通り〝無言社会〟というべき状況になっている。

近年半ば流行語のようにもなった〝忖度《そんたく》〟も、そうした日本社会の意識や行動様式の一断面と言えるだろう。私はそうした関係性のありようを、〝**集団が内側に向かって閉じる**〟という表現で表してきた（広井［２００９ｂ］）。

このような傾向の強い日本社会での人と人との関係性を、いかに（集団の）ソトに向かって開かれたものにしていくか――それはまさに先ほどの「都市型コミュニティ」の確立ということと重なる――が、もっとも基本的な課題としてあるだろう。

言い換えれば、現在の日本社会は大きな〝関係性の組み換え〟の時代にある。つまり、ここで述べているような人と人との関係性のありようは、〝国民性〟といった不変の属性などではなく、先ほど述べた〝稲作の遺伝子〟という理解がそうであるように、その時代の生産構造や社会構造に適応すべく「進化」していくものだ。日本の場合、戦後においては農村から都市への人口の大移動が起こったが、そこでは「カイシャ」と「（核）家族」という〝都市の中のムラ社会〟が作られていったので、高度成長期には従来型の（農村型コミュニティ的な）関係性のままでそれなりの好循環を保つことができた。しかし人口減少社会を迎え、カイシャなどの組織が流動化し、かつ家族も多様化して一人暮らし世帯も急増する中で、「集団を超えて個人と個人がつながる」ような関係性をいかに育てていくかが日本社会の最大の課題となっている。

一方、ここまでの記述では、日本社会の現状についてかなりネガティブないし悲観的な評価を述べたが、他方において、以上とはむしろ逆に、「希望」のもてる様々な動きが〝百花繚乱〟のように各地域で生成しているというのも確かな事実である。

それはたとえば、各地における地域やコミュニティ再生に向けた活動であったり、社会貢献志向をもった若い世代や企業などの行動であったり等々多岐にわたるが、それらの多くは「新たなつながり」や、独立した個人が集団を越えてネットワーク化していくような方向を志向するものであり、高度成長期には見られなかった性格の動きである。

本書の中で言及してきた「社会的孤立」や〝無言社会〟的な状況について、これではまずいと感じ、日常的でささやかなものも含めて、新たなアクションや行動変容を人々が起こし始めているのが現在の日本ではないだろうか。

# 2　高齢化・人口減少社会におけるコミュニティと都市

## 地域によって異なる課題

前節ではそもそも「コミュニティ」というものをどうとらえるかという基本論を中心に述べたが、以上を踏まえた上で人口減少時代におけるコミュニティや地域、まちづくりのあり方についてさらに考えてみたい。

最初にデータ的な確認として、私が2010年に実施した、「地域再生・活性化に関する全国自治体アンケート調査」の一部を紹介したい。これは全国の市町村の約半数を対象としたものだが（計986団体に送付し返信数597〔回収率60・5％〕）、図表2―4は、「現在直面している政策課題で特に優先度が高いと考えられるものは何か」という質問への回答をまとめたものである。やはり、「少子化・高齢化の進行」というのが1位で、2位が「人口減少や若者の流出」となっていて、これらはまさに本書のテーマである「人口減少社会のデザイン」に関わるテーマである。

ところがこれを自治体の規模別にまとめると、若干異なる側面が浮かび上がってくる。それ

**図表 2-4　現在直面している政策課題で特に優先度が高いと考えられるもの（複数回答可）**

**「少子化・高齢化の進行」、「人口減少や若者の流出」が特に多い**

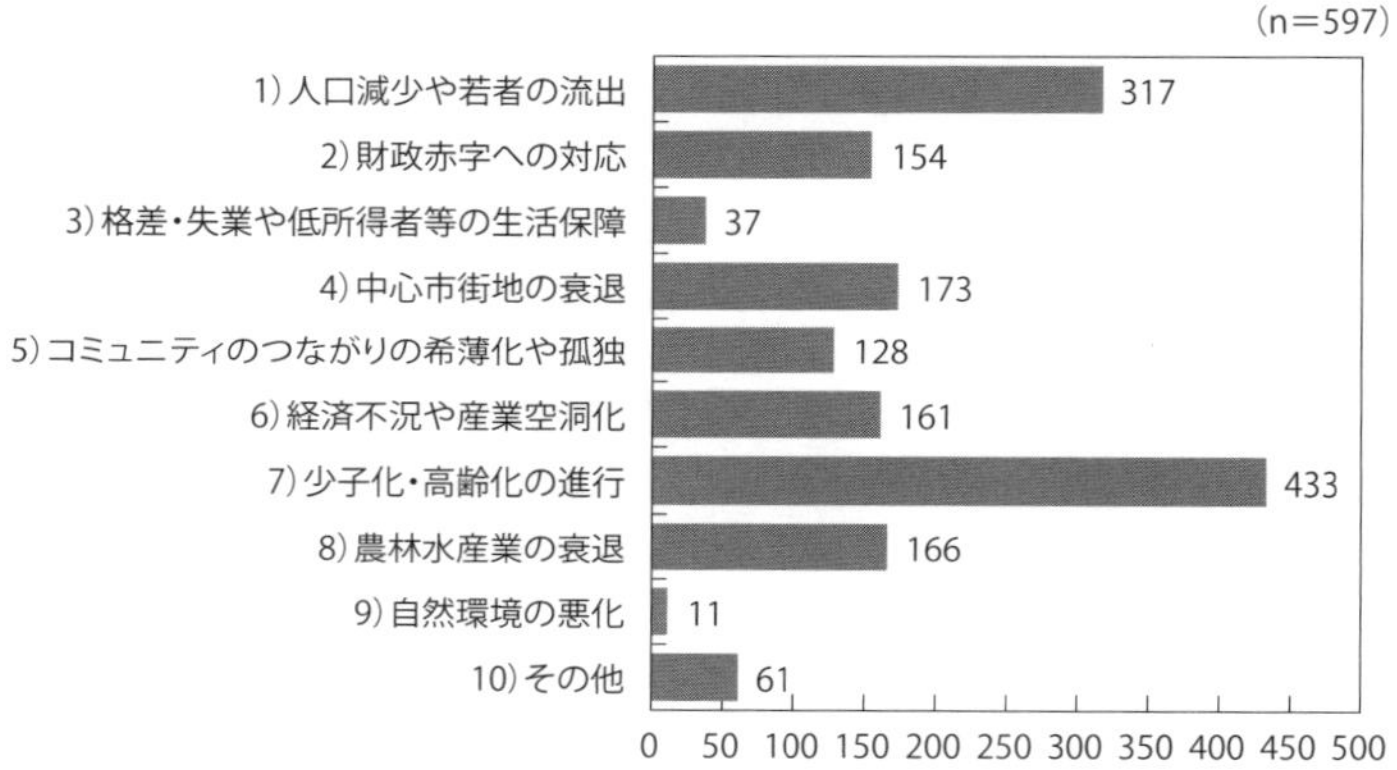


（出所）広井［2011］

が図表2−5であり、これは先ほどの回答について自治体の規模別に集計したもので、上の方が人口1万人未満の小さい自治体——いわば農村部とも呼べる地域——、そして下にいくほど（一番下の「総合計」を除いて）人口規模の大きな自治体となっている。

　これを見ると、優先度の高い課題が自治体の規模によってかなり違っていることがわかる。すなわち、農村部の小さな自治体で非常に目立つのはやはり「人口減少や若者の流出」であり、次にいわば中堅の、5万人から数十万人規模の地方都市の場合に目立ってくるのは「中心市街地の衰退」で、これはいわゆるシャッター通りなどの問題である。余談ながら、私の実家は岡山市中心部の文字通りシャッター通り化しつつある商店街にあるの

**図表 2–5　地域によって異なる課題（人口規模別、複数回答可）**

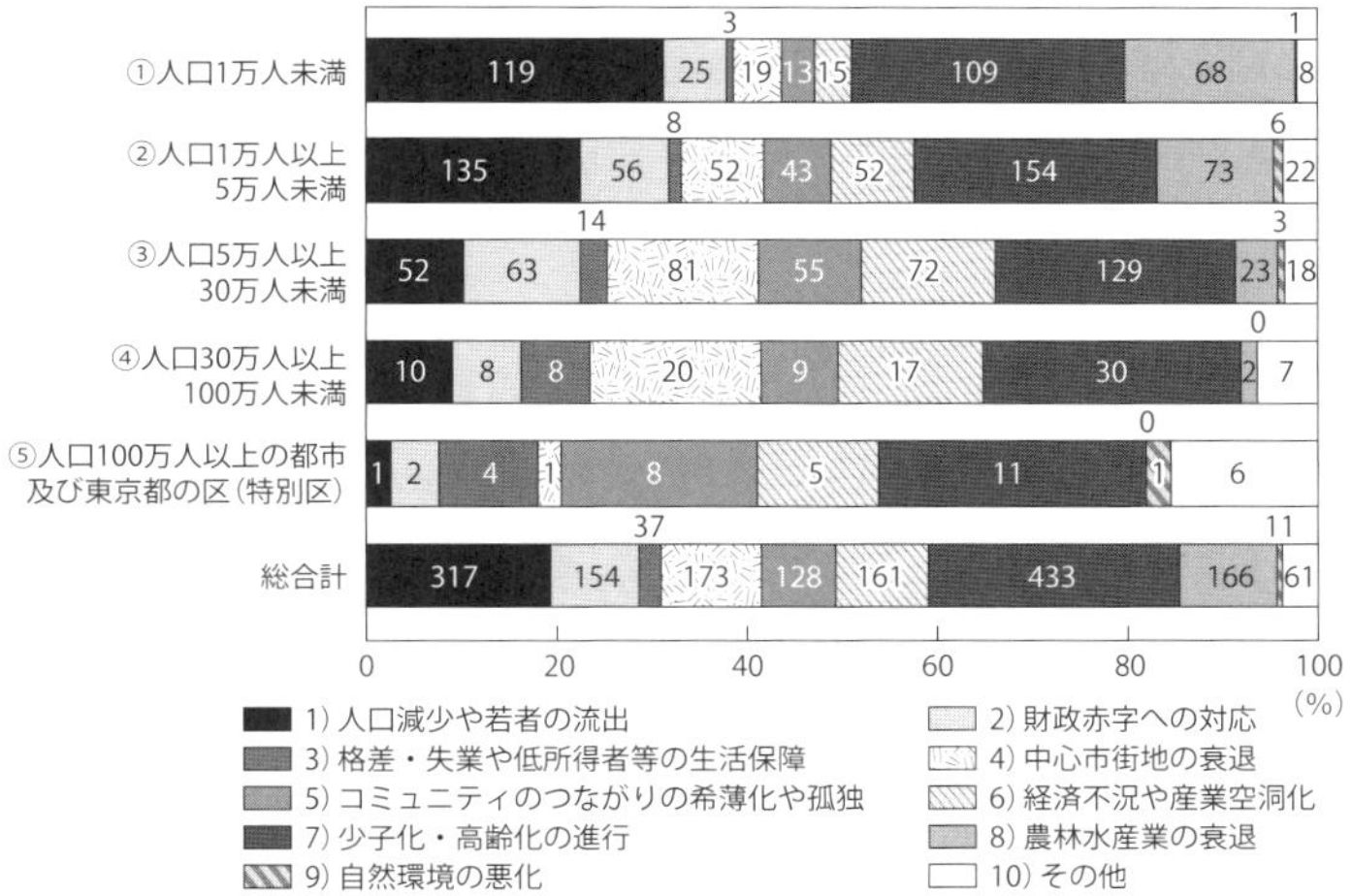


- 小規模市町村では「人口減少や若者の流出」が特に問題。
- 中規模都市では「中心市街地の衰退」。
- 大都市圏では「コミュニティのつながりの希薄化や孤独」（「格差・失業や低所得者等の生活保障」も）。

（出所）広井［2011］

で、これは実感としてもよくわかることだ。

そして東京や横浜などの大都市圏に特徴的なのが「コミュニティのつながりの希薄化や孤独」であり、いわばソフト面あるいは人と人との関係性そのものが課題になってくる。つまり、農村部の小さな自治体に見られるように、人がいなくなって、コミュニティの基盤自体が失われかけているような地域があるかと思えば、人がたくさん集まっている大都市圏では、人は多くてもコミュニティのつながりの希薄化や孤独といった問題が浮かび上がるという状況がある。要するに、人口減少社会の課題と一口に言っても、地域によって大きな違いがあるわけで、それをできるだけトータルに把握し、かつこれらの地域の異なる課題をできる限り結びつけてとらえることで、何か新たなソリューションが見えないかということを考えていくことが重要と思われる。

## 「地域密着人口」の増加

一方で、これからのコミュニティのあり方を見ていく中で、重要な意味をもつと思われるのが「地域密着人口」の増加という現象である。この点については図表2‐6をご覧いただきたい。

これは人口全体に占める子どもの割合と高齢者の割合の推移を、1940年から2050年という長い時間軸で見たものである。子どもの割合はずっと減ってきていて、今後も減っていく。一方、それとは対照的に人口全体に占める高齢者の割合はずっと増えてきており、これからも増えていく。しかしここで注目したいのは、子どもと高齢者の両者を足した割合で、それをここでは「**地域密着人口**」と呼んでみたい。なぜ地域密着人口と呼ぶかというと、少し考えてみれば明らかなように、人生の中で、子どもの時期と、退職してからの高齢期というのは、地域との関わりが強いからである。逆に、現役世代の場合は、圧倒的に勤め先との関わりが強く、地域との関わりは概して薄い。

**図表 2-6　「地域密着人口」の増加**
**人口全体に占める「子ども・高齢者」の割合の推移（1940-2050年）**

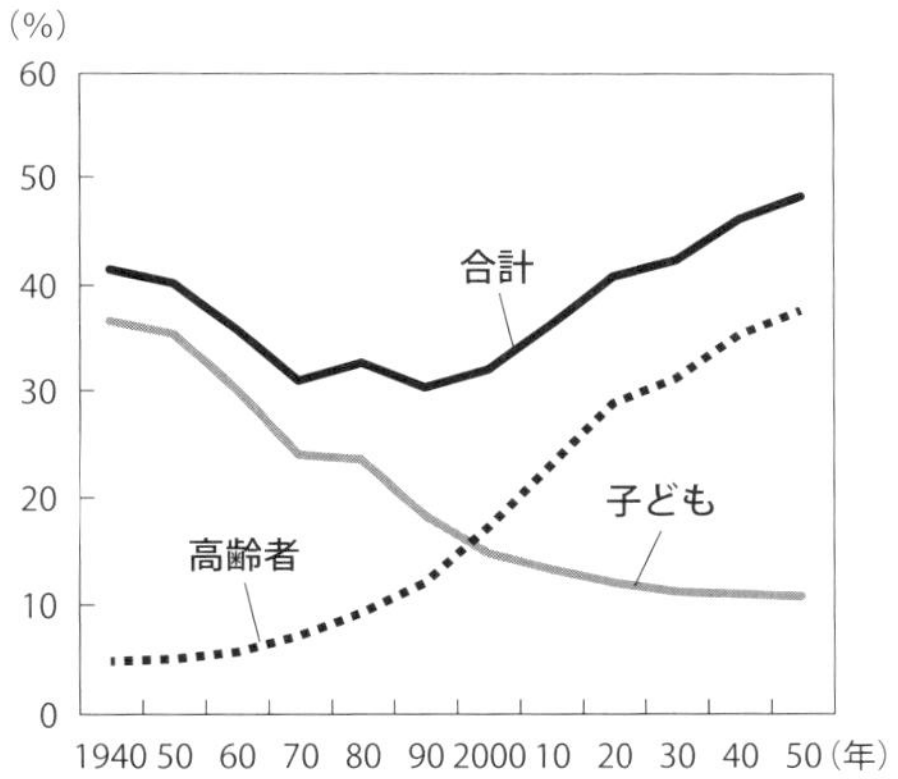


（注）子どもは15歳未満、高齢者は65歳以上。
（出所）2010年までは総務省「国勢調査」、2020年以降は国立社会保障・人口問題研究所「日本の将来推計人口（平成29年推計）」より作成

そうした「地域密着人口」の割合という視点で図を見ると、高度成長期を中心とする戦後の人口増加の時代においては、地域密着人口の割合は確実に減っていった。言い換えれば、それは「地域」というものの存在感がどんどん薄くなっていった時代だったわけである。しかし２０００年頃から地域密着人口の割合は増加に転じ、今後は２０５０年にかけて一貫して増えていくのが見て取れる。もちろんそこでは高齢者が中心になるが、いずれにしても、これからの人口減少時代は、〝地域で過ごす時間の多い〟層が大きく増えていくのであり、地域というもののもつ意味が、いわば人口構造上からも着実に大きくなっていく。

同時に、第1章でも述べたように、近年では若い世代においても〝ローカル志向〟が強まり、あるいは〝職住近接〟への希望も高まっており、これは学生などを見ていても感じることである。このように全体として、「ローカルな地域コミュニティ」というものが大きく存在感を増していくのが、これからの人口減少時代の主要な特徴であると言えるだろう。

同時に、高齢化と一体になった人口減少社会とは、「一人暮らし」世帯が大幅に増える時代でもある。最近の国勢調査を見ると65歳以上の一人暮らし男性は46万人（1995年）から180万人（2015年）に、女性では同時期に174万人から383万人に急増しており（それぞれ3・9倍、2・2倍の増加）、今後増加はさらに顕著になっていく。

この場合、すでに様々な議論がなされているように、特にこれから高齢者が急増していくのは東京などの首都圏であり、2010年から2040年にかけて東京圏（東京都、神奈川県、埼玉県、千葉県）で高齢者は388万人増加し、そのうち東京都だけでも144万人増加するという予測になっている（国立社会保障・人口問題研究所「日本の地域別将来推計人口［平成25年推計］」）。この144万という数字は、たとえば滋賀県全体の人口が141万人、山梨県のそれが83万人等であることと対比すると（2015年）、いかに巨大なものであるかが理解できるだろう。

**高度成長期の「負の遺産」**

あらためて説明は不要かもしれないが、なぜこれほど今後首都圏の高齢化が急速に進むかというと、高度成長期に農村や全国各地から首都圏に一気に集まってきた当時の若い世代が、いま高齢者になってきているからである。高齢化への対応という点では、地方都市よりも首都圏などの大都市圏こそが〝大変〟であるというのは、こうした点を踏まえてのことである。

基本的な確認となるが、東京への近年の人口流入ということがしばしば話題になるが、全国から東京などの首都圏にもっとも人口が多く移動していたのは、圧倒的に1960年代前後の高度成長期であり、東京圏（東京都、神奈川県、埼玉県、千葉県）への人口の流入超過のピークは1962年（39万人）だった。

やや誤解されている点と思われるが、実は近年において地方の人口減少が顕著であるのも、以上のように高度成長期に若い世代が〝ごっそり〟抜け、いわば残った層が現在高齢となり、亡くなるようになっているという面が大きいのである。実際、たとえば秋田県を見ても、若者を中心とする人口流出が圧倒的に大きかったのは1960年代前後の高度成長期であり、近年の流出（社会減）は当時に比べればずっと小さい。

したがって**現在私たちが直面している地方の人口減少問題は、実は〝高度成長期に起こったことの負の遺産〟という側面が大きいのであり、若い世代のローカル志向など、近年新たに生**

**じている現象はむしろ希望がもてるものが多い**という認識が重要ではないだろうか。

さらに付け加えると、上記のように最近〝人口の東京一極集中〟が再び顕著になっているという議論がある。実際、東京圏（上記1都3県）への人口の転入超過は2018年で13・6万人であり、ここ5年で最大となっている（総務省・住民基本台帳移動報告）。この規模は高度成長期よりはかなり小さいものの、相応の水準であることは確かである。

こうした東京圏への人口流入の背景として、東京オリンピック（2020年）の影響は（それに伴う建設ラッシュ等による雇用増など）明らかに大きいと思われるが、構造的には次の要因が効いているだろう。それは、上述のように高度成長期に大量に首都圏に移り住んだ当時の若者層が高齢世代となり、その結果として**近年の首都圏では大量の退職者が発生しており、そのため自ずと大規模な〝人手不足〟ひいては求人が生じ、地方の若者を〝吸い寄せる〟結果になっているという点だ**。

さらに加えて、退職した高齢者の年齢が上がり75歳以上の後期高齢者になると、今度は「介護」サービスを担う多くの若年労働力が必要になるので、一層地方から首都圏への若年層の人口移動が進むことになる。これは、いわば〝高度成長期に起きた現象に最後まで振り回される〟という点で、「最悪」のシナリオだと私は思う。

この点について言えば、むしろ逆に地方への〝高齢者のUターン＆Iターン〟を促す政策を展開することが重要だろう。高度成長期に地方から首都圏等の大都市に移り住んだが、東京近辺に住んでいるのはいわば「仮の姿」であって、〝たましいは故郷に置いてきた〟という感覚をもっている層は決して少なくないと私は思う。首都圏等に高齢者がとどまりその介護等のために地方の若者が吸い寄せられる（その結果さらに地方の人口減少が進む）よりも、高齢者が地方にU・Iターンをするほうがはるかに望ましいのではないだろうか。

## 「年金マネー」の首都圏集中——社会保障の空間的効果

さらに、あまり指摘されない事実関係だが、今後首都圏において急激に高齢者が増加していくということは、言い換えればそれに伴って**「年金マネー」が首都圏に集中する**ことを意味している。つまり一層〝お金〟が首都圏に集まることになるわけで、しかもそれが年金という、公的な制度を通じた移転によってなされるのである。

これまでは、高齢化が進んでいたのはむしろ地方圏だったので、（期せずして）年金制度によって〝地方への所得移転〟がなされ、首都圏等との格差を是正する、いわば「空間的な再分配」としての機能を年金が担っていた。私はこれを**「社会保障の空間的効果」**と呼んでいるが、しかし今後はその方向が逆になってしまうのだ。

こうした点からも、つまり〝高齢化に伴う「富」の一極集中〟を是正するためにも、上記のような地方への高齢者のU・Iターンを促進ないし支援する政策が重要となる。

いずれにしても、以上に見てきたように私たちが現在直面しているのは、〝**高度成長期に起こったこと（大量の若年世代の首都圏流入）**〟**が、数十年のタイムラグをへて別の形で顕在化しているという事態**である。言い換えれば、それだけ高度成長期に日本で起こった人口移動が急激かつ大規模だったということだが、思えばそうした時代においては、政府は首都圏周辺に（当時の日本住宅公団［現在のUR都市機構］による）大規模な団地を大量に造成するなど、文字通り〝国を挙げて〟若年世代の首都圏流入を支援したのである。したがって、本書で述べているように若い世代のローカル志向、地域志向が高まってきている現在、第1章でも言及したように、今度は高度成長期に匹敵する規模の、かつ〝逆向き〟の支援策（ヨーロッパなどで言われる「逆・都市化政策」）を積極的な形で行ってこそ――地方に移住する若者への基礎的所得保障や住宅支援、農業所得保障など――、いま述べているような高度成長期の「負の遺産」を乗り越えていくことができるのである。この点は後ほどあらためて立ち返りたい。

## 「居場所」とまちづくり

さて、コミュニティをめぐる話題を考えていくにあたり、ここで注目してみたい話題として、「居場所」というテーマがある。

この点に関して、日本経済新聞社・産業地域研究所が行ったアンケート調査に興味深い結果が示されている。首都圏に住む60歳から74歳の男女1236人に、退職後の居場所ということについて、「あなたは自宅以外で定期的に行く居場所がありますか」という質問を行ったものだ（日本経済新聞社・産業地域研究所［2014］）。その結果は、男女ともに1位が図書館で、これはやや意外にも思うと同時に、少し考えるとなるほどと思えるような結果かもしれない。それ以降は男性と女性で多少違っており、女性はスポーツクラブ、親族の家、友人の家と続くが、印象的であるのは、男性はそれらはさほど多くなく、個別の場所で図書館に次いでいるのが「公園」となっている点である。退職した高齢男性が公園で一人佇んでいるような姿が思わず目に浮かんでしまう。そして、さらによく見ると、リストの一番下の「見つからない／特にない」というのが実は2位となっている。

要するに、現在の日本の都市では、「居場所」と言えるような場所が概して非常に少ないということが示されているのである。関連したことで言えば、日本の病院の待合室が高齢者で込み合うのは、その背景の一つとして〝病院の待合室以外に行くところがない〟という状況があるからだろう。

居場所というテーマは、ふだんはそれほど意識しない面があるが意外に重要で、これはこの後で述べる「まちづくり」の問題と深く関わっている。戦後の高度成長期を中心に、農村から都市に移った日本人にとっては、他でもなく「カイシャ」と「核家族」が居場所の中心であり、男性にとってはとりわけカイシャの存在が大きかったわけである。それが高齢社会となり、退職してカイシャを離れる層が増えていき、また、雇用自体が非常に流動化している中で、若い世代や子どもを含めて、新たな「居場所」を模索しているのが現在の日本社会あるいは日本人ではないか。こうした把握を踏まえて、まちや都市の空間のありようを作り変えていくことが、先ほど言及した「社会的孤立」というテーマとの関連を含めて課題になってくる。

## 「コミュニティ空間」としての都市

居場所という話題について述べたが、こうした視点を踏まえると、都市あるいは街の空間というものを、人間がくつろぎやすい「コミュニティ空間」としてとらえるという発想が非常に重要になるだろう。

イントロダクションでもふれたように、私はアメリカに3年ほど滞在したことがあるが、残念ながら日本とアメリカは、悪い面でよく似ているというのが実際で、それは都市のありようが圧倒的に〝生産者〟中心であり、しかも〝自動車中心〟ということである。

そして私はある時期から、成熟社会の姿としては、ヨーロッパの街の姿のほうがはるかに生活の質が高いということを実感するようになった。一般に、ヨーロッパの都市では、高齢者、あるいは高齢者に限らず様々な人々が、ごく自然に市場やカフェなどでゆっくり過ごす姿が見られる。先ほどの「居場所」というテーマともつながるが、そうした場所が街の中にあるのは、ある意味で、医療施設や福祉施設を作るより重要な意味をもつことがあるのではないか。したがって、やや硬い言い方をするならば**「都市政策と福祉政策の統合」**、つまりまちづくりや都市政策と福祉政策をつないでいくという発想が求められているのではないか。

具体的なイメージをもっていただくためにいくつかの写真を見てみよう。私は特にドイツの都市が好きでほぼ毎年訪れているが、イントロダクションでもふれたように、一般にヨーロッパの都市においては１９８０年代前後から、都市の中心部において自動車交通を抑制し、歩行者が〝歩いて楽しめる〟空間をつくっていくという方向が顕著になっている。

写真２−１はフランクフルトの中心部で、ここは以前は自動車が通る道だったのが、今は完全に歩行者だけの道になっている。写真２−２のザールブリュッケンは人口18万人ほどの地方都市だが、駅前から中心市街地への道路が、写真に見られるように完全に歩行者だけの空間となっている。写真の中に自動車の姿が見えないことに気づくだろう。写真２−３はメッス（人口約12万人）というフランスの都市だが、やはり歩行者が歩いて楽しめる空間がしっかりと確保されている。

写真２−４はスイスのチューリッヒの街の様子だが、「座れる場所」が多く、そのことによっ

写真 2–1　中心部からの自動車排除と「歩いて楽しめる街」（フランクフルト）

写真 2–2　中心部からの自動車排除と「歩いて楽しめる街」（ザールブリュッケン）

写真 2-3　中心部からの自動車排除と「歩いて楽しめる街」（メッス）

写真 2-4　歩行者空間と「座れる場所」の存在（チューリッヒ）

写真 2–5　中心部からの自動車排除と「歩いて楽しめる街」(ヘアニング)

て街が単に通過するだけの場所ではなく、くつろいでゆっくり過ごせるような空間になっていることが示されている。以前、日本を訪れた外国人へのアンケート調査で、「日本に来て不便を感じたこと」として、〝街の中に座る場所が少ない〟というのが1位になっていたことがあり、一瞬やや意外に思うと同時に、なるほどと思ったことがある。

写真2–5はヘアニングという、人口約5万人のデンマークの地方都市だが、こうした中小規模の都市でもやはり中心部が歩行者だけの空間になっている。そしてもう一つ、何より印象的なのが、人口5万の地方都市の中心部がこれだけの賑わいを見せているという点だ。

本書のイントロダクションでも述べたように、残念ながら日本の10～20万人規模の都市に行くと

――あるいは30～40万人規模の都市であっても――、まず間違いなく中心部が完全に空洞化していて、こういう光景は見られないのが実際である（どのような経緯でそうなったかは、後ほどあらためて論じたい）。

いずれにしても、都市のありようをこうした「歩行者が歩いて楽しめる」姿にしていくことが、先ほどのコミュニティあるいは「福祉」的な意味、そして（自動車交通の削減による$CO_2$排出抑制といった）「環境」面での効果のみならず、中心市街地の活性化やヒト・モノ・カネの地域内循環という「経済」の観点からもプラスの意味をもつのであり、「福祉―環境―経済」の相乗効果という発想が重要となる（ドイツにおける政策展開の経緯に関して、阪井［２０１２］参照）。

ちなみに、たとえばドイツの場合、自動車台数自体が少ないというわけではなく、むしろ一人当たり自動車保有台数は日本よりも多い（１０００人当たり乗用車台数は日本４６５台に対しドイツ５１７台［総務省統計局「世界の統計２０１４」］）。おそらくこれは、①よく知られたアウトバーンのような「都市間交通」と中心市街地での「都市内交通」を明確に切り分け、かつ都市内交通について〝人と自動車の空間の棲み分け〟ということを計画的にうまく実現していること、②「地方分散型」社会という姿を実現しているぶん自動車へのニーズは一定程度以上となることが背景にあると思われる（まちづくりと交通政策との関連について、宇都宮［２０１５］参照）。

## 「コミュニティ感覚」とまちづくり

そして、こうした都市の空間のありようは、人間の「こころ」ないし心理面や「つながり」の感覚などにも大きな影響を及ぼすのではないだろうか。

写真2-6、2-7はそれぞれドイツの地方都市シュトゥットガルト（人口約60万人）とフーズム（人口約2万人）の中心部の市場の写真だが、高齢者がゆっくりと買い物を楽しんでいる様子が示されている。ドイツも日本に次ぐような水準で高齢化が進んでいるので、〝高齢者が高齢者にモノを売っている〟ような光景になっているが、いずれにしても、街の中にこうした場所があることは、心身の健康にとってもプラスの意味をもつだろう。

私はここ10年ほど、建築や都市計画、まちづくりの分野の方と交流したり、仕事上で御一緒することが増えているが、都市空間・地域空間のあり方というハード面が、「コミュニティ感覚」ないし〝つながり〟の意識のようなものに非常に影響しているという視点が重要と思われる。私自身は後者（コミュニティのソフト面）への関心が進化していく中で、都市や地域の空間のあり方に行き当たったわけだが、逆にしばらく前から、建築や都市計画分野の方が「コミュニティ」のソフト面に関心を広げる傾向が顕著になっており、自ずとそこにクロス・オーバーが生じることになる。

たとえば、現在の日本の都市がそうであるように、道路で分断された都市、あるいは首都圏

写真 2–6　高齢者もゆっくり楽しめる市場や空間（シュトゥットガルト）

写真 2–7　高齢者もゆっくり楽しめる市場や空間（フーズム）

で顕著であるように職場と住居があまりにも遠いこと、あるいはクルマ依存型の地域構造のため〝買い物難民〟が600万人ないし700万人といった規模で存在する等々といった状況では、「コミュニティ感覚」は大幅に損なわれてしまうだろう。

先ほど居場所という話題にもふれたが、コミュニティあるいはコミュニティ感覚を重視したまちづくり、地域づくりということが、良くも悪くも経済効率ないし「経済成長」一辺倒で都市や地域を作ってきた戦後日本の価値観からの転換の大きな柱として、成熟社会においては非常に重要になってきているのである。

一方、現状を見ると、本書のイントロダクションで紀伊半島周辺での例を挙げたように、残念ながら日本の多くの地方都市は圧倒的に自動車や道路が中心の構造になっている。

写真2−8は、私が以前勤めていた千葉大学の近辺の場所で、近くに浅間神社という神社があり、ある意味で神社の参道に相当する由緒ある商店街の通りだが、車の交通量が非常に多い上に、歩行者に対してほとんど配慮のない道路の作りになっている。結果として、先ほどのヨーロッパの写真で見たような「コミュニティ空間」的な性格がないことに加え、神社の参道という、せっかくの社会的・文化的資源としての性格が半ば台無しになってしまっている。さらに、先ほど「福祉—環境—経済」の相乗効果という視点について述べたが、こうした姿は市街地あるいは街の活性化という、経済面からもマイナスだろう。

写真2-8　改善を考えるべき例：道路で分断された商店街や参道
（千葉市稲毛区）

　こうした例は日本全国に無数に存在するとも言え、このようなケースを一つ一つ改善していくことが、これまでとにかく経済成長ということで突っ走ってきた人口増加期ないし「拡大・成長」志向の時代から、これからの成熟社会、あるいは2050年前後に向けての、「人口減少社会のデザイン」の大きな課題ではないか。

　そして幸いなことに、希望を込めて記せば、そうした「コミュニティ空間としての都市・地域」づくりに向けた動きが、現在日本の各地においてある意味で〝百花繚乱〟のように立ち上がりつつある。

　写真2-9は、しばしば紹介される香川県高松市の高松丸亀町商店街の様子で、

写真 2-9　高松丸亀町商店街（高松市）

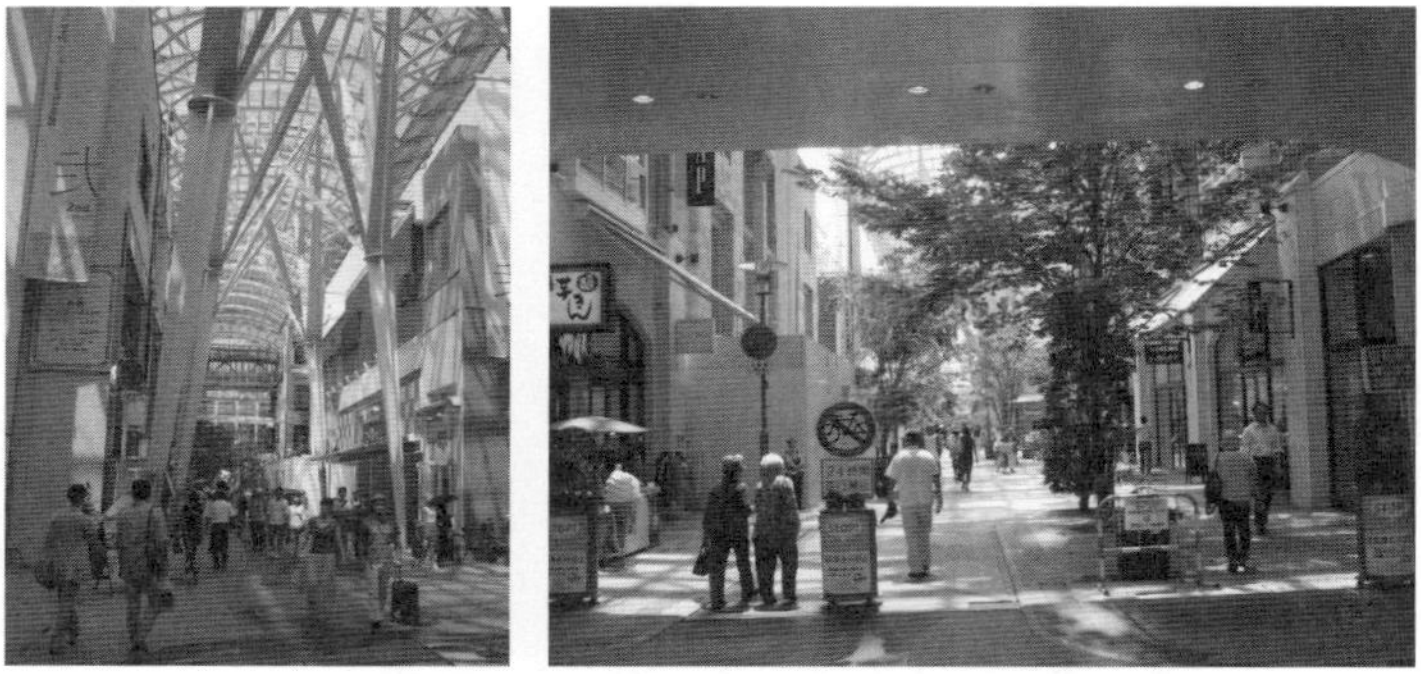

商店街再生の成功事例としてもよく言及されるが、単に商店街活性化という視点のみにとどまらず、商店街と高齢者向け住宅等を一体的に整備し、高齢化に対応した〝福祉都市〟的な性格ももっている例である。同時に、たとえばイオンのような全国チェーンであればその納税は国や本社所在地に行くことになるが、地元の商店が中心であるため、納税を含めヒト・モノ・カネが地域で循環する地域内経済循環を目指すという理念とともに、様々な展開がなされている。

写真2–10は姫路駅の駅前の様子で、正面遠方には姫路城が見えるが、駅前の空間から姫路城に向かう道路の途中までを、歩行者と公共交通機関（路線バス）のみの空間――北米で言うところの〝トランジットモール〟――にしたという、画期的な試みである。

まさに本章で述べてきたような〝歩いて楽しめる空間〟づくりであり、私自身は、ついに日本でこうした

写真 2–10　歩行者と公共交通のみの「トランジットモール」化（姫路駅前）

試みが実現するようになったかという感慨をもった。これは地元の関係者の先駆的かつ地道な努力によってなされたもので、その実現に至る経緯等は『建築雑誌』の座談会でも紹介されている（内平他［2017］）。

類似するものとして、たとえば熊本市では熊本城近くのバス・ターミナルだった空間とその周辺を〝まちの大広間〟づくりというコンセプトのもとで、大幅に歩行者専用の空間を拡充する形で再編しつつあり、これも「コミュニティ空間としての都市」というビジョンに重なるものである。ちなみに2018年10月に熊本市において第6回日仏自治体交流会議が開催され、日仏の52自治体（日本35、フランス17）が参加したが、会議の全体テーマは「成熟社会における都市の魅力と価値の向上——人口規模や経済規模の増加に頼らない持続可能なまちづくりのビジョンと手法」で、まさに人口減少社会の都市像が話題となった。

以上に見てきたように、日本の都市は圧倒的に自動車・道路中心で、その背景の一つは、戦後の政策が基本的にアメリカの都市・地域像をモデルにしてきたことである。そして、現在のヨーロッパのような〝歩いて楽しめる街〟という姿を都市や地域のあり方として実現していくべきものと思われるが、そのような方向がなお十分に進んでいない中、私はいわば**「高齢化」を一つのチャンスとして**、あるいは転換の〝推進力〟としてとらえてはどうかと考えている。

すなわち、高齢化が進むということは、とりもなおさず、〝遠くの大型スーパーやショッピングモールに車で買い物に行けない人々〟が急速に増えているということである。そうした構造変化の中で、まさに歩いて楽しめる街、あるいは過度に自動車に依存しない地域や社会という方向が求められているのである。加えて、過度にクルマ依存の社会は、近時様々な悲惨な事例が続いているように、いわゆる認知症ドライバーなどの問題や、高齢者が加害者ともなる事故の増加をもたらすという課題もある。

こうした理由から、特に日本の場合においては、高齢化を一つの契機ないしチャンスとして、ここで述べてきたような「コミュニティ空間」を重視した、歩行者中心の町を実現していくという発想が何より重要ではないだろうか。

## 「都市・まち・むら」をめぐる戦後日本の政策展開

### ――その第1ステップ：1950年代〜70年代……〝ムラ〟を捨てる政策

以上、日本の都市や地域の現状や改革の方向性を、ヨーロッパとの比較なども含めて述べてきたが、こうした状況がなぜ生まれたかを、「都市・まち・むら」をめぐる第二次大戦後の政策展開という観点からさらに考えてみたい。

私は、「都市・まち・むら」をめぐる戦後日本の政策展開は、概括的には次のような3つのステップとして把握できるのではないかと考えている。

第1のステップは、1950年代から70年代頃までの高度成長期で、これは一言で言えば〝農村から都市への人口大移動〟の時代であり、地方あるいは農村部の人口減少がもっとも大きかった時期である。そしてこの時期には、「工業化」の推進ということが国を挙げての政策の基軸となり、やや強い言い方をすれば、**〝ムラを捨てる政策〟**とも呼びうるような政策がとられた。もちろん、様々な農業保護政策もなされたわけだが、基調はあくまで工業化あるいは都市化の支援であり、先にもふれたように、首都圏など大都市近郊には、都市圏に移動してくる若年層――当時は結婚も早かったので若い子育て世帯――の住居を保障するために（日本住宅公団による）大規模団地が多数つくられたのである。

図表2‐7をご覧いただきたい。これは主要先進諸国の食糧自給率の推移を示したものだが、

図表 2-7　主要先進諸国の食糧自給率の推移（1961–2010年）

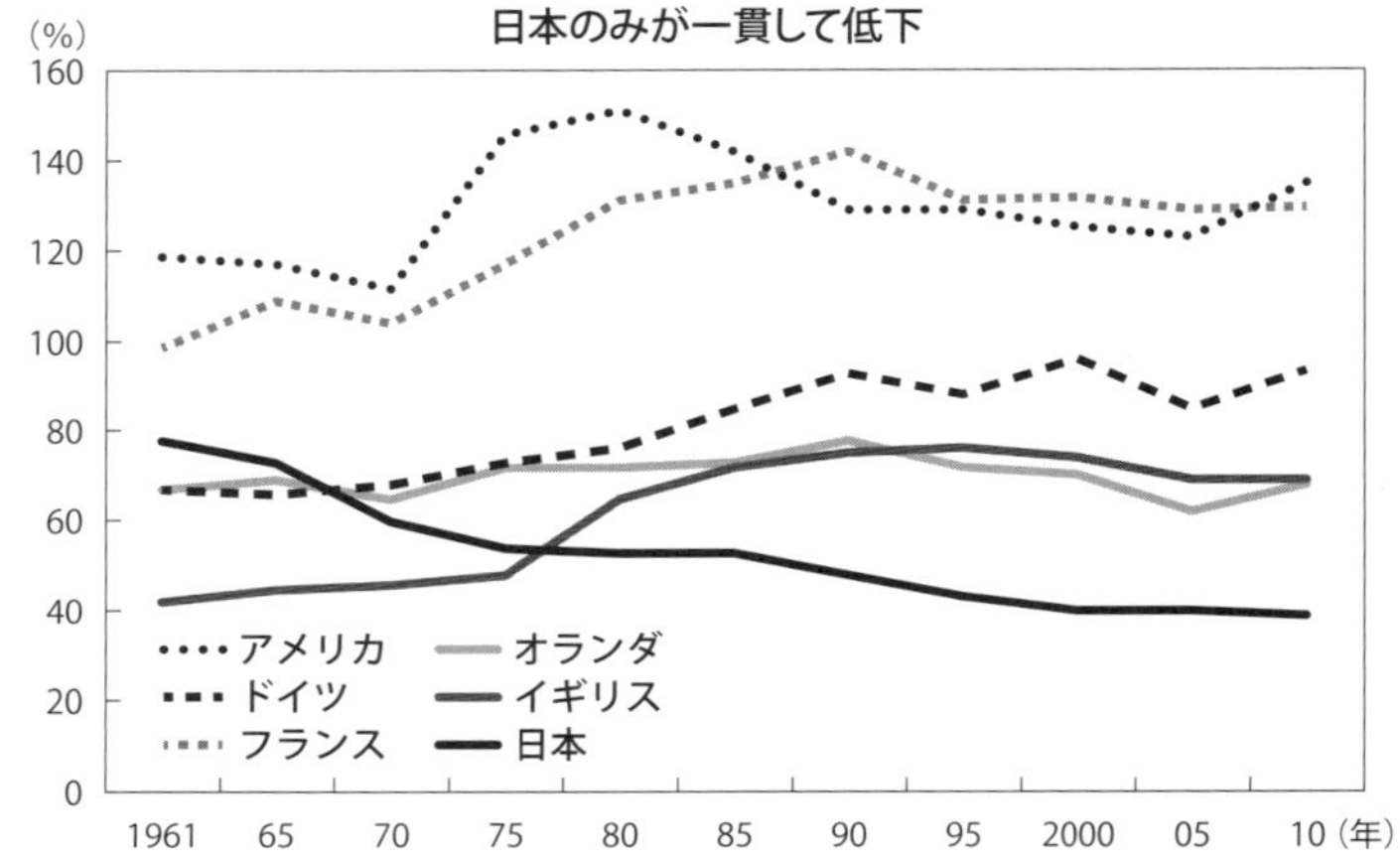


（出所）農林水産省資料より作成

残念ながら日本の食糧自給率だけが一貫して下がっている。他の先進国の場合は、１９６０年代以降、食糧自給率は横ばいかむしろ上昇しているのであり、たとえばイギリスと比較すると、１９６１年でのイギリスの自給率は約40％で、当時日本は約80％だが、その後イギリスは上昇して現在は70％程度であり、逆に日本は約40％となっている。

ヨーロッパの場合、農家の所得補償など様々な農業支援政策がとられており、もちろん農業支援のあり方については様々な議論があるが、日本の場合、いささか〝工業化一辺倒〟の政策がなされたことは確かである。

一方、この第１ステップの時期に関して

はもう一つ押さえておきたい重要な点がある。それは、この時代においては、日本の地方都市は（現在のようなシャッター通り的な状況とは全く対照的に）むしろ賑わいを保っていたという点だ。考えてみれば、農村からは（東京などの大都市に限らず）地方の中小都市にも人口が多く流入していたので、地方都市の商店街や中心部がもっとも賑わっていたのが実はこの時代だったというのは、ある意味で人口移動の自然な帰結でもあった。

余談を記せば、先ほどもふれたように、私の実家は岡山市の中心部の商店街にあり、現在はほぼシャッター通り化しているが、母親などの話では商店街の〝黄金時代〟は昭和50年（1975年）前後だったということである。さらに余談を重ねれば、岡山県北部の津山市――現在は中心部が相当空洞化している――には、音楽グループ「B'z」のボーカリストである稲葉浩志氏の実家の化粧品店があり、（私の実家も化粧品を売っていたのである意味でライバル？ 関係にあったが）全国から注文を集めて繁盛していた。

いずれにしても、この時代は〝ムラ〟は空洞化しつつあったが、〝マチ〟は賑わいを保っていたのである。

## 第2ステップ：1980年代～90年代ないし2000年代……〝マチ〟を捨てる政策

日本の〝マチ〟が大きく変容し、空洞化していくのは次の「第2ステップ」の時代である。

これは1980年代～90年代ないし2000年代頃の時代であり、この時期においては、「アメリカ・モデル」の強い影響を受けて、当時の通産省の流通政策、そして建設省の道路交通政策のいずれもが、強力に**〝郊外ショッピングモール型〟の都市・地域像**、つまり自動車・道路中心の都市・地域モデルを志向していった。

いわゆる日米構造協議を受けて大規模小売店舗法の改正が行われたのが1991年であるが、そうした政策展開と歩調を合わせつつ、イオンの最初の大規模モールができたのが1992年（青森県）、93年（秋田県）であり、もちろん多くの様々な要因が働いた結果ではあるが、この時期から地方都市の中心部は完全に空洞化していった。

先ほどからの文脈で言うならば、第1ステップの〝ムラを捨てる政策〟に対して、この時代においては**〝マチを捨てる政策〟**が実質的に進められたわけである。

ここで重要な視点は、本書のイントロダクションでも言及したように、現在の日本の地方都市の空洞化は、政策がうまく行かなかったからではなく、皮肉にも、むしろこの時期にとられた国の**政策の〝成功〟の帰結**とも言えるという認識である。

もう少し正確に言うならば、当時の政策担当者にとって、〝マチ〟あるいは地方都市の中心市街地を維持するということの「価値」あるいは「意味」といったものが、優先度の高い課題としては考えられていなかったということである。ましてや、本章で述べてきたような「コミュニティ空間としての都市」といった発想は、経済規模の拡大や効率性ということが何より重要と考えられたこの時代において、いわば〝**政策コンセプト**〟の中に存在しなかったと言えるだろう。

このような、政策を展開する際に重視される〝政策コンセプト〟が何かという点は、社会の方向を規定するにあたって実はもっとも本質的な意味をもつと思われる。

## 第3ステップ：2000年代半ばないし2010年代以降……転換の兆し？

以上、「都市・まち・むら」をめぐる戦後日本の政策展開を第1ステップ、第2ステップという流れにそくして見たが、現在に続く時代はどうか。

大幅な希望を込めて言えば、従来の流れとは異なる、新たな萌芽ないし転換の動きが出始めている時期としてとらえたい。

一つには、これまでも述べてきたように、高齢化の進展ということが着実に進みかつ社会的な課題としても認知されるようになり、先ほども記したように〝遠くのモールに自動車で買い物に行けない〟という層が増加し、買物難民という問題としても認識され、こうした中で、たとえば「商店街」のもつ新たな価値が認知されるようになっている。

また、人口減少社会への移行の中で、いわば地域が〝スカスカ〟になっていくという「過度な低密度化」の問題が顕在化し、人口増加期とは異なる都市・地域モデルの必要性が徐々に認識されるようになっている。

たとえば横浜市の場合、高度成長期においては市街地周辺の田んぼなどがどんどん住宅地に変わっていったが、人口減少時代にはそれとは逆になっていくので、いわば〝逆転の発想〟に立ち、それらを農地や市民農園などの緑地として活用していくといった議論もされるようになっている。

本章で指摘した「地域密着人口」の増加や、第1章で述べた若い世代のローカル志向や〝若者のクルマ離れ〟も、「地域」のあり方や存在感に大きな変化をもたらしている。先述のように私の実家は岡山市の半ばシャッター通り化している商店街だが、最近若い世代が続けてカフェを開いたり、高齢者の買い物客が増えるなど、新たな再生の兆しが現れ始めている。

そして、先ほどまちづくりのところで言及したように、高松、姫路、熊本など、〝歩いて楽しめる街〟や「コミュニティ空間」を志向した都市・地域づくりが、少しずつではあれ確実に各地で現れてきている。

そしてこうした変化の中で、期待を込めて言えば、たとえば国交省などの政策の基調にも若干の変化が出始めている(2006年の改正まちづくり3法、「国土のグランドデザイン2050[2014年]」における〝小さな拠点〟という考えなど)。

しかしアベノミクスや、(意外な流れで頓挫しつつある）TPPなどグローバル志向の政策もなお強く、現在はまちづくり・地域・交通あるいは「都市・まち・むら」をめぐる分水嶺の時代と把握できるかもしれない。

そしてそれはまさに、本書のイントロダクションで紹介した、AI（人工知能）を活用したシミュレーションにおける「都市集中型」と「地方分散型」の分岐ないし選択と重なっていると言えるだろう。

## 「少極集中」から「多極集中」へ

こうした状況の中での今後の展望として、**「多極集中」**というコンセプトについて述べておきたい。

先ほども言及したように、近年の東京圏への人口流入がしばしば話題になっているが、しかし他方で、札幌、仙台、広島、福岡といった地方都市について見ると、これらの都市の人口増加率はかなり大きく、中には福岡のように東京をしのぐケースも見られるという事実がある。実際たとえば、2010→2015年の人口増加率は、東京23区が3・7％であるのに対し、札幌2・1％、仙台3・5％、広島1・8％、福岡5・1％という状況となっている。

したがって、現在進みつつあるのは「一極集中」というよりもむしろ**「少極集中」**とも呼べる事態ではないだろうか。加えて、藤山浩氏（持続可能な地域社会総合研究所）が分析してきているように、上記のような地方の大都市以外に、一部の農山村等においても移住者の増加等による人口増が見られる。

したがって今後の展望としては、**「一層の少極集中」に向かうか、「多極集中」に向かうかの分岐点**に私たちは立っているという見方が可能と思われる。ここで「多極集中」とは、私が以前から提起している、これからの日本の地域構造に関するコンセプトである（広井［２０１１］）。すなわちそれは、「一極集中」でも、その対概念としての「多極分散」のいずれとも異なる都市・地域のあり方であり、国土あるいは地域の「極」となる都市やまち・むらは多く存在するが、しかしそうした極となる場所は、本章の中で〝歩いて楽しめる街〟について述べてきたイメージに示されるように、できる限り「集約的」で歩行者中心の「コミュニティ空間」であることを重視した姿になっているというものである。

思えば「一極集中」と、その反対の「多極分散」とは、いずれも高度成長期ないし人口増加の時代に提起されたコンセプトで、実は〝表裏〟の関係にある概念装置だった。つまり当時は人口全体が着実に増加し、かつ東京等の大都市圏への移動が進む中で、それを「一極集中」として批判しつつ、その逆の姿として「多極分散」が唱えられたわけだが、現在のような人口減少時代にあっては、「多極分散」という姿はかえって低密度すぎる、拡散的な地域を招いてしまうことになる。

そうであるがゆえに「多極集中」、つまり多極的でありつつ各々の極は集約的であるような都市・地域像が「人口減少社会のデザイン」の基本思想の一つとして重要なのである。本章で述べてきたドイツやデンマークなどはかなりそれに近い姿を実現していると思われるし、また本書のイントロダクションで述べたＡＩのシミュレーションが示した「地方分散型」という方向もそうしたあり方と重なってくると私は考えている。そしてそのような「多極集中」というビジョンを描きながら、まちづくり、公共交通、地域版・若者版所得保障（ベーシック・インカム［ＢＩ］）、農業版ＢＩ等の再分配政策など様々な公共政策を展開していくことが重要となる。

## ＊「都市と農村の非対称性」と再分配

ここで述べている話題に関して注意すべき論点として、「都市と農村の非対称性」ということがある。すなわち都市と農村は単純に並立する関係ではなく、そこにはある種の非対称性ないし「不等価交換」と呼ぶべき関係性があり、都市は食料やエネルギーを農村から安価に買い上げることができるのである（なぜそうした非対称性が存在するかについては広井［2015］参照）。したがって、放っておけば交易は都市に有利に働き、人は農村から都市に移り住み、その結果、最終的に農村は空洞化していく。しかしこれでは（食料やエネルギーを農村に依存している）都市の側も立ちゆかなくなってしまい、したがって都市と農村の間の「持続可能な相互依存」を維持するためには、上記の非対称性ないし不等価交換を是正するような、様々な再分配が重要となる。ヨーロッパなどにおける農業支援策や農家の所得保障政策はこうした視点から把握されるべきであり、また再生可能エネルギーの固定価格買い取り制度も同様の意味をもつと考えられる。先ほど地域版・若者版BIや農業版BIといった提案を行ったのもこうした趣旨からのものである。

## 3 鎮守の森・自然エネルギーコミュニティ構想

2では人口減少社会における都市や地域、まちづくりをめぐる〝空間構造〟に関するテーマを中心に述べたが、さらに農村地域なども視野に入れつつ、また地域におけるヒト・モノ・カネの経済循環も念頭に置いた今後の展望を考えてみたい。

### 伝統文化の再評価――祭りとIターン・Uターン

ここで議論の導きの糸としたいのが、私が近年ささやかながら進めている「鎮守の森・自然エネルギーコミュニティ・プロジェクト」に関する話題である。

まず、最近のある学生の例を紹介してみたい。もともとグローバルな問題に関心があり、1年間の予定でスウェーデンに留学していた女子の学生が、〝自分はやはり地元の活性化に関わっていきたい〟という理由で、留学期間を半年に短縮して帰国したという例が数年前にあった。彼女の出身地は茨城県の石岡市で、関東三大祭の一つとも言われる〝石岡のおまつり〟が盛んな場所であり、この祭りの存在こそがその学生の地元に対する愛着の大きな部分を占めていたそうである。

ちなみに〝祭りが盛んな地域ほど若者が定着したりUターンする傾向が高い〟という指摘もあり、地域の伝統文化や、そこから生まれる地元への愛着が、これからの時代の地域再生や活性化にとって無視できない重要な意味をもつだろう。

以上の話とは多少前後するが、最初に知った時に非常に驚いたのは、全国の神社、お寺の数はそれぞれ約8万もあり、あれほど多いと思われるコンビニの数が約6万であるのに対し、それよりも多いものとなっている。ちなみに中学校の数は全国で約1万なので、単純に平均すると中学校の校区ごとに神社、寺が八つずつある計算になる。

なお神社は明治の初めは20万くらいあり、それは当時における日本の〝自然村〟ないし地域コミュニティの数と対応していたと言えるだろうが、それらがいわゆる合祀の結果、現在の数になったわけである（その合祀に反対していわゆる神社合祀反対運動を展開したのが民俗学者の南方熊楠だった）。ちなみに、ある意味で神社の合祀と並行して、それを追いかけるように進んでいったのが市町村の合併であった。

ここで神社、お寺という存在は、狭い意味の宗教施設というよりは、先ほどふれたお祭りや、あるいは「市」が開かれるといった経済的機能、また寺子屋のような教育機能など、コミュニティの拠点的な機能を担っていた。

たとえばヨーロッパを列車で旅行すると、畑が続いている中に集落が見えてくるかと思うと中心に高い建物、つまり教会が建っていて、教会が文字通り地域コミュニティの中心にあり、日本とは全く違うという風に以前の私は思っていた。しかし実は形は違っても日本においては神社、お寺という存在が地域にあり、ただしそれらは高度成長期において人々の意識の中心からはずれていったのである。

補足すると、私がこうした「鎮守の森」に関心をもつようになったのは、本書の第6章で取り上げる死生観をめぐるテーマの関連であり（「自然のスピリチュアリティ」という自然観など）、本章で述べているようなコミュニティや地域の関連ではなかった。しかし「鎮守の森」は、そうした自然観との関連での意味のみならず、自然信仰と一体となった地域コミュニティの拠点として存在しており、現在の日本におけるコミュニティの再生という課題とも深い次元でつながっているのだと思うようになったのである。

そして、そうした地域コミュニティの拠点としての「鎮守の森」のもつ意義を、特に「3・11」以降大きな社会的課題となっている再生可能エネルギー拠点の分散的整備という課題と結びつけて展開できないだろうかという着想から考えるようになったのが、「鎮守の森・自然エネルギーコミュニティプロジェクト」である。

「鎮守の森」に象徴されるような自然信仰ないし自然観は、本来的に自然エネルギーの発想と親和的であり、自然エネルギーという現代的課題と、自然信仰とコミュニティが一体となった伝統文化を結びつけたものとして、（希望を込めて言えば）日本が世界に対して発信できるようなビジョンともなりうる可能性があるのではないか、というのがここでの基本的な考えである（同様の関心をもつ者のネットワークとして2013年に創設した「鎮守の森コミュニティ研究所」のホームページも参照いただければ幸いである）。

ちなみに、日本全体でのエネルギー自給率は4％台に過ぎないが、都道府県別に見ると20％を超えているところが20あり、ベスト5は①大分県（40・2％）、②鹿児島県（35・0％）、③秋田県（32・4％）、④宮崎県（31・4％）、⑤群馬県（28・5％）となっている（2018年）。

これは環境政策が専門の倉阪秀史千葉大学教授が進めている「永続地帯」研究の調査結果であり、大分県が群を抜いて高いのは、別府温泉などの存在からわかるように地熱発電が大きいことによる。山がちな風土を背景にして中小水力発電などが大きい県もある。もっぱら〝自然資源に乏しい〟と言われてきた日本だが、意外にもこうした自然エネルギーに関しては一定のポテンシャルをもっているのである。

**岐阜県石徹白地区の先駆例**

もともと私は2004年頃から「鎮守の森」に関する研究会や関連の活動を行っていたが、それを以上のように自然エネルギーと結びつけて考えるようになったのは(3・11のあった)2011年のことであり、その際に導きの糸となったのが、岐阜県郡上《ぐじょう》市の石徹白《いとしろ》地区の事例である。

石徹白地区は岐阜県と福井県の県境にある山深い場所で、一般的には限界集落と呼ばれるような地域であるが、Uターン組の若者が中心になって「地域再生機構」というNPOが作られ、小水力発電を軸とする地域活性化の試みが展開されていった。そして2016年にはこの地域の電力を完全に自給する小水力発電の設備が完成し、域外にも〝輸出〟するレベルとなり、地域内の経済循環が高まるとともに、移住者も増えてきている。

こうした事業を中心になって進めているのが平野彰秀さんという方で、平野さんは以前は東京の外資系コンサルティング会社でグローバル経済に関わるような仕事をしていたが、〝グローバル〞な問題とされているものも、その実質はたとえば食糧や資源、エネルギーをめぐる争いであり、したがって〝ローカル〞な地域がそれらをできるだけ地域内で自給できるようになってこそ解決できるという考えを抱くようになり、地元の岐阜にUターンして上記のような活動を始めることになった。

上記のように私は「鎮守の森・自然エネルギーコミュニティ構想」というプロジェクトを考えるようになっていたが、そうした時期にたまたま平野さんの取り組みを知り、2012年の初め頃にFacebookを通じて見ず知らずの平野さんに連絡を試みた。鎮守の森と自然エネルギーの分散的整備を結びつけるなどという考えには怪訝な顔をされるのではと覚悟していたが、その時に平野さんからいただいたメッセージは、次のような、私にとって非常に印象深い内容のものだった。

「石徹白地区は、白山信仰の拠点となる集落であり、小水力発電を見に来ていただく方には、必ず神社にお参りいただいています」

「自然エネルギーは、自然の力をお借りしてエネルギーを作り出すという考え方」であり、「地域で自然エネルギーに取り組むということは、地域の自治やコミュニティの力を取り戻すことであると、私どもは考えております」

写真2-11　再生可能エネルギーによる各地の地域再生の試みを描いた
ドキュメンタリー映画『おだやかな革命』

自然エネルギーによる地域再生。これからの時代の「豊かさ」を巡る物語。

ある意味で、「鎮守の森・自然エネルギーコミュニティ」はすでに日本に存在していたのである。

平野さんのこうした活動は近年全国的にも注目されており、最近では再生可能エネルギーをめぐる各地の取り組みを描いたドキュメンタリー映画『おだやかな革命』でもその中心的な事例として描かれている。山形県出身の渡辺智史さんという、優れた映像作品を製作している若手のドキュメンタリー映画監督が監督を務めている（写真2-11）。

こうした岐阜県石徹白地区での平野さんの試みにも触発されながら、その後ささやかながら「鎮守の森・自然エネルギーコミュニティ構想」の活動を進めてきた。初期の段階で比較的スムーズに実現したのは、埼玉県越谷市の久伊豆《ひさいず》神社の事例である。〝クイズ〟神社とも読めるので、クイズの神様ということでクイズ番組に備えてお参りに来る人もいるような神社だが、私たちのグループに問い合わせをいただき、いろいろ検討した結果、小規模の太陽光パネルを社務所の屋根に取り付けることになった。神社の方がこうした試みに関心をもつようになったきっかけは、やはり東日本大震災の時であり、周辺一帯が停電になって神社自体も停電したため、地域住民の方にとっての避難場所としての役割を十分果たせなかったことの反省が出発点になったとのことである。そこで災害時の非常用電源として、行政に頼らない〝神頼み〟の役割を担うという目的で、太陽光パネルの導入に至った。

一方、現在進行中のプロジェクトの一つが、宮崎県の高原町《たかはるちょう》という町の事例である。ここはいわゆる高千穂峰がある場所で、日本神話の天孫降臨の舞台となったところでもあり、〝神話の里〟としての性格ももつ地域だが、近年ではやはり日本の多くの地域の例に漏れず人口減少が進んでいる。

この地域にIターンで移住し、「地球のへそ」という一般社団法人を設立し、小水力発電を通じた地域再生を進めようとしている北原慎也さんという方がおり、あるセミナーを通じ、私の千葉大学時代の教え子の一人で再生可能エネルギー関連の仕事をしている者が北原さんと知り合いになったことから、高原町での小水力発電導入のプロジェクトが徐々に動き始めていった。

一方、本書のイントロダクションで述べたように、2016年に京大に設立された日立京大ラボとの共同研究としてAIを活用した日本の未来に関するシミュレーションを行い、そこでは「地方分散型」という方向が示されたわけだが、偶然にも日立京大ラボの中にエネルギーの地域自給ないしそれを通じた地域の活性化に関する研究を行っていた方々がいた。そこで以上のような複数の流れが合流する形で、高原町において自然エネルギーの自給に関する実証実験を2017年から進めていくことになったのである。そして、その第一次の調査結果を2019年3月に公表したところである（ウェブ上のサイト「自然エネルギー自給率95％により地域社会の経済循環率が7・7倍向上することを実証——宮崎県高原町での実験に基づき地域持続性の効果を検証」を参照のこと）。

このように、自然エネルギーなどを通じて地域内での経済循環を高めることで、地域の外部に〝漏れ出て〟いる資金を域内に環流するようにし、ヒト・モノ・カネの循環が地域の中で行われるようにするという考え方については、拙著でも論じてきたように（広井［2011］等）、『スモール イズ ビューティフル』で知られる経済学者シューマッハーの流れを引き継ぐイギリスの組織NEF（New Economics Foundation）が提唱してきた。

そこでは「地域内乗数効果」という興味深い概念が提起されるとともに、①「灌漑（資金が当該地域の隅々にまで循環することによる経済効果が発揮されること）」、②「漏れ口を塞ぐ（資金が外に出ていかず内部で循環することによってその機能が十分に発揮されること）」といった独自のコンセプトとともに、地域内で循環する経済のありようが提案されてきた（New Economics Foundation［２００２］）。宮崎県高原町での上記の実証実験は、こうした流れを受けてのものである。

「鎮守の森・自然エネルギーコミュニティ構想」に関する最近のもう一つの事例として、京都市の南の八幡市というところに位置する石清水八幡宮での最近の展開も紹介させていただきたい。石清水八幡宮は２０１６年に国宝にも指定された神社であり、大分県宇佐市にある宇佐神宮が源流をなす八幡宮が一般にそうであるように、外来の仏教と土着の自然信仰が融合した〝神仏習合〟としての性格を強く有してきた神社である。

この石清水八幡宮の権宮司である田中朋清さんが、やはり「鎮守の森」を拠点とした地域再生に関心をもっており、また国連のＳＤＧｓ（持続可能な開発目標、Sustainable Development Goals）の活動にも関与され、「石清水なつかしい未来創造事業団」という組織を設立してそうした活動を始めていたが、大学院の学生を介して接点をもたせていただくようになり、自ずと「鎮守の森・自然エネルギーコミュニティ構想」ともつながっていくことになった。先述の日立京大ラボや関連組織の協力も得て、ささやかながらその第一歩として、同八幡宮の本殿の釣燈籠を太陽光発電によりライトアップする試みを進め、２０１９年３月にその点灯式を行った。今後はこうした取り組みを神社の周辺地域にも広げていきたいと考えている。

## 4　ローカライゼーションと情報化／ポスト情報化

### 経済構造の変化と〝経済の空間的ユニット〟

以上、私がささやかながら進めている「鎮守の森・自然エネルギーコミュニティ構想」について述べたが、ここでは話題をもう少し一般化し、2で述べたコミュニティとまちづくりないし都市・地域をめぐる課題とも総合化する形で、人口減少社会あるいはポスト成長時代の社会のありようについて考えてみたい。その一つの軸となるのは「ローカライゼーションlocalization」というコンセプトである。

一般に「グローバル化」や「ローカル化」といったことが様々に議論されているが、そもそもそうした方向を規定するのは、その時代における経済構造あるいは産業構造のありようだろう。

議論の手がかりとして、図表2-8をご覧いただきたい。これは、19世紀終盤ないし明治以降の日本における様々な社会資本の整備を見たもので、鉄道や道路などの社会資本が、徐々に普及しやがて成熟段階に達するという「S字カーブ」として示されている。

図表2-8　社会資本整備の4つのS字カーブ

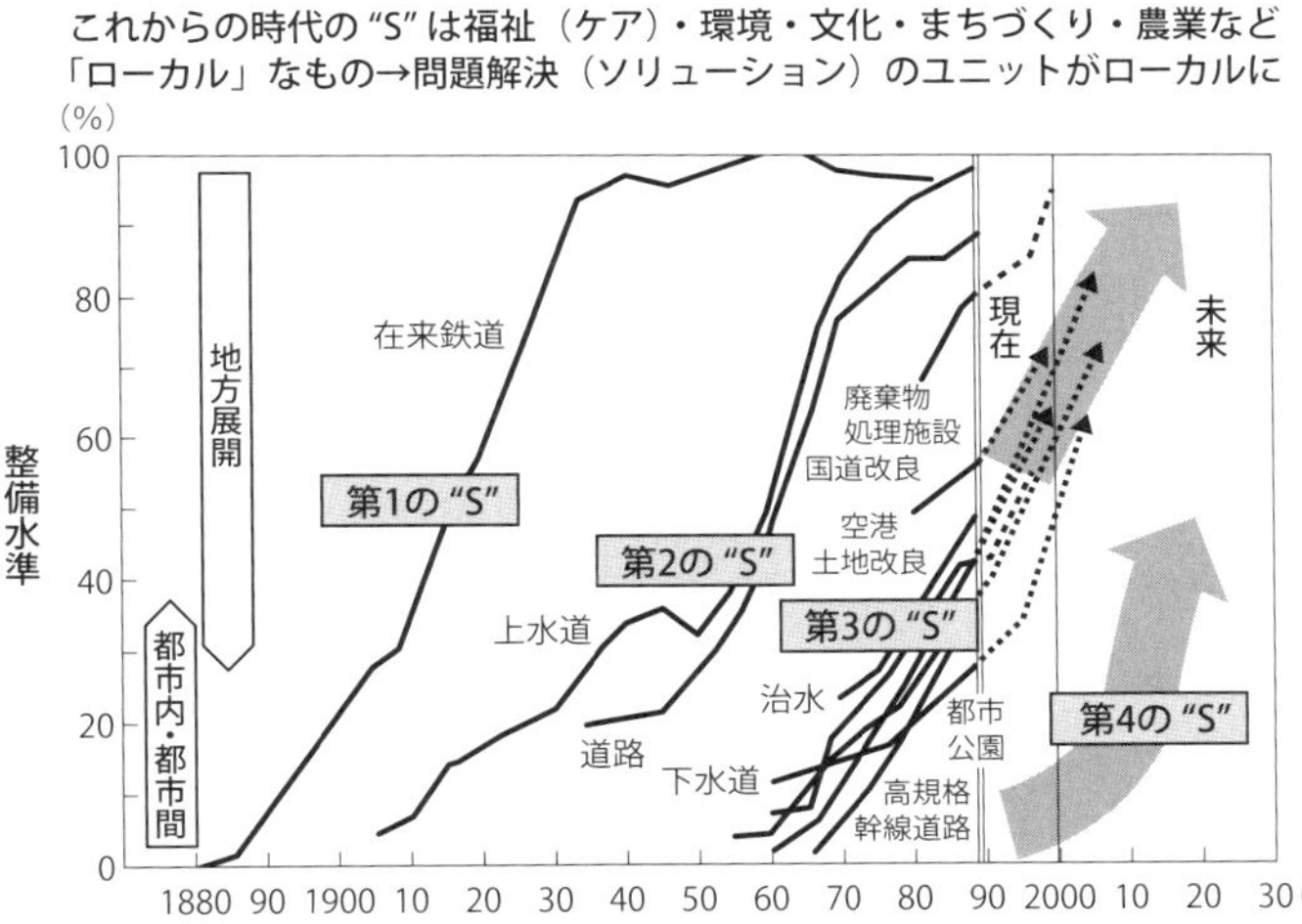


（出所）通商産業省編『創造的革新の時代――中期産業経済展望研究会報告書』、1993年

最初に整備されたのは「鉄道」で（＝〝第1のS〟）、当時は〝鉄は国家なり〟と言われた時代であり、鉄道はまさにその国の「工業化」の度合いひいては〝国力〟を端的に示すものに他ならなかった。それはイギリスやフランスが先駆した資本主義や工業化の展開に「富国強兵」の理念のもとで日本が必死に追いつこうとしていた状況と対応しており、そうした時代を象徴するように、鉄道は東京などの都市圏からやがて地方全体へと敷設されていったのである。人口との関連で言えば、鉄道とその駅は人が集住する拠点となり、日本における人口分布を大きく変えていった。

続く〝第2のS〟の代表は、第二次大

戦後あるいは高度成長期を象徴する「道路」であり、もちろんこれは自動車の普及と重なり、また石油化学など関連諸産業の拡大とも一体のものだった。

そして高度成長期後半の〝第3のS〟になると若干色合いが変化し、廃棄物処理施設、都市公園、下水道、空港、高規格幹線道路（高速道路）など整備される社会資本も多様なものとなっていったが、これらも大方整備が一巡し、文字通り「S字カーブ」の成熟段階に達している。

ところで、ここでまず注目したいのは、以上のような（三つのS字カーブに示される）工業化時代の社会資本整備は、いずれも「ナショナル」な空間範囲に関わるものであり、国レベルの、あるいは中央集権的なプランニングにもっともなじみやすい性格のものだったという点である。

つまり、農業が基本的にローカルな性格であるのに対して、鉄道網の敷設や道路の建設など、工業化時代の社会資本整備はローカルな地域の範囲を越えるもので、一つの地域ないし自治体が単独で計画したり整備したりできるものではない。

ここで私は〝**経済の空間的ユニット**〟という視点が重要と考えている。つまり工業化社会においては、いま述べたように経済の空間的ユニットは一つのローカルな単位では完結せず、国レベルあるいは「ナショナル」なレベルに親和的であり、自ずと中央集権的なプランニングや意思決定が重要となる。

したがって、工業化を軸とする明治期以降とりわけ高度成長期を中心とする「拡大・成長」

の時代において、東京を核とするナショナルな集権的構造が強化されていったのは、このような背景から来るものだったと言える。

## ポスト工業化そしてポスト情報化の時代

しかしながら、まさに「S字カーブ」という形態が示すように、以上のような工業化関連の社会資本整備は現在すでに成熟・飽和段階に達している。そして、今後大きく浮上していく〝次のS字カーブ〟があるとすれば、それは①高齢化の中でその規模が急速に拡大している福祉・医療（ないしケア）、②様々な対人サービス、③自然エネルギーなどを含む環境関連分野、④文化、⑤まちづくりやデザイン、⑥農業等といった領域であるだろう。

そして、読者は気づかれたと思うが、いま指摘したような領域は、実はいずれも一定の「場所」や「コミュニティ」に根ざした基本的に「ローカル」な性格のものであり、つまりこれからの時代は、経済構造の変化という点からも「ローカライゼーション（localization）」が進んでいく時代なのだ。

ただし、いま〝次のS字カーブ〟と記したが、正確には以上の（工業化関連の）三つのS字カーブの後に、80・90年代頃から近年にかけて「情報化・金融化」の波があり、それらは「グローバル」な性格をもつもので、それを〝第4のS〟と呼ぶとすれば、先ほどの新たなローカル化の波は〝第5のS〟ということになるだろう。

ちなみにアメリカの都市経済学者リチャード・フロリダは、著書『クリエイティブ資本論』の中で、これからの資本主義を牽引していくのは「クリエイティブ産業」と呼ぶべき分野（科学、文化、デザイン、教育など）であるという議論を行っているが、同時にそれは次のような特徴をもつと述べている（フロリダ［2008］）。

すなわち第一に「非貨幣的」な価値、つまり〝お金に換算できない〟ような価値が労働における大きな動機づけになっていくという点であり、第二に「場所」や「コミュニティ」というものが、重要な意味をもつようになるという点である。後者の点は、〝グローバル資本主義が場所の制約を超えてボーダーレスに飛翔していく〟という通常の理解とは異なるものであり、ここで述べている「ローカライゼーション」という方向と重なるものだ。

興味深いことに、フロリダの議論は、ある種の資本主義の「反転」論として読むこともできる。つまり上記の「非貨幣的な価値」も「コミュニティ、場所」も、本来の資本主義が内包しない、あるいは根本において矛盾するような価値や概念であり、しかし資本主義が進化していったその展開の先において、その〝内部〟から生成してこざるをえない、新たなベクトルであるということである。

## 資本主義と科学の基本コンセプトの進化――物質→エネルギー→情報→生命／時間

以上のような展望を資本主義と科学の展開の大きな流れの中で展望してみよう。

これまで様々なところで論じてきた点だが（広井［２００１］、［２０１５］等）、17世紀前後の資本主義の勃興期以降、生産（あるいは技術革新）や消費構造において基軸をなしてきたコンセプトは、大きく**「物質」→「エネルギー」→「情報」→「生命／時間」**という流れで変遷してきたととらえることができる。同時にこれらは、科学における基本コンセプトの変遷とも対応する面をもっている。

すなわち、まず17世紀前後の資本主義の勃興期においては、市場経済を通じた取引が活発になり、商業資本が中心となって、様々な「物質」ないしモノの流通や国際貿易が大きく拡大する時代が生じた。そしてこれは、17世紀のヨーロッパでいわゆる科学革命が起こり、その基本的な体系化として（物体の運動に関する）ニュートン力学が成立した時代と符合する。

やがて18世紀後半に産業革命が起こり、特に19世紀を中心に工業化が急速に展開していったが、これは石油・電力等の「エネルギー」の大規模な生産・消費をその核とするもので、科学の面では19世紀半ばに文字通り「エネルギー」概念が（ドイツのヘルムホルツらによって）定式化されるとともに、ニュートン力学では十分扱われていなかった熱現象や電磁気などが理論的探究の対象に組み込まれていったのである。

そうした工業化の進展は、列強による植民地化と資源の争奪戦となって2度の世界大戦にまで至るが、ケインズ政策の時代とも言える20世紀後半には、単なる物質・エネルギーの消費にとどまらない、「情報の消費」が展開していった。ここでの「情報の消費」とは、ＩＴやインターネット等といった狭義のものに限らず、たとえば商品を買うときにそのデザインやブランドに着目して購入するといったより広義の内容を指している（見田［１９９６］）。加えて狭義のそれが、情報関連技術と金融グローバル化の結びつきを通じて１９８０年代頃から近年に至る資本主義の基調を作ってきたことは確かな事実である。

大きく振り返ると、以上のような「物質→エネルギー→情報」という、資本主義あるいは科学の基本的コンセプトの進化は、経済を飛躍的に拡大・成長させると同時に、ある地域にローカルに局限された経済活動がよりグローバルな方向に空間的に広がっていくプロセス（＝世界市場化）でもあった。

ところが、先ほどのフロリダの議論ともつながり、また近年の先進諸国経済に関する「長期停滞論」とも関連するが、こうした経済システムの進化の帰結として、私たちの生きる世界は〝モノと情報があふれる〟世界となり、人々の需要は半ば飽和しつつある。

そうした中で、人々の求めるものは「情報」の消費のさらに先の、**「時間の消費」**とも呼びうる方向に向かい、さらには貨幣では評価しにくいようなニーズに関わる「市場経済を超える領域」が展開しようとしているのが現在ではないか（広井［２００１］）。

## 「情報」から「生命／生活（life）」へ

ここで「時間の消費」とは、何らかの意味でそれ自体が充足的であるような時間を過ごすことが欲求の対象となるという主旨であり、この中にはコミュニティや自然とのつながり、ひいては精神的充足といった目に見えない価値への志向が含まれる。このことは、人々の欲求や需要の方向が、生活の限りない手段化・効率化・加速化から、むしろ現在充足的（コンサマトリー）な方向ないしローカルな方向へと転化ないし〝着陸〟しつつあるということでもある。

こうした「時間の消費」という方向は、科学の領域において「情報」の次なる段階として「生命（life）」が明らかなフロンティアないし中心的コンセプトになりつつあることと符合しているだろう。ここで英語の「life」が、「生命」を意味すると同時に「生活」とも「人生」とも訳される概念であることに注意したい。日常に根ざした「生活」の豊かさや幸福を求めるということが、上記の「時間の消費」と重なっているのである。

以上のような見方は、「情報化」という方向を極限まで伸長させることで人間の未来をとらえようとするカーツワイル的な「シンギュラリティ」論とは全く異質のものだ。本章の初めの「情報とコミュニティの進化」でも言及した点だが、彼の見方は最終的に「生命」を「情報」に還元できるという世界観である。それは〝情報的生命観〟と呼びうるものだが（広井［2003／2015］参照）、むしろ今後は「ポスト情報化」の時代、つまり単なる情報の集積ないしアルゴリズムを超えた「生命／生活」そのものに科学的探究や人々の関心が向かっていくというのがここで述べている展望である。

## 移行期としての「情報化」

最後に、「情報化」という時代の意味について若干の補足を行っておこう。

先ほど、情報化と「グローバル化」をイコールとみなすような論述を行ったが、正確にはこの点はもう少し錯綜している。

たしかにAIやITなど「情報化」のイメージは、グローバル化という点とともに、〝集中化〟ないし〝集権化〟が一層進んでいく社会という印象があるが、少なくともそれは事柄の一面しかとらえていない見方である。すなわち、ITなどのネットワークが浸透する社会とは、遠隔地にいても、それぞれが自分の地域にいながら相互に情報の伝達やコミュニケーションがとれる社会である。

加えてそれは、原発のような集権型ないし中央制御型の技術と異なって、情報技術やネットワークを活用することで、それぞれの地域におけるエネルギーや食糧等の需給調整や地域内循

図表2-9　情報化：その前期と後期

| 情報化・前期 | 情報化・後期 |
|---|---|
| 集権化 | 分散化 |
| 巨大化 | 小規模化 |
| 手段的合理性<br>instrumental | 現在充足性<br>consummatory |
| グローバル化<br>globalization | ローカル化<br>localization |
| 例）GAFA | 例）ブロックチェーン<br>分散型エネルギーシステム |
| 物質・エネルギーから情報へ | 情報から生命／エコロジーへ<br>（ポスト情報化） |

環が容易になる社会であり、したがって**情報化が高度に進んだ社会とは「分散型」の社会システムに親和的**なのである。

本書のイントロダクションで述べた、ＡＩを活用した未来の日本のシミュレーションにおいて、「地方分散型」という姿が持続可能性の面で優れているという結果が示されたのも、位相が異なるものではあるが、以上のような点と関わるとともに、「ＡＩ」と「分散型社会」という、異質な二者の意外な親和性を示唆しているとも言える。

このように見ていくと、「情報化」には「グローバル化」を促すベクトルと、「ローカル化」ないし分散化を促すベクトルの両方が含まれていると考えられるだろう。この点を、情報化の「前期」と「後期」という形にやや単純化して整理したのが図表２-９である。

このうち、「手段的合理性 instrumental」と「現在充足性 consummatory」の対比について少し補足しておこう。「情報」というと概して私たちは効率化とか手段化といった方向と一緒に考えがちであるが、たとえば私たちが音楽や絵画、デザイン、ファッションといったものを消費の対象とする時、それはまさに（モノの消費ではなく）音声や視覚に関わる「情報」を享受し楽しんでいるのである。しかもそれは「現在充足的」な性格のものであり、情報化のこうした側面がさらに強くなると、それは先述の「時間の消費」としての性格を強めていくことになるだろう（自然の中で静かに過ごしたいとか、友人たちと余暇を楽しみたいといったことは、「情報の消費」という側面もゼロではないが、むしろ「時間の消費」という性格を強くもつだろう）。

先ほど「物質→エネルギー→情報→生命／時間」という科学の基本コンセプトそして消費構造の変化について述べたが、このように「情報」は、その後期になっていくととりわけ「生命／時間」に移行する途上的な性格をもっていくのである。

思えば「情報」が科学の基礎概念となったのは、アメリカの科学者クロード・シャノンが情報量の最小単位である「ビット」の概念を体系化し、情報理論の基礎が作られた１９５０年頃のことである。

およそ科学・技術の革新は、「原理の発見・確立→技術的応用→社会的普及」という流れで展開していく。一見すると、「情報」に関するテクノロジーは現在爆発的に拡大しているように見

図表 2-10　経済システムの進化と「ポスト情報化」

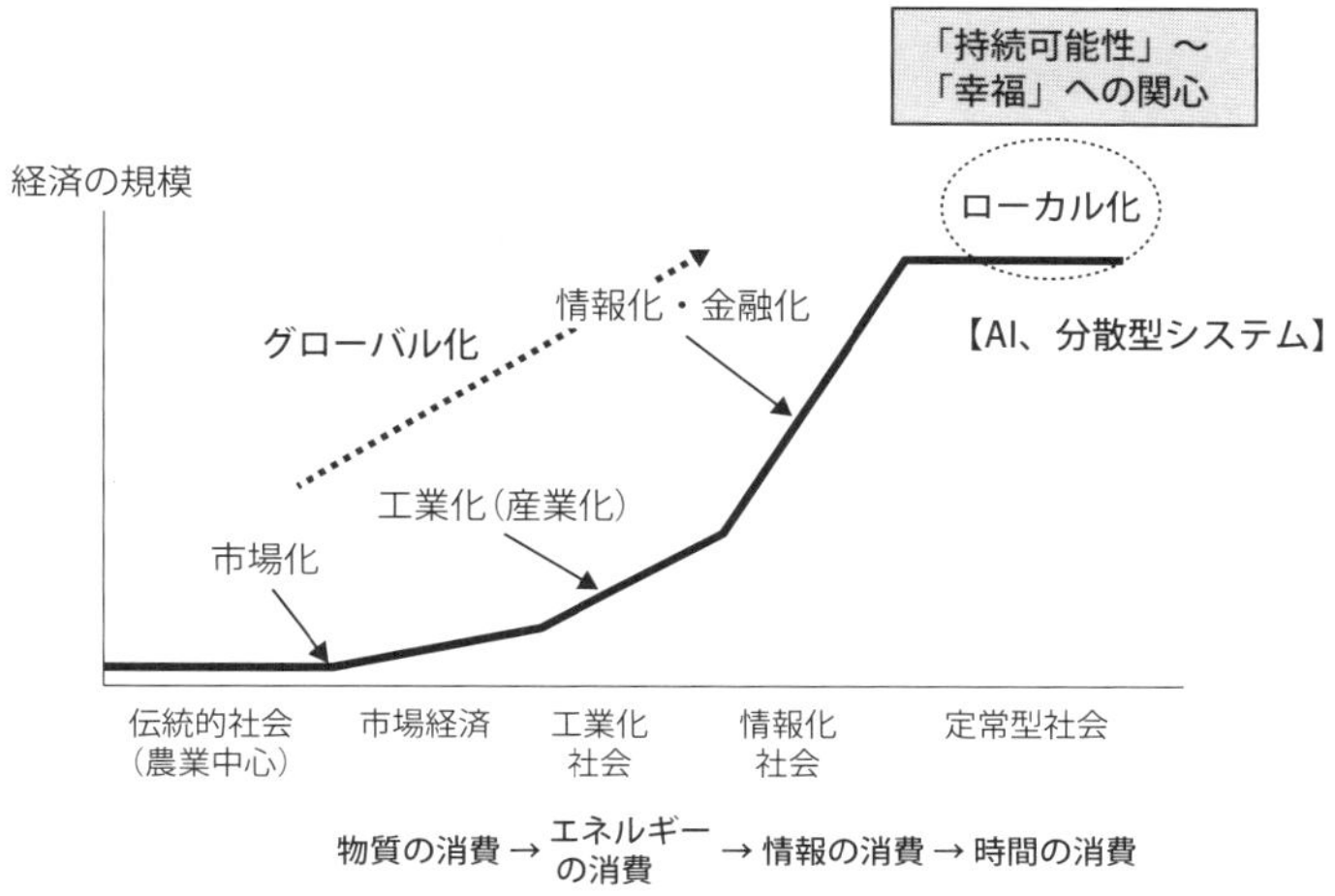


えるが、実はそれはすでに技術的応用と社会的普及の成熟期に入ろうとしており（まさに〝S字カーブ〟の成熟期）、実際、インターネットの普及その他様々な関連指標も近年飽和してきている。

そして、先ほどから述べているように科学において「情報」の次なる基本コンセプトは明らかに「生命」であるが、先ほども英語の「life」が「生活」、「人生」という意味を併せもつことに言及したように、「生命」とは〝今、ここ〟に根ざした、ローカルで現在充足的な「生」そのものである。同時に「生命」というコンセプトは、（生命科学という場合のような）ミクロレベルの生命のみならず、生態系（エコシステム）、地球の生物多様性、その持続可能性といったマクロの意味ももっている。

こうした包括的な意味の「生命」が、これからの「ポスト情報化」時代の科学や経済社会・生活・消費の基本的なコンセプトとなっていくだろう。

私たちはそうした「生命／生活」が基本コンセプトとなるような時代の入口に入りつつあり、図表2-10はそれを経済社会の構造変化として示したものである。ここにおいてAIや幸福、持続可能性、分散型社会、ローカライゼーションといった、本書でこれまで論じてきた様々なテーマはクロスすることになる。こうした新たな時代の潮流を見極めながら、様々な実践や政策展開を行っていくことがいま求められている。

## コラム　自然との関わりを通じたケア――鎮守の森セラピー

話題を広げることになるが、本章の3で述べた自然エネルギー関連の活動と並んで、「鎮守の森・自然エネルギーコミュニティ・プロジェクト」の柱の一つとして行っているのが「鎮守の森セラピー（鎮守の森・森林療法）」である。

私は「自然との関わりを通じたケア」というテーマに関する研究を90年代の終わり頃から行っていたが（広井［2003／2015］、［2005］参照）、人間にとって、緑や自然との関わりが心身の健康や精神的充足にとって大きな意味があり、けれども（特に東京などの大都市圏のように）都会の喧騒とストレスやスピードの中で生活している現代人は、概してそうした自然とのつながりから離れがちで、それが心身の状態の劣化につながっているということは、誰しも大なり小なり感じているだろう。

こうした話題に関して、アメリカのノンフィクション作家のリチャード・ルーヴが出版した『あなたの子どもには自然が足りない』という、世界的なベストセラーになった本がある（Louv［2005］）。この本の中で著者のルーヴは、「自然欠乏障害（Nature-Deficit Disorder）」というコンセプトを提起し、子どもあるいは広く現代人は自然とのつながりが根本的に不足しており、それが発達の過程にマイナスの影響を及ぼすとともに、大人を含めて様々な現代病の背景にもなっているという議論を、様々な事例とともに展開した。ちなみに原題の〝Last Child in the Woods〟は、自然の中にいる子どもは現代では〝絶滅危惧種〟のようになっているとの主旨である。

「自然との関わりを通じたケア」に関しては、日本でもたとえば東京農業大学の上原巌氏が早い時期から「森林療法」を提唱し、研究とともに様々な実践や普及活動を進めてこられている（近年の著作として上原巌監修・日本森林保健学会編［2012］参照）。

やや概念的な整理となるが、私自身はこうしたテーマを、図表2－11のような枠組みとともに

図表 2-11　個人・コミュニティ・自然をつなぐ

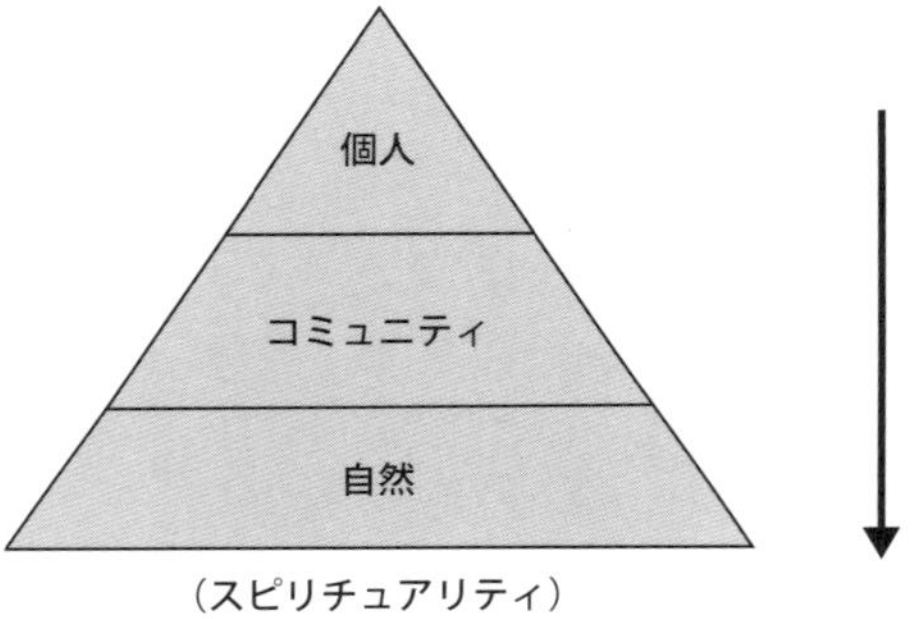


**現代社会では、個人はその土台にある「コミュニティ」や「自然」、ひいては「スピリチュアリティ」（精神的なよりどころ）とのつながりを失いがち**

考えてきた。すなわち、個人のベースには「コミュニティ」があり、しかしコミュニティは〝真空〟の中に存在しているものではなく、その土台には「自然」がある。そして究極的には、「自然」のさらに根底に、物質的な次元を超えた、あるいは有と無の根源をなすような次元があり、それをここではとりあえず「スピリチュアリティ」としている（この点については第6章で立ち返りたい）。しかしこうした個人の土台にあるような次元から現代人は離れてしまいがちであり、それらとのつながりを回復することが「ケア」ということの本質的な意味になるのではないか、という把握である。

「自然」に関して言えば、それは単に物質的な意味での「自然」ということにとどまらず、いわばゆっくりと流れる「自然の時間」やリズムに同調することで、現代人が都市生活の中で失いがちな次元を回復するという意味があると思われる（広井［2003／2015］参照）。

「鎮守の森セラピー」は、こうした「自然との関わりを通じたケア」の考え方を踏まえ、それを日本において本来身近な場所である鎮守の森（神社の境内など）で行うというものである。

私自身も、ゼミなどの場を活用しながら、様々な関係者の方々の協力をいただいてこうした「鎮守の森セラピー」の試みを行ってきた。たとえば社会人の方も参加している京大のゼミの場を活用して行った際は、前半では臨床心理士でありヨガ指導者でもある方のガイダンスにより教室内でヨガを行い、後半はキャンパスのすぐ脇にある吉田神社に移動して、「神林浴」を提唱されている神職の本間裕康さんから、日本での伝統的な自然観と心身の癒しとの関わりに関するレクチャーを受けるという内容のセッションとしたが、幸い参加者の皆さんからも好評だった。

また、鎮守の森のプロジェクトを私と一緒に進めている宮下佳廣さんは、企業を定年退職後に森林インストラクターの資格を取得し、さらに千葉大学大学院で農学博士号まで取られた方だが、緑や自然との関わりが人間の心身の健康にとってもつ意味をテーマの一つとされており、「鎮守の森セラピー」に関する独自のプログラムを開発するとともに、各地で実践を続けられている（鎮守の森コミュニティ研究所ホームページ参照）。

コミュニティという点との関連で言えば、鎮守の森でのこうした活動は、地域の高齢者や子どもなど多世代が様々な健康増進活動や世代間交流を行う場づくりとしての意味をもち、今後特に増加する高齢者にとってのニーズや意義（ひきこもりや孤独死防止などを含む）ももつのではないかと思われる。

ちなみに近年関心の高い「マインドフルネス」も、その源流を遡れば〝森の瞑想〟に行き着くのであり、「自然との関わりを通じたケア」は様々な広がりと深さをもっている。

# 第3章

# 人類史の中の人口減少・ポスト成長社会

前章では人口減少社会におけるコミュニティや都市・地域のありようについて考えるとともに、ローカライゼーションや情報化／ポスト情報化といった、これからの社会の根本的なベクトルに関する議論を行った。こうした新たな時代の展望をより広い視座において見通すため、本章では時間軸を大きく伸ばし、人類史や近代における資本主義の展開といった枠組みの中で人口減少社会あるいはポスト成長社会がもつ意味をとらえ返してみたい。

# 1　人類史における拡大・成長と定常化

## 人類史における人口減少・ポスト成長社会

そもそも人類の歴史の中で、人口減少社会はどのような意味をもつのだろうか。

最初に図表3－1を見ていただきたい。これは「世界人口の超長期推移」を示す図であり、ディーヴェイというアメリカの生態学者が提起したものである。これを見ると、世界人口は大きく3回の増加と成熟化・定常化のサイクルを繰り返していて、現在は3回目の定常期への移行期としてとらえることができる。

**図表3-1　世界人口の超長期推移（ディーヴェイの仮説的図式）**

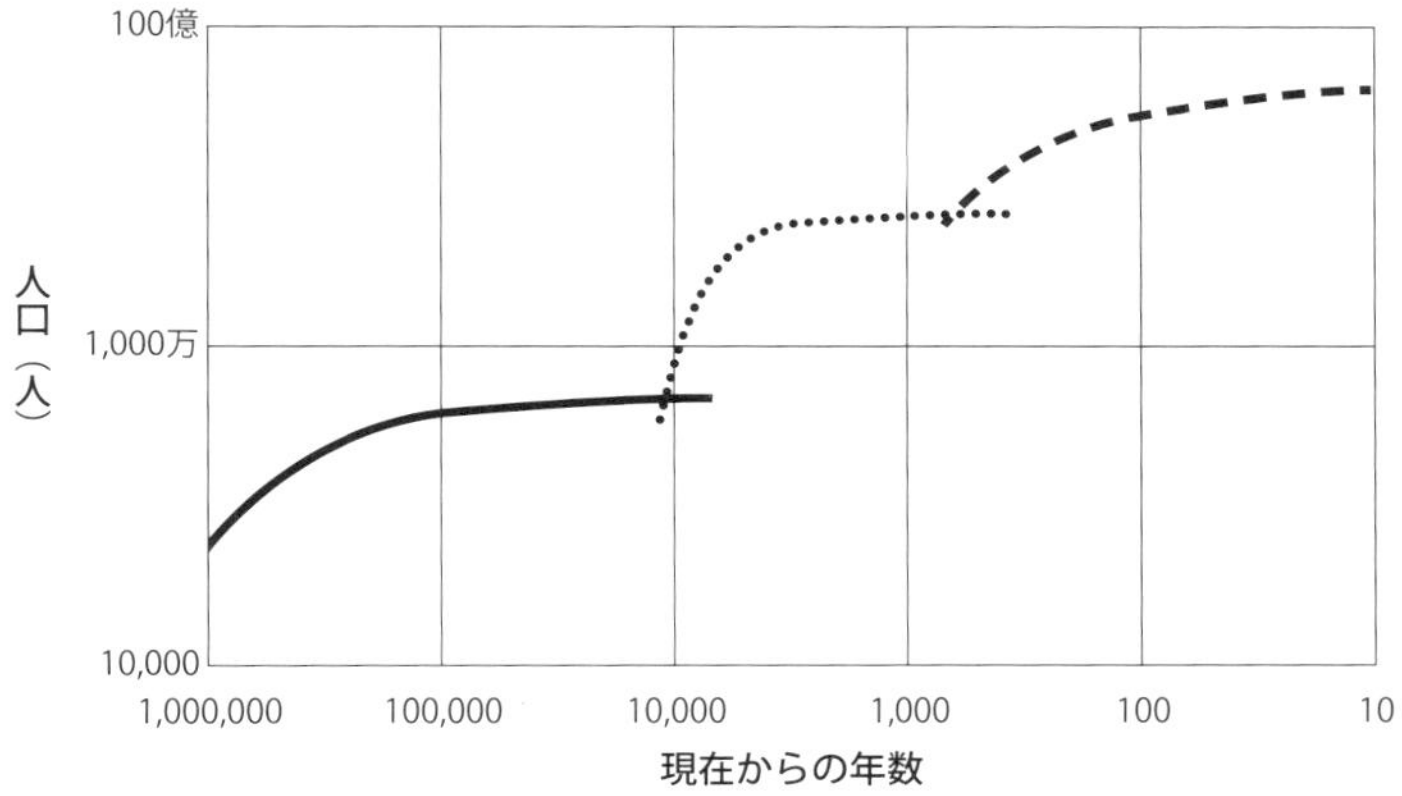


（出所）Cohen［1995］

内容にそくしてもう少し見ていくと、人類つまりホモ・サピエンスは約20万年前にアフリカで誕生し、狩猟採集社会が展開するとともに人類はアフリカから全世界に広がっていった（図表3−1では100万年前から始まっているが、これはネアンデルタール人など初期人類を含むものと言えるだろう）。

続いて、約1万年前にメソポタミアを中心に農耕が起こり、それによって急激に人口が増え、その過程で「都市」も生成していったが、やがてまた定常化し、いわゆる中世という時代に入った。

そして第3のサイクルは、言うまでもなくここ300〜400年の時代であり、近代そして産業化ないし工業化の時代となり、再び急激な人口増加を経験するが、しかし第1章でも見た

**図表3–2　超長期の世界GDP（実質）の推移**

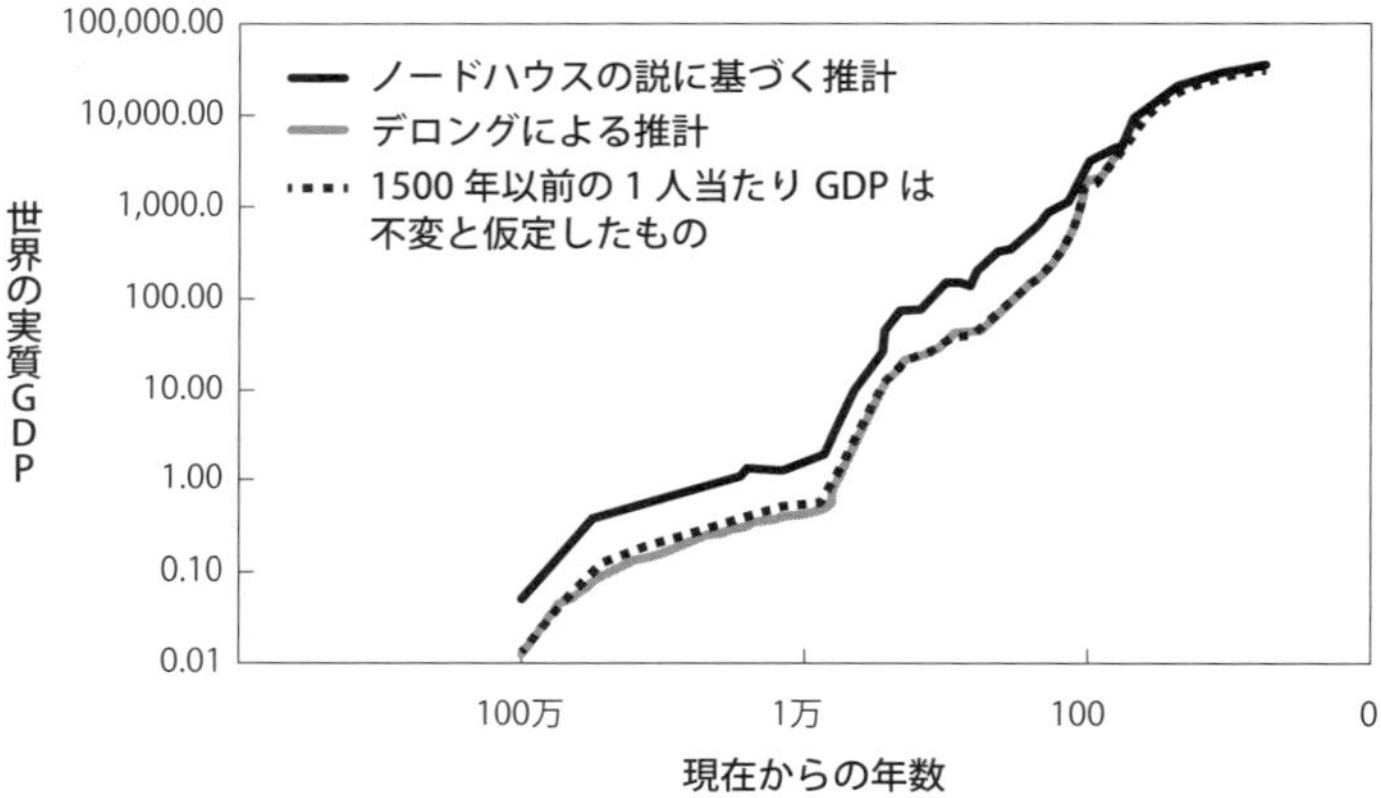


（注）縦軸の単位は10億ドル（1990年ドル換算）。
（出所）DeLong［1998］

ように、世界人口は成熟化ないし定常化の方向に向かいつつあるのである。

関連で、デロングというアメリカの経済学者が人類の数十万年に及ぶ歴史におけるGDPの推移を計算している（図表3－2）。これは複雑なものではなく、先のディーヴェイ以降の世界人口に関する実証的な研究に、1人当たりGDPについて一定の仮定を置いて得た数字を重ねて作られた試算である。3回の拡大・成長と定常化のサイクルと言っても、地球上の様々な地域において農耕の発生や工業化に関する「タイム・ラグ」が存在するので、ディーヴェイの仮設ほどクリアではないものの、やはり上記のようなサイクルが概ね見て取れる。

それでは、そもそもなぜ人口の拡大・成長

と定常化のサイクルが起こるのだろうか。

これは端的に言えば、人間によるエネルギーの利用形態、少し強い言い方をすると、人間による〝自然の搾取〟のありようが高度化していくという点と対応しているだろう。

つまり、幸か不幸か栄養分ないし有機化合物を自らつくることができるのは植物（の光合成という メカニズム）だけなので、動物は植物を食べ、人間はさらにそれらを食べて生存を維持している。それが狩猟採集段階ということになるが、農耕が1万年前に始まったのは、食糧生産つまり植物の光合成を人間が管理し、安定的な形で栄養を得る方法を見出したということである。現代風にたとえて言えば、太陽光パネルを地面に敷き詰めるかのように植物を植え、共同作業を通じて収穫を行い食糧を確実に得るようになったわけであり、この結果、人口は急激に増加していったのである。

近代そして工業化の時代になると、「化石燃料」と言われるように、数億年にわたって地下に蓄積していった生物の死骸からできた石炭や石油を燃やし、エネルギーを得ることを人間は行うようになった。逆に言えば、数億年かかって蓄積されたものを、私たちは数百年でほとんど使い尽くそうとしているわけだが、いずれにしても以上のようなエネルギーの利用形態の変化が、世界人口の拡大・成長と成熟・定常化のサイクルの基本にあることになる。

## 成熟・定常期における文化的創造①――枢軸時代／精神革命

世界人口の増加と定常化をめぐる3回のサイクルということをいま確認したが、その点自体もさることながら、私がここで注目したいのは、実は**人口や経済が拡大・成長から成熟・定常化に移行する、まさにその過渡期の時代において、人間の精神や文化における革新的な変化が生じた**という点である。

その第一は、ドイツの哲学者ヤスパースが「枢軸時代」、あるいは科学史家の伊東俊太郎が「精神革命」と呼んだ時代である。これは今から約2500年前、すなわち紀元前5世紀前後の時代であり、興味深いことにこの時代、地球上のいくつかの場所で〝同時多発的〟に、現在につながるような普遍的な思想（あるいは普遍宗教）が生まれた。

具体的には、ほぼ同時期に、ギリシャではいわゆるギリシャ哲学、インドでは仏教、中国では儒教や老荘思想、中東ではキリスト教やイスラム教の原型となったユダヤ思想がこの時代に生成したのである。

そして、

・ギリシャにおける（ソクラテスの言う）「たましいの配慮（care of the soul）」
・仏教における「慈悲」
・儒教における（「礼」の土台にある内面的な徳としての）「仁」

・キリスト教における「愛」

のように、それらの諸思想は、内容や表現は異なるものの、それまで存在しなかった、人間にとっての何らかの精神的あるいは内的な価値や概念を新たに提起したのである。

では、なぜこの時代にこうした新たな思想や観念が同時多発的に生まれたのだろうか。ヤスパース自身もこの点については十分な掘り下げを行っていないが、私自身は次のような仮説をもっている。すなわち、近年の「環境史（Environmental History）」と呼ばれる分野の研究によれば、この時代のこれらの地域において、森林の枯渇や、土壌の浸食などが深刻化しつつあったことが明らかになってきている。言い換えれば、（1万年前に始まった）**農業文明が、ある種の資源的・環境的な限界に達しようとしていた最初の時代**がこの時代だったのではないかということである。

つまり、いわば外に向かってひたすら拡大していくような**「物質的生産の量的拡大」**という方向が立ち行かなくなり、そうした方向とは異なる、すなわち**資源の浪費や自然の搾取を伴わないような精神的・文化的な価値の創造や発展への移行**がこの時代に生じたのではないか。

読者の方はすでに気づかれたかと思うが、これは現在ときわめてよく似た時代状況である。つまり、ここ200〜300年の間に加速化した産業化ないし工業化の大きな波が飽和し、また資源・環境制約に直面する中で、私たちは再び新たな「拡大・成長から成熟・定常化へ」の時代を迎えようとしているからである。

同時にまた、第1章で「幸福」への関心の高まりについて述べたが、実は以上のような枢軸時代／精神革命の諸思想は、いずれも人間にとっての究極的な「幸福」の意味を最初に本格的に論じた時代とも言えるのである。

## 成熟・定常期における文化的創造②――「心のビッグバン」

さて、以上は農耕文明の成熟期における精神的・文化的な革新ということになるが、そうすると、狩猟採集段階における成熟期においても何か同様のことが起こったはずではないかという推測が生じる。

そのように考えていくと、非常におもしろいことに、最近の考古学や人類学の領域で「心のビッグバン」（あるいは文化のビッグバン等）と呼ばれている現象が浮かび上がってくる。これは今からおよそ5万年前の時期に、装飾品や絵画など、いわゆる象徴表現あるいは文化的、芸術的な作品と言われるようなものが一気に生まれたことを指している。

私たちにとって比較的身近な例としては、教科書などにも出てくるラスコーの洞窟壁画などのイメージがそれにあたる。あるいは、日本の文脈でこれに相当するものとしては、いわゆる

**写真 3-1 「心のビッグバン」のイメージ**

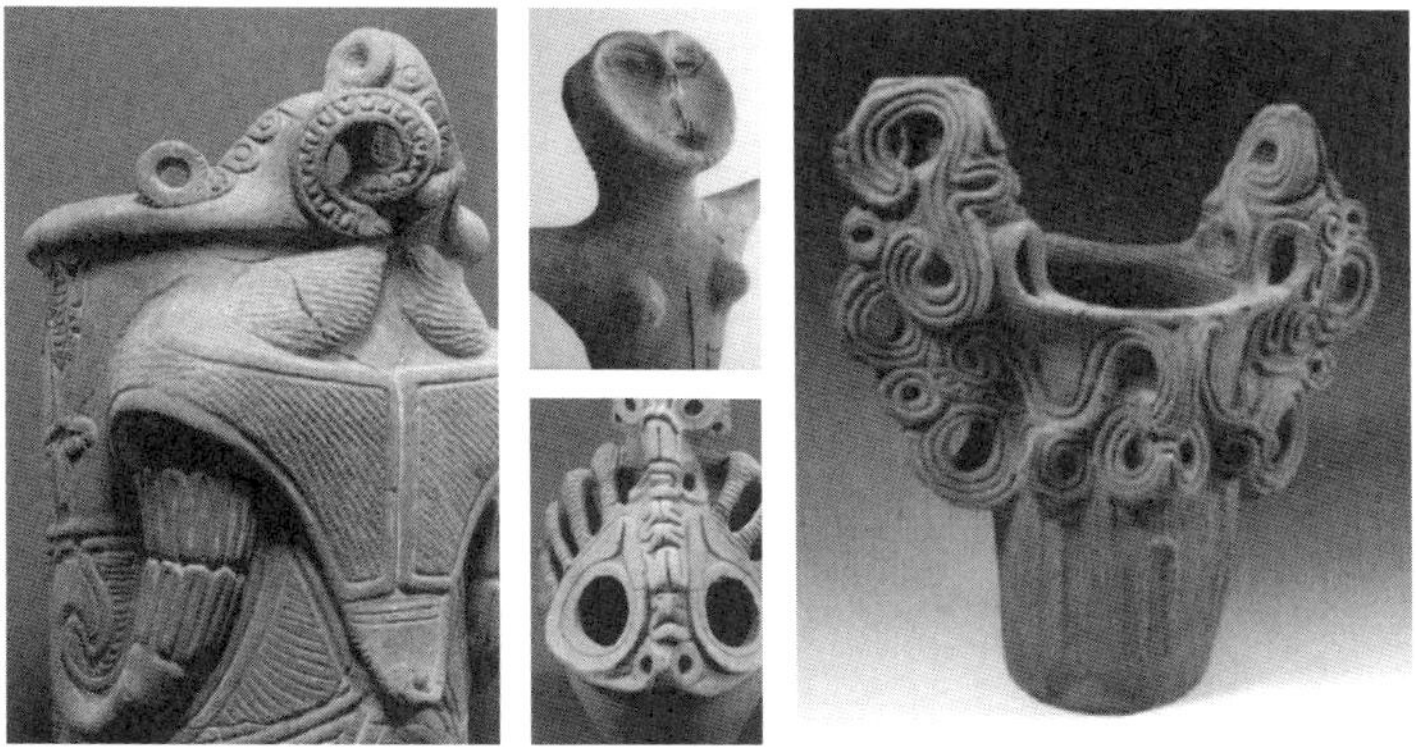

八ヶ岳南麓から発掘された縄文土器群（井戸尻考古館パンフレットより）

縄文時代の土器群が挙げられるだろう。

写真3-1はそうした例で、これは八ヶ岳南麓にある井戸尻考古館というところに収蔵されている作品群である。余談ながら、この20年ほど私は1、2か月に1回程度は八ヶ岳近辺に出かけるのだが（実は今この原稿も八ヶ岳南麓で書いている）、これらの縄文土器群のインパクトには並々ならぬものがあり、またそれは現代アートとも通じるような何かを含んでいる。左のものは「神像筒型土器」と呼ばれているもので、〝神の背中〟とも言われ、個人的にもっとも好きな一つである。真ん中の上のものは1970年の大阪万博での岡本太郎の「太陽の塔」のモデルとなったもので、初めて見た時は目を疑った。

ここでのポイントは、これらの土器群は、「実用性」や「有用性、利便性」といった次元

図表3–3　人類史における拡大・成長と定常化のサイクル

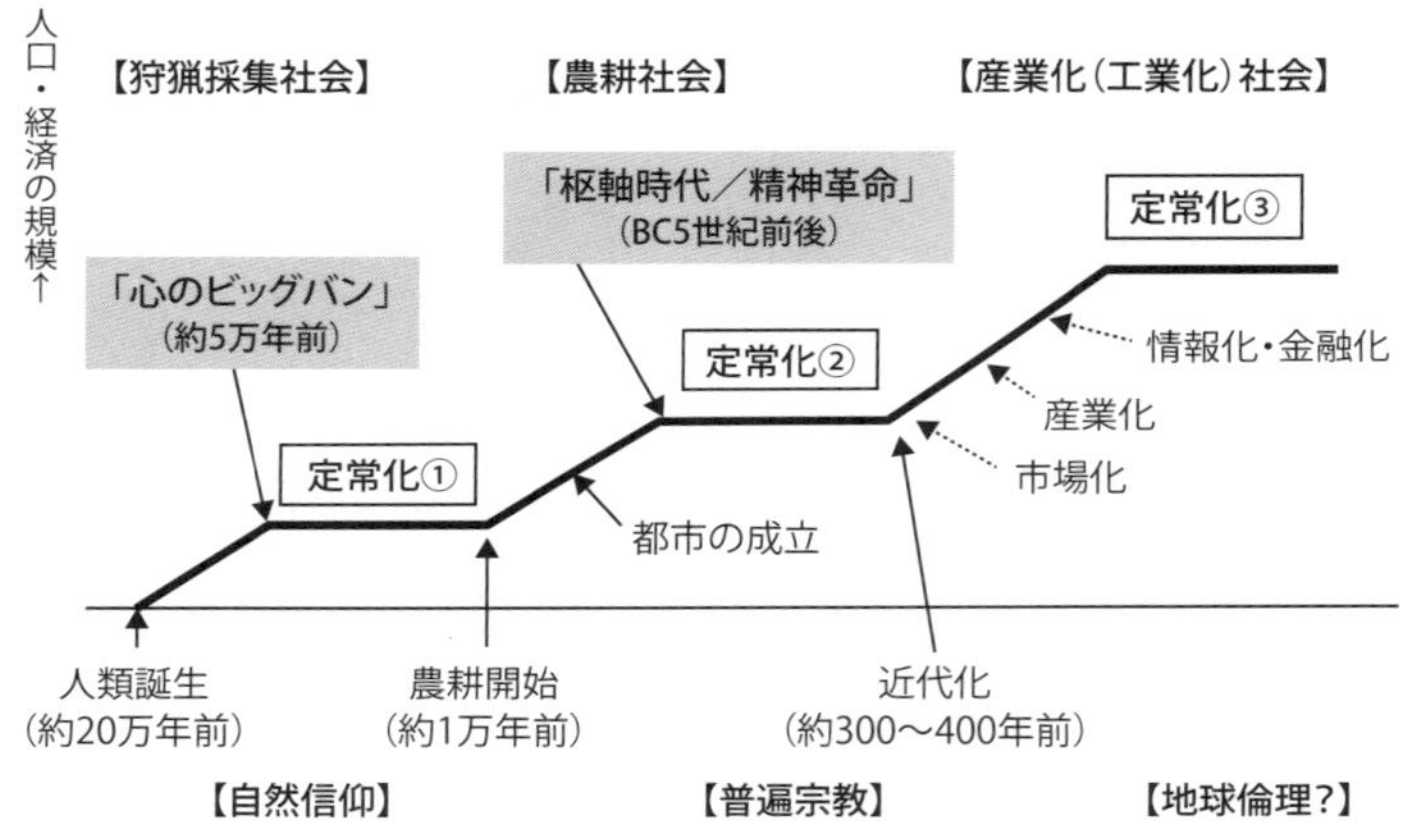


を超えたところで作られており、お湯を沸かすとか食物を調理するといった目的や機能を超えた性格のものであるという点だ。

つまり、先ほどの枢軸時代／精神革命の場合と同様に、「物質的生産の量的拡大」という方向を超えた創造性や新たな価値がそこには含まれている。それが「心のビッグバン」と呼ばれるわけだが、私たちが「心」と呼んでいるもの、すなわち単なる外界の反映や利用という次元を超えた、そこからはみ出る「何か」、そのもっとも原的なかたちがこのとき生まれたのではないか。そして、そうしたことが初めて生じたのが狩猟採集段階における成熟・定常期への移行期ではないかというのが私の仮説である。

ここまでの話をまとめると、狩猟採集段階の成熟・定常期に「心のビッグバン」が生じ、そして農耕段階の成熟・定常期に「枢軸時代」ないし「精神革命」が生じたと言えるのではないか。それらは先述のように「物質的生産の量的拡大から文化的・精神的発展へ」という点において共通している。言い換えれば、人口や経済の量的な拡大・成長の〝後〟の時代に、真に豊かな文化的な革新が生じるということである（図表3‒3。この話題の詳細は広井［2011］）。

本書のテーマである人口減少社会ということを含め、ここで述べてきたように現代という時代が「第3の成熟・定常期への移行期」であるとすれば、それは様々な文化的創造やポジティブな可能性に満ちた時代であるはずだろう。

## 2 ポスト資本主義のデザイン

### 資本主義／ポスト資本主義という文脈

以上、20万年に及ぶ人類史の視点から、私たちが迎えている人口減少社会あるいはポスト成長社会の意味を考えてみた。ここでもう一つ、特に「拡大・成長」やポスト成長というテーマに関して、どうしても浮かび上がってくるのが「資本主義」という社会システムのありようで

**図表 3-4　西ヨーロッパ諸国のGDPの推移（1500–2000年）**

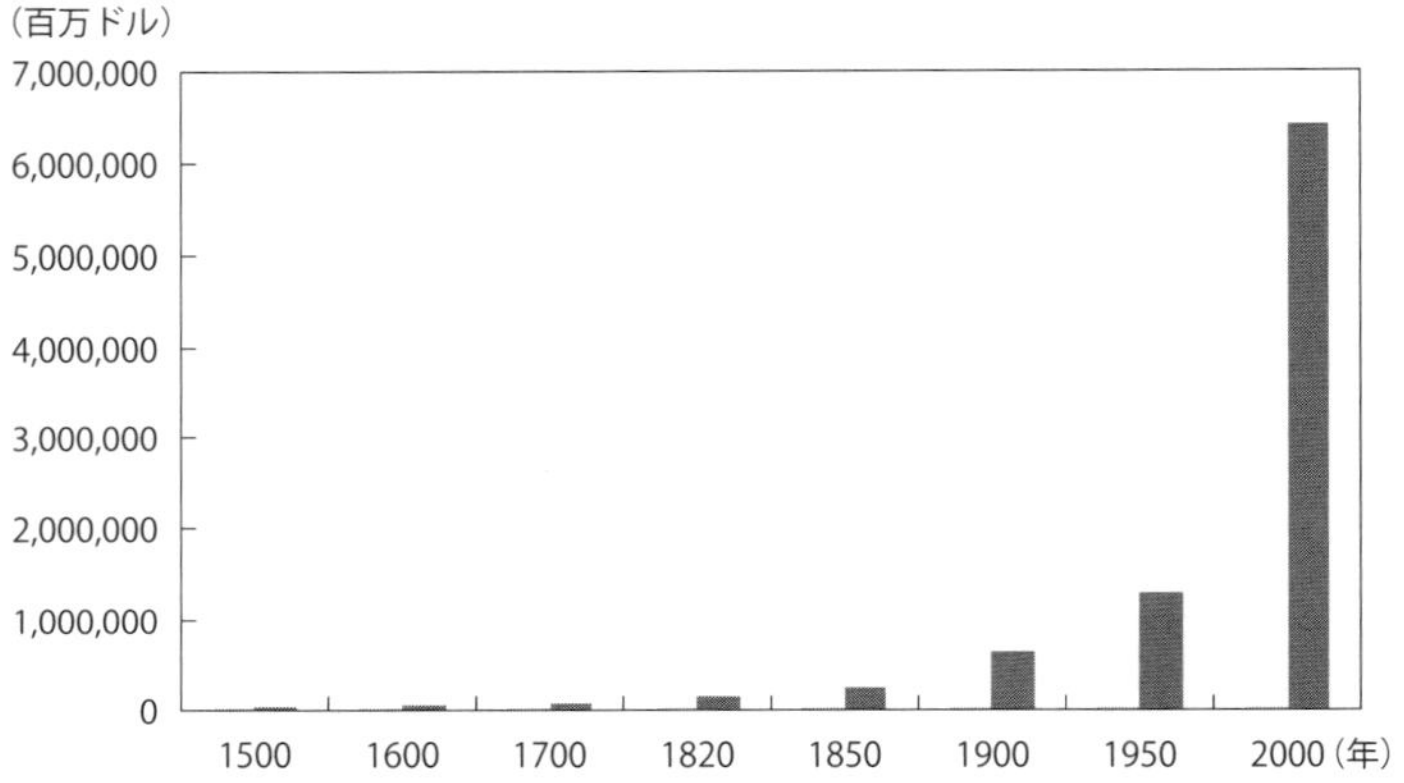


（注1）対象国はオーストリア、ベルギー、デンマーク、フィンランド、フランス、ドイツ、イタリア、オランダ、ノルウェー、スウェーデン、スイス、イギリス。
（注2）ドルは1990年換算。
（出所）Angus Maddison, *The World Economy: Historical Statistics*, OECD, 2003より作成

あり、それは人類史の中では、先ほど指摘した「第3の拡大・成長」の時期としての「近代」という時代と重なる。こうした話題について重要と思われることを考えてみたい。

図表3–4は西暦1500年から2000年の西ヨーロッパのGDPの推移を示したもので、日本における明治以降の人口増加パターンと多少似ているが、急激に増えていることが顕著である。

資本主義とはそもそも何かというテーマについては、これまでも無数の議論がなされてきており、ここでこの話題自体を詳しく論じる余裕はないが（広井［2015］参照）、一つ注意する必要があるのは、歴史家のブローデルが強調した、

「資本主義と市場経済は似て非なるものだ」という点だ。

すなわち、「資本主義」イコール「市場経済」ということを自明視するような議論も多いわけだが、両者は全く違うものだということを彼は言っている。つまり市場経済ないし「マーケット」というのは、たとえて言えばかつての築地市場の魚市場の〝せり〟のように、ある意味で非常に透明で公平な競争である。それに対して資本主義は、むしろ力とか独占とか〝富める者がますます富める〟といった論理が支配するような性格のものである。

こうした議論も踏まえた上で、私自身の資本主義についての把握は、市場経済という点を一つの要素としつつ、もう一つの要素、すなわち「限りない拡大・成長への志向」という点を併せもつことがその本質であり、つまり「資本主義＝市場経済プラス限りない拡大・成長への志向」という点を押さえておく必要があると思われる。

では、そもそもなぜ拡大・成長が可能になるかという点が問われるべきだが、それは先ほど「人間によるエネルギーの利用形態」あるいは〝自然の搾取〟のありようということを指摘したように、究極的には「自然資源」の開発という点とつながっているだろう。実際、たとえば資本主義の象徴的な起点の一つとして挙げられるのは、1600年におけるイギリスの「東インド会社」設立だが、ヨーロッパ諸国がアジア、アフリカ、南北アメリカ大陸の植民地経営に乗り出し、そこで生産原料としての自然資源の開発を大規模な形で行っていったことが、資本主義つまり市場経済の拡大・成長の土台として機能したのである。

## 私利の追求の肯定と「パイの拡大」

一方、「拡大・成長」ということに関してもう一点重要なのは、人々の価値意識や行動パターンに関する次元である。すなわち、良くも悪くも「私利の追求」、つまり自己の利益の拡大を追求することを〝肯定的に〟とらえるような思想ないし価値観が、何らかの形で存在しなければ資本主義というものは機能しない。そして実際、歴史を見ると、資本主義の勃興期に、まさに私利の追求を積極的にとらえるような思想が生成したのである。

その象徴的な例が、オランダ出身の医師であり思想家でもあった、マンデヴィルである。彼の『蜂の寓話（The Fable of the Bees）』［1714］という、比較的よく知られた作品は、アダム・スミスやベンサム、ミルなどを含め、後々の思想家に大きな影響を与えたと言われている。

ここでマンデヴィルが言っているのは、要約すれば「欲望が少ないということは個人の徳としてはいいかもしれないが、社会全体の富にはつながらない。国民の富や栄誉や世俗的な偉大さを高めるのには、むしろ強欲や放蕩が社会全体にとってのプラスになる」という主張である。

当時としては、これは革命的あるいは常識を引っ繰り返すような内容であり、マンデヴィルは非常に叩かれ、著書は裁判沙汰にもなったが、やがて広く影響を及ぼすようになっていった。

『蜂の寓話』には〝Private Vices, Public Benefits〟、つまり「私的な悪徳が公共的な利益である」という副題がついているが、まさにその思想を集約的に表していると言える。

そしてこの場合、もっとも重要なのは、**「私利の追求を肯定的にとらえる」ということと「経済全体のパイが拡大していく」という二者は表裏の関係にある**という点だ。

これはある意味でごくシンプルなことで、富全体の「パイ」が拡大しない社会ないし時代であれば、ある人が自分の利益を追求しその取り分が増えるということは、そのまま他の人の取り分が減ることを意味するわけで、それは社会的にマイナスの意味づけを受けることになる。実際、〝節約〟や〝質素〟がよいという価値観ないし規範は、そうした状況において生まれたものだろう。

しかし全く逆に、経済のパイ全体が増えるのであれば、しかも私利の追求によって社会全体の生産や消費が拡大してパイが増えるのであれば、個人が自分の利益を追求することはそのまま他者のプラスにもなりうるわけで、その結果、私利の追求は肯定的にとらえられることになる。

つまり言い換えれば、**規範や倫理というものは、時代を通じて一律なのではなく、その時代の社会経済の状況に依存して生成する**ということである。そして特に、**経済的ないし資源的なパイが「拡大・成長」を続けることが可能な状況か否か**という点が、規範や倫理の内容にとってもっとも重要な意味をもつということである。

## 新たな時代状況と人間理解

そしてここで確認したいのは、そうしたマンデヴィル的な時代状況とはちょうど逆の地点に、現在の私たちは立とうとしているのではないかという点だ。逆の地点というのは、本書のテーマの人口減少社会ともつながるとともに、より広くは、「限りない拡大・成長」というベクトルが、地球資源の有限性といった物質的・外面的な意味でも、また第1章で取り上げた「幸福」といった精神的な充足の面でも、ある種の飽和点ないし限界に達しつつあるという主旨である。

興味深いことに、これと呼応するかのように、近年、人文社会科学系から自然科学系を含め、人間の協調行動、利他性、関係性といった点に注目するような研究や著作があたかも百花繚乱のように起こっている。たとえばそれは、

①人間の脳が進化する過程において他者との相互作用や関係性こそが決定的な意味をもったとする「ソーシャル・ブレイン（社会脳）」論や、いわゆる「ミラーニューロン（他者の痛みを自己の痛みとして認識するような機構に関わる神経基盤等の研究）」などに見られるような脳研究の一部

②人間の病気や健康において、他者やコミュニティとのつながり、格差や貧困、労働のあり方

等といった「社会的」な要因がきわめて大きな影響をもっている(「健康の社会的決定要因 social determinants of health」)とする「社会疫学(social epidemiology)」の台頭

③人と人との信頼やネットワーク、規範といった関係性の質に関する「ソーシャル・キャピタル(社会関係資本)」論

④人の利他的行動や協調行動に関する進化生物学的研究

⑤経済学と心理学ないし脳研究が結びついたいわゆる行動経済学ないし神経経済学の一部

⑥経済発展との関係を含む、人間の幸福感やその規定要因に関する「幸福研究」

などである(これらにつき藤井[2009]、ウィルキンソン[2009]、ガザニガ[2010]、パットナム[2006]、友野[2006]、Bowles and Gintis[2011]参照)。

要するに、文・理を通じた様々な研究分野で、先ほどのマンデヴィル的な世界観とは逆のベクトルの、人間の利他性、協調行動、関係性等に関心を向けた議論や研究が一気に湧き起こっているという状況である。

ところで、私は元来の専攻が科学史・科学哲学という分野であり、そうした視点からのいわば少し〝引いた〟見方になるが、そもそもなぜ以上のように、人間の利他性や協調性等に注目

した議論が近年台頭しているのか、その（社会的）背景は何か、という問いを考えてみたい。

それに対する私のさしあたりの答えは、それはまさに私たちが今、限りない拡大・成長の時代の後に来る「第3の定常化」の時代、あるいは（資本主義の勃興期に現れたマンデヴィルのような議論とは逆の）「ポスト資本主義」的な状況を迎えているからではないかということである。

基本的な認識に関わることだが、人間の倫理や価値あるいは科学のパラダイムといったものは、歴史的な文脈の中で、その時代の社会経済状況と深く関わりながら生成する。もう少し踏み込んで言うと、およそ人間の観念、思想、倫理、価値原理といったものは、最初から天下り的に存在するのではなくて、究極的にはある時代状況における人間の「生存」を保障するための〝手段〟として生まれるのではないか。

1で述べたような意味で紀元前5世紀ごろの「枢軸時代／精神革命」がそうだったと言え、そこでは農耕文明が資源的・環境的限界に達する中で、新しい精神的価値が必要とされた。同じく狩猟採集後半期における「心のビッグバン」も同様だったと思われる。

だとすれば、近年の諸科学において、人間の利他性や協調行動等が強調されるようになっているのは、そのような方向に人間の行動や価値の力点を変容させていかなければ、人間の生存が危ういという状況に現在の経済社会がなりつつあるからではないか。したがって根本的には、ちょうど枢軸時代や「心のビッグバン」の時代がそうであったように、より高次の新たな価値や思想が求められているのが現在の状況と言えるだろう。私自身はそれを「地球倫理」というコンセプトとともに考えており、これについては本書の後の章（第7章）であらためて立ち返りたいと思う。

## 「第4の拡大・成長」はあるか？

一方、こうしたテーマに関しては、全く逆の方向の議論も存在する。すなわち、私はここで、これからは〝第3の定常化の時代〟であり、「限りない拡大・成長」とは異なる新たな社会や価値のありようを作っていくべきという議論を行っているが、それに対し、人間というのはいわば永遠に「拡大・成長」を求める存在であって、これからはさらに新たな（第4の）拡大・成長期に入るのではないかという論がありうる。

典型的な例の一つは、前章でもふれたカーツワイルの「シンギュラリティ（技術的特異点）」をめぐる議論で、コンピューターの〝2045年問題〟という形でも論じられている。その主旨は、様々な技術革新、特に遺伝子工学、ナノテクノロジー、ロボット工学の発展が融合して飛躍的な突破が起こり、最高度に発達した人工知能と人工改造した人間の身体が結びついて最高の存在が生まれ、さらには情報ソフトウェアとしての人間の意識が永続化し、人間は死を超えた永遠の精神を得るといった内容のものだ（カーツワイル［2007］）。

それをわかりやすく映画化したのが『トランセンデンス（Transcendence）』で、個人的には結構好きな映画である。ジョニー・デップ扮する天才科学者が亡くなるが、その妻も科学者で、彼の脳の情報を全部インターネット上にアップロードする。〝人格のアップロード〟という、カーツワイルが論じている内容だが、しかしやがてコンピューターが暴走を始め大混乱が生じていくという、いささか荒唐無稽な映画でもあるが、それだけには尽きない、考えさせられる内容を含んだ映画だ（最近はこの種のテーマに関する映画も多く、たとえば人工知能が〝彼女〟になるという『ｈｅｒ／世界でひとつの彼女』とか、脳や意識が進化して肥大化していく『ＬＵＣＹ／ルーシー』など様々なものがあるだろう）。

いま「第４の拡大・成長はあるか」という話題について述べているが、もしそうした可能性があるとすれば、大きくは次の三つだろうと私は考えている（広井［２０１５］）。

第一は**「人工光合成」**で、これは現実に研究が進んでいるが、植物しかできない光合成自体を人間が行えるようになるという内容である。その結果、食糧問題の解決と同時に、光合成に$CO_2$が利用されることにより地球温暖化問題も解決するというもので、一言で言えば究極のエネルギー革命である。

第二は**地球脱出または宇宙進出**で、最近のＳＦ系の映画では、これが格差問題と結びつき、富裕層は地球の外へ脱出し、貧困層は荒廃した地球に残るという描かれ方をするものが多い。

第三は先ほどのカーツワイルのシンギュラリティあるいは「ポスト・ヒューマン」論で、これは人間そのものを改造したり、それが次の段階に進化するという内容だ。

以上三つの可能性を挙げたが、これらは議論としてはおもしろいし、資本主義的世界あるいはアメリカ的な価値観の中でベクトルとしてはこれから強く出てくると思われるが、私自身はこうした方向には根本的な次元で懐疑的である。

そのように考える理由は、それは本当に現在生じている問題の解決になるのか、そしてそれで人間は幸福になるのかという点だ。

第一の人工光合成は、ある意味で技術として非常に有力な方法とも言えるが、かりにそれが実現したとした場合、現在すでに70億人を超えている世界人口がさらに大幅に増加し、第1章で述べたような112億（国連による2100年の世界人口推計。今年出された新推計では下方修正されて109億）といったレベルをはるかに超えて増え、地球が過密になっていく。そうした姿がはたして望ましいのか、結局これまでと同様の問題が繰り返されるだけではないかという疑問が生じる。

第二の地球脱出または宇宙進出も一見魅力的に見えるかもしれないが、70億の世界人口のうち、地球外に行けるのはせいぜいそのほんの一部だろうし、そもそも宇宙ないし太陽系の外にまで出て行ったとして、はたしてそれが人間にとって（地球よりも）快適な環境なのかというと甚だ疑わしい。

第三のポスト・ヒューマンについては、たとえば東京大学の工学系の研究者で脳神経科学が専門の渡辺正峰氏は、その著書の中で「機械への意識の移殖」、そしてそれを踏まえた「機械の中での〝第二の人生〟」といったテーマについて論じているが（渡辺［2017］）、そうした方向がはたして人間を幸福にするのだろうかという疑問が残る（これは本書の第6章の死生観を扱う箇所であらためて立ち返りたい）。

私自身は、そうした「限りない拡大・成長」の追求という方向ではなく、本章で述べてきたような**「定常期の文化的創造性」**という発想も参照しながら、地球や人間の有限性を踏まえた上での新たな豊かさや創造性、あるいは「持続可能な福祉社会」と呼ぶべき方向の実現が追求されるべきものと考えている。おそらくそれが幸福という点から見ても望ましいものになりうると思われ、こうした点は「人口減少社会のデザイン」という本書のテーマにとっての原理的な思考軸になるものだろう。

さらに、次のような視点が本質的な意味をもつと私は考えている。すなわち、**シンギュラリティ論などの一連の議論は、一見非常に新たな方向であるように見えて、実は近代社会のパラダイム、つまり個人が利潤を極大化し人間が自然を支配するという世界観をいわば極限まで伸ばしていったものに過ぎない**のではないか。つまりそれらは旧来の（「拡大・成長」型の）発想を引きずったものであり、現在という時代状況における真にラディカル＝根底的な思想を考えるならば、むしろ「成熟・定常化」する社会の創造性や豊かさ、幸福というテーマを、持続可能性という視点とともに考えていくことこそが重要と思われるのである。

## 「創造的定常経済」という発想

ところで、「定常期の創造性」という、本章で述べてきた話題について、少し別の角度から補足しておこう。

私は以前から「定常型社会」という社会のありようを提案してきたが、よく尋ねられるのは、「定常化」した社会とは、〝変化の止まった非常に退屈な社会〟ではないのか？という点だ。それは従来型の世界観に基づく誤った認識であるということをここでは述べてみたい。

拙著『定常型社会』でも述べた点であり（広井［２００１ａ］）、例としてはやや古くなるが、たとえばかりに音楽ＣＤの年間総売り上げ総量ないし総額は一定であっても――今風には楽曲のダウンロード総量ないし総額は一定であっても等と言うべきか――ヒットチャートの中身はどんどん変化していくように、量的に拡大しないということは、変化がないことを意味するわけではない。

ではなぜそのような誤解が生じるのだろうか。思えば〝**量的に拡大しなければ退屈だ**〟とい

**う考え方は、いわば「モノ中心の経済」の観念にとらわれた旧来型の発想**である。たとえばコメ（というモノ）の生産が中心である社会において、コメの生産量ないし生産額が毎年一定であるとすれば、それは〝変化のない退屈な社会〟かもしれない。しかし情報が中心の経済の場合は、上記の例のように、量としては一定であっても変化や創造性は不断に生まれるだろう（しかも現在私たちは、前章で述べたようにさらに「ポスト情報化」あるいは「時間の消費」という段階に入ろうとしている）。

別の例を挙げると、たとえば京都という都市を考えてみよう。私はある機会に京都の人口の推移を調べていて少々驚いたのは、京都市の人口は現在約１４７万人だが、実は京都市の人口は１９６８年（昭和43年）にすでに１４０万人になっており、以降ほとんど変わっていないのである（近年は微減）。しかし京都が退屈な都市と思う人は少ないだろう。量的に拡大はしていないが、そこではクリエイティブなことが次々に生まれ、あるいは営まれている。

アベノミクス以降の近年の流れでは、たとえば「ＧＤＰを６００兆円にすること」が国の政策目標といったことがしきりに言われるのだが、それは高度成長期のモーレツ社員的な発想にも似た〝売り上げノルマ〟的思考であって、「創造性」あるいは個人の自由な創発とはかけ離れた性格のものである。むしろそのような「量的・ノルマ的思考」にとらわれていることが、日本経済の低迷や90年代以降の〝失われた○○年〟の元凶なのではないか。

第1章で、人口減少社会の意味として「〝義務としての経済成長〟からの解放」ということを述べた。人口減少社会あるいは成熟社会においては、量そのものの増大を一次的な目標にするのではなく、政府はベーシックな生活保障や、個人の自由な創発が可能となるような条件整備をしっかりと行い（次章で述べる「人生前半の社会保障」など）、それが結果として経済の活性化や好循環にもつながるという社会のありようを構想していくべきである。

本章では、「人類史の中の人口減少社会」という視点を中心に議論を行ってきた。壮大すぎる話題になったかもしれないが、おそらくこうした〝超長期〟の視点や、根底的な理念・思想とともに考えていかなければ、望ましい未来の展望が開けてこないという、根本的な変容の時代を私たちは生きているのではないか。「人口減少社会のデザイン」という課題はそれだけの広がりや深さをもつものであり、こうした時代認識や展望をもちながら、上記の社会保障をめぐるテーマを含め、人口減少社会の具体的な諸課題についてさらに考えていこう。

# 第4章

# 社会保障と資本主義の進化

# 1 社会保障をめぐる現状と国際比較

## 人口減少社会と「富の分配」

第2章において、これからの人口減少社会における重要なテーマの柱としてコミュニティとまちづくり・地域再生という話題を取り上げたが、同時に人口減少社会においてきわめて重要となってくるのが、社会保障を中心とする「富の分配」に関わるテーマである。

高度成長期に象徴されるような、人口や経済が急速に増加している時代においては、全体の「パイ」が拡大し、一人ひとりの取り分も増え続けるので、いわばそれは〝みんなが「得」をする時代〟であり、富の「分配」といったことを考える必要性は小さかった。

それが人口減少社会となり、また経済が成熟して「パイ」が従来のように拡大しなくなり、しかも高齢化の進展の中で年金や医療、介護など社会保障の費用が大きくなるとともに、格差や貧困をめぐる課題も顕在化してくると、まさに富の「分配」や、社会保障などの「負担」を人々の間でどう分かち合うかということが、中心的なテーマとして浮上してくる。

私が見るところ、日本人はこうした「分配」のあり方を議論したりそれに関する社会システムの改革を行ったりするのが明らかに〝苦手〟であり、その結果、本書のイントロダクションでも言及したように、そうした問題をすべて先送りし、１０００兆円を超える膨大な借金を将来世代にツケ回ししている。

なぜそうなってしまうのだろうか。これまで日本人論などの文脈でも論じられてきたように、日本人は〝場〟の空気というものを最優先で考える傾向が強いため、「分配」や「負担」のあり方といった、〝場〟の合意がなかなか難しそうな話題については、議論を避け、〝その場にいない人々〟に押し付けてしまいがちである。そして、思えば**〝その場にいない人々〟の典型が「将来世代」だろう**。他国に類を見ないような、将来世代への借金のツケ回しの背景には、こうしたことが働いていると私は思う。

これは、「持続可能性」というテーマとも深く関わっている。基本的な確認となるが、一般に持続可能性あるいは「持続可能な発展（開発）sustainable development」という概念は、国連の「環境と開発に関する世界委員会」が１９８７年に発表した報告書「われら共通の未来（Our Common Future）」（ブルントラント委員会報告）において打ち出されたものであり、そこでは「将来世代のニーズを満たす能力を損なうことなく、今日の世代のニーズを満たすような発展」が「持続可能な発展」とされた。まさに「将来世代」という、〝その場にいない人々〟のことを考えるという点が、持続可能性というコンセプトの中心に置かれているのである。

またもう一点、日本について無視できない背景要因がある。それは、かつて「ジャパン・アズ・ナンバーワン」と言われたほど、日本は経済成長の最高の成功例のように喧伝されたので、「経済成長がすべての問題を解決してくれる」あるいは「分配の問題は成長によって解決できる」といった発想が、(特に団塊世代など上の世代においては) 深く染みついているという点である。

人口減少社会は、こうした戦後の日本社会、あるいは明治期以降の日本社会を特徴づけたありようや思考の枠組みが根本から変わる時代であり、将来世代を含めた持続可能性という (中長期の) 視点をもつと同時に、そもそも分配の公正や公平、平等とは一体何かといった、(日本人が忌避しがちな)「原理・原則」に関する議論や社会システムの再編を正面から行っていくべき時代である。そうでなければ、事態はやがて〝パイの奪い合い〟に向かうか、将来世代へのツケ回しが限界に達して破局に至ることになる。

## 社会保障をめぐる現状

さて、いくつかの基本的な事実関係の確認から始めよう。図表4-1は社会保障給付費のトレンドであり、2016年度で116・9兆円という規模に達している。〝右肩下がり〟のことがらが多い現在の日本にあって、人口全体は減っているにもかかわらず高齢化率は2060年頃に向けて着実に上昇していくので、今後も一層の増加が進んでいくことになる。

## 図表4−1　社会保障給付費の増加

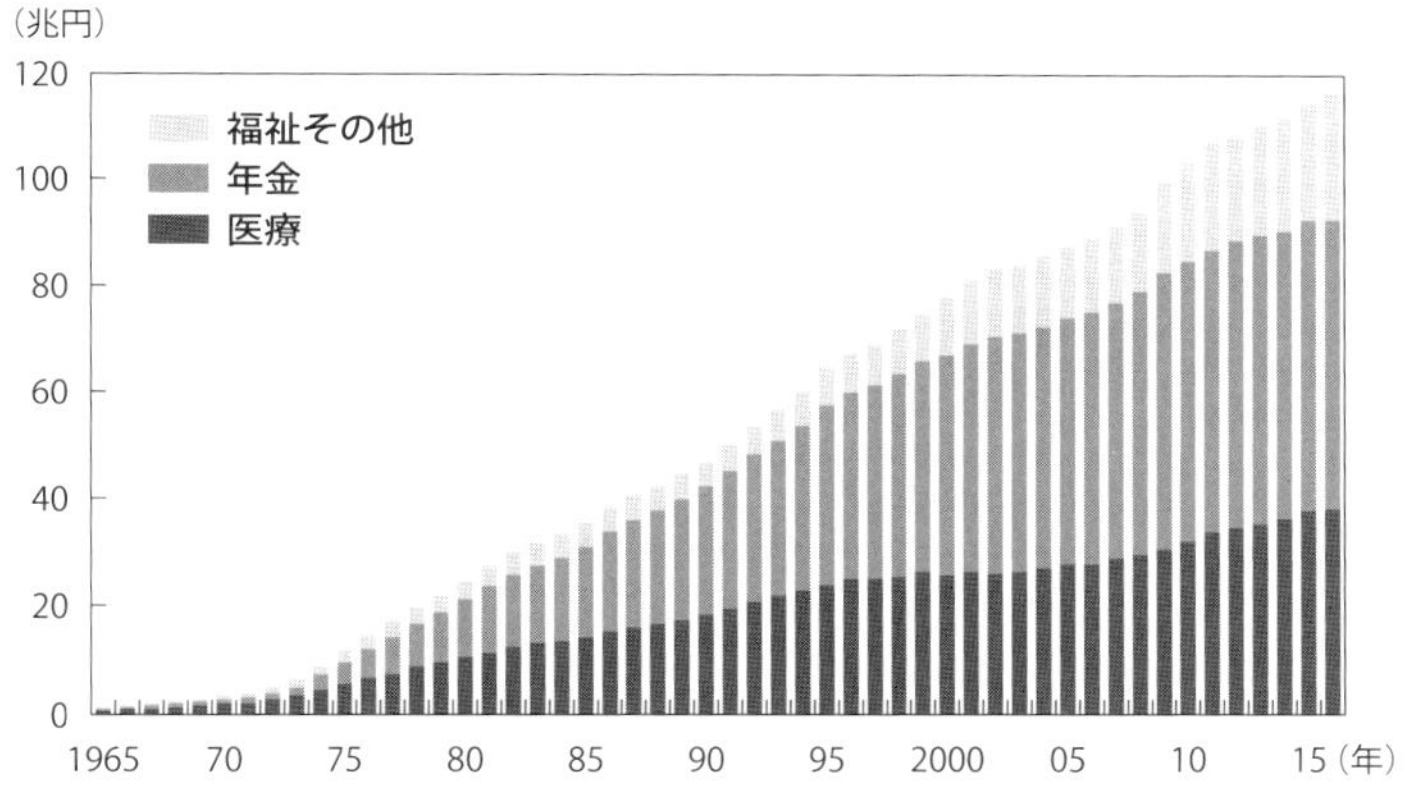


（出所）国立社会保障・人口問題研究所「社会保障費用統計」より作成

図表４−２は２０１９年度の政府の予算（一般会計歳出）を見たもので、ポイントは、全体で１０１・５兆円の予算の中で、借金の返済にあてている部分（国債費）が23・５兆円、地方に回している部分（地方交付税交付金）が16・０兆円ほどあり、したがってこれらを除いた正味の政府の予算（一般歳出）は62・０兆円である。

そして、図に示されているようにその中で社会保障の予算は34・１兆円という、他を圧倒する規模となっており、一般歳出62・０兆円のうちの半分以上（55％）を占めているのである。

なお念のため補足すると、先ほど社会保障給付費が１１６・９兆円という話をしたが、社会保障は大きく社会保険料と税によってまかなわれており、その税の部分がここでの政府予算として示されていることになり、したがって社会保

**図表 4-2　政府予算（一般会計歳出）の内訳（2019年度、億円）**

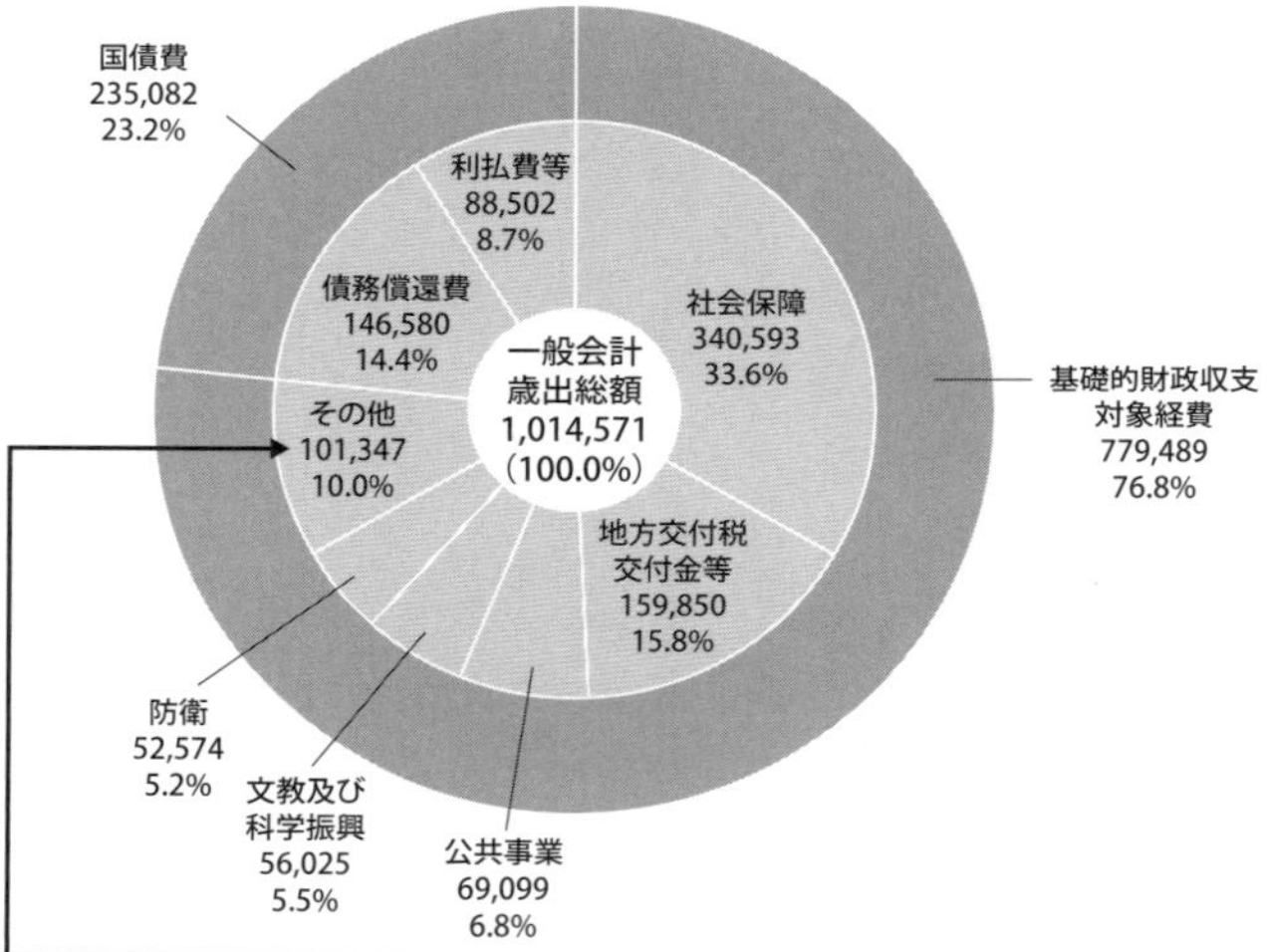


| | | | |
|---|---|---|---|
| 食糧安定供給 | 9,823 (1.0) | 中小企業対策 | 1,790 (0.2) |
| エネルギー対策 | 9,760 (1.0) | その他の事項経費 | 67,856 (6.7) |
| 経済協力 | 5,021 (0.5) | 予備費 | 5,000 (0.5) |
| 恩給 | 2,097 (0.2) | | |

（出所）財務省資料

障全体はさらに大きいということになる。

政府予算の他の項目を見ると、無駄が多いと言われてきた公共事業は規模としては約7兆円、防衛費が約5兆円、農業など食糧安定供給関連は9800億円で1兆円にも満たない。

また、教育などに関する「文教及び科学振興」は全体で5・6兆円であり、図には出ていないがそのうち文科省の教育予算は4・2兆円で、国立大学の予算（国立大学法人運営費交付金）は1・1兆円となっている。

このように国家予算に占める

図表4–3　社会保障給付費（社会支出）の国際比較（対GDP比、2015年）

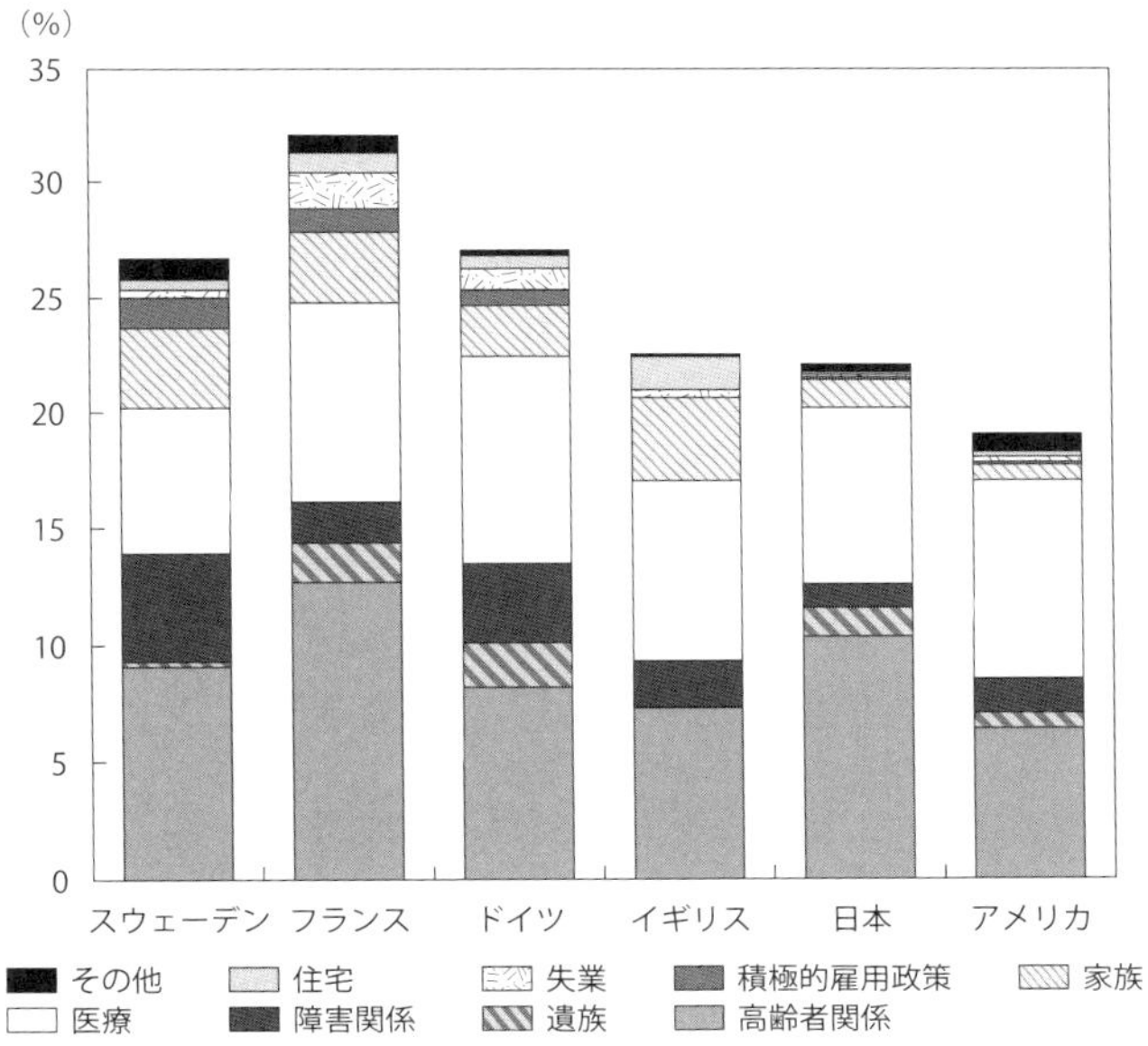


（出所）OECDデータ

規模からしても、社会保障というのは際立って大きな、文字通り「国のかたち」を決める項目といっても過言ではない存在になっているのである。

一方、いま社会保障の規模が大きいとか毎年着実に増加しているということを述べたのだが、少し角度を変えて、これを国際比較の観点から見てみるとどうか。図表4―3はそうした社会保障の規模（GDPに占める割合）の国際比較である。全体的な傾向として、ヨーロッパ・グループ（イギリスを除く）が概して社会保障が厚く、逆にアメリカがもっとも小さく、イギリスと日本がその間に位置している。

多少の注釈を加えると、一般的には、スウェーデンなどの北欧諸国で社会保障が手厚いというイメージがあると思われるが、フランスは2007年にスウェーデンを抜き、これらの国の中ではもっとも社会保障の規模が大きいことが見て取れる。これには社会保障の「内容」に関する相違が関与しており、フランスの場合特に年金の水準が高いためこうした結果になっているという点があり、後で多少整理するが、北欧諸国の場合、相対的に福祉サービスが手厚いという特徴がある。また、図において日本はイギリスとほぼ同じ規模になっているが、高齢化率はこれらの国の中ではもっとも高いわけであり、したがってその点を差し引いて（つまり高齢化率を調整して）比較するとすれば、社会保障の実質的な規模はイギリスよりも若干低いレベルになると考えられる。

いずれにしても、このように日本の社会保障の規模は国際的に見ると決して大きくないわけだが、90年代頃までは一定以上の平等を保っており、つまり比較的低い社会保障費で相応の生活の安定を実現していた。それはなぜだろうか。

その理由としてはさしあたり二つの点が挙げられる。第一は、**「インフォーマルな社会保障」**あるいは〝**見えない社会保障**〟とも呼ぶべきセーフティ・ネットが日本社会に存在していたという点だ。具体的にはそれは「カイシャ」と「家族」、つまり終身雇用を基調とし、加えて（給料の中に扶養手当や住宅手当といったものが含まれるなど）社員とその家族の生活を生涯にわたって保障するような「カイシャ」と、介護や子育て等をしっかりと担う、良くも悪くも安定した標準的な「家族」という存在によって支えられていた。しかしそれらはいずれも近年においては大きく流動化ないし多様化している。

第二は、私が「公共事業型社会保障」と呼んできたものであり、すなわち特に1970年代頃から、公共事業等が〝職の提供を通じた生活保障〟という形で社会保障的な機能を果たすようになった。実際、当時土木・建設業では（90年代以降）600万人程度もの人々が働いていたわけだが、こうした分野の人々にとって公共事業はまさに生活を保障する意味をもっていた。しかしこの点については、いわゆる小泉改革を通じて公共事業の削減が図られ、しかしそれに代わるセーフティ・ネットが十分に整備されずに、現在に至っている。

以上のプロセスをへて、高度成長期を中心とする日本社会において「インフォーマルな社会保障」、あるいは〝見えない社会保障〟として機能していたものが順次変容あるいは消失していき、高齢化の進展とも相まって、日本社会における経済格差は徐々に拡大していったのである。

図表4-4を見ていただきたい。これは経済格差の度合いを示すいわゆるジニ係数を国際比較したものだが、縦軸のジニ係数は0から1の間の値をとり、大きいほど格差が大きく、小さいほど平等ということになる。

図表 4-4　所得格差（ジニ係数）の国際比較（主に2015年）

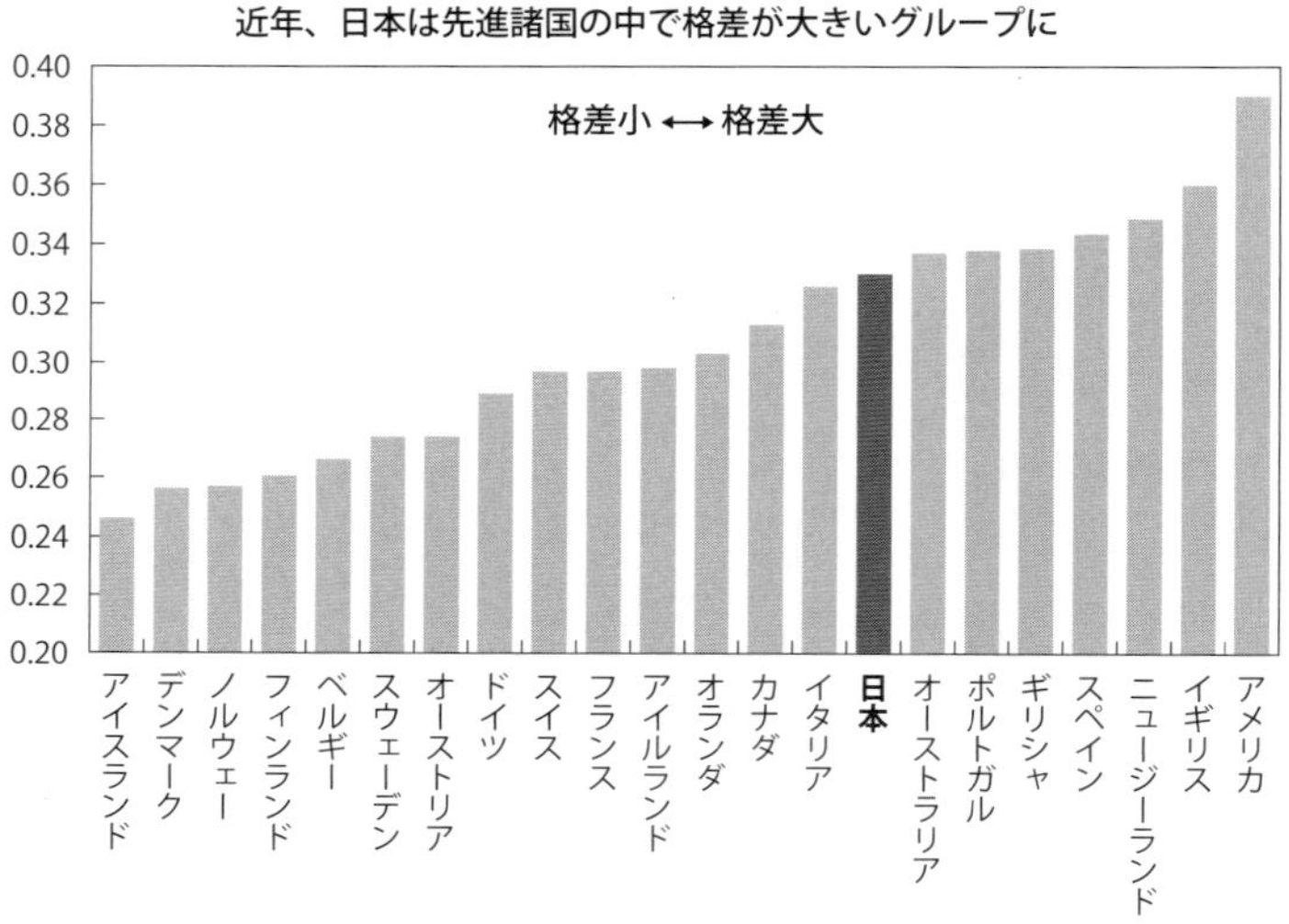


（注1）主に2015年の数値。
（注2）ここでの所得は再分配後の家計当たりの可処分所得（家計人数に応じて調整）。
（出所）OECD Income Distribution Database（IDD）より作成

図での〃国の並び〃を見ると、アイスランド、デンマーク、ノルウェー、フィンランドなど、やはり北欧諸国がもっとも平等度が高く、次にベルギー、オーストリア、ドイツなどいわゆる大陸ヨーロッパ諸国が続いている。さらに右に行くとカナダ、オーストラリア、ニュージーランド、イギリスといったアングロサクソン系の国か、あるいはイタリア、ポルトガル、ギリシャ、スペインといった南ヨーロッパの国が並び、そして一番右がアメリカである。

こうした国の並び方のパターンは、まさに社会保障システムのあ

図表4–5　生活保護：世帯類型割合の推移

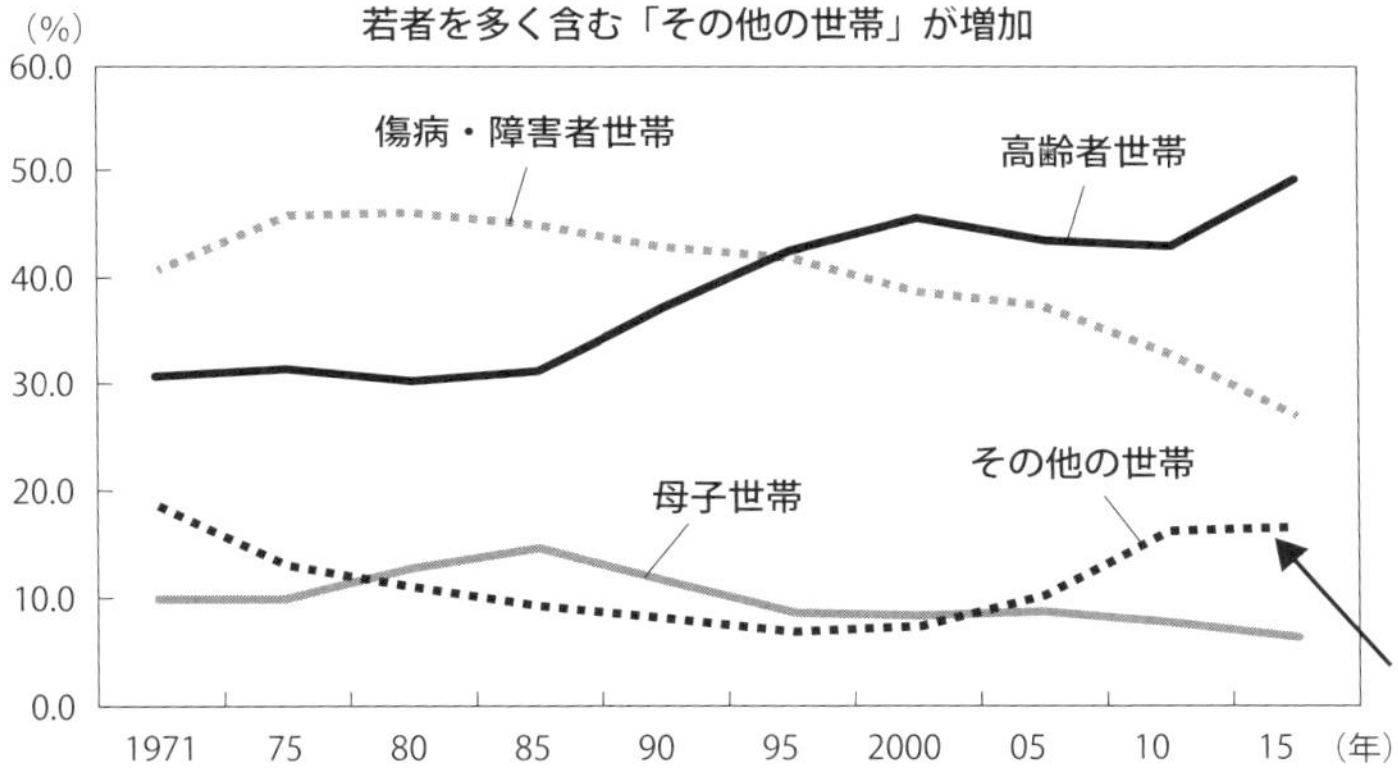


(出所) 厚生労働省社会・援護局「被保護者調査」

り方の相違ないしグルーピングと深く関わっている。その点はこの後で立ち返りたいが、日本について言えば、日本は80年代頃までは大陸ヨーロッパの国々と同じあたりに位置していたのが、残念ながら次第に右のほうに移り、現在では先進諸国の中で格差が大きいグループに入っているのである。

この点に関して、図表4–5は日本において生活保護を受けている層について、その世帯の類型別の割合を見たものである。やはり大きいのは高齢者世帯で、2015年では生活保護世帯の約半分を占めており、ここには特に一人暮らしの高齢女性などが多く含まれている。一方、近年増加傾向にあるのが「その他の世帯」だが、これは大まかなイメージとしては、高齢者を除く中年までの、若年で失業している層といった存在が典型である。後に「人生前半の社会保障」という話題にそくして論じるが、このように近年の日本において比較的若い層に貧困が広がっているのは由々しき状況と言わざるをえない。しかも、ここに出ているのは生活保護を受けている層だが、そこまでの貧困ラインには至らずとも、非正規雇用など生活が不安定な若年層ははるかに多く存在している。

ではこうした状況において、どのような対応が求められるのか。この点を明らかにしていくためにも、ここで社会保障に関する国際比較をもう少し深めておこう。

## 社会保障の国際比較——三つのモデル

図表4‐6は、先進諸国の社会保障を国際比較し、三つのグループに分けたものである（広井［1999］）。まずAは北欧に示されるような「普遍主義モデル」と呼びうるモデルで、財源は税が中心であり、基本的に社会保障が手厚く、高福祉・高負担型の「公助」を重視しており、先ほどふれたように介護や保育など福祉サービス（ないし対人社会サービス）に重点が置かれている。

次のBは「社会保険モデル」であり、ドイツ、フランスなどの大陸ヨーロッパに典型的で、社会保険料を財源として支え合うシステムであり、「共助」ないし「相互扶助」を基本理念とするものと言える。北欧との対比では、年金など現金給付に相対的に重点が置かれている（これは

## 図表 4-6　社会保障の国際比較：三つのモデル

| | 特徴 | 例 | 理念 |
|---|---|---|---|
| **A. 普遍主義モデル** | • 大きな社会保障給付（特に福祉サービスの比重が大）<br>• 全住民対象<br>• 財源は**税**中心 | 北欧 | **「公助」**（政府による再分配）を重視 |
| **B. 社会保険モデル** | • 拠出に応じた給付（特に年金）。現金給付の比重大<br>• 被雇用者中心<br>• 財源は**社会保険料**中心 | 大陸ヨーロッパ（ドイツ、フランスなど） | **「共助」**（相互扶助）を重視 |
| **C. 市場型モデル** | • 最低限の公的介入<br>• 自立自助やボランティア<br>• **民間保険**中心 | アメリカ | **「自助」**（個人や市場による対応）を重視 |

（出所）広井［1999］を一部改変

先ほど社会保障の規模としてはフランスのほうがスウェーデンよりも大きいという点を指摘したこととも関連する）。

以上のAとBは大きく見れば比較的似た面をもつが、これらとは明らかに異なるモデルを示しているのがやはりアメリカで、それがCの「市場型モデル」である。文字通り「小さな政府」ないし低福祉・低負担を基調とし、基本的に社会保障は手薄で、医療なども民間保険が中心であり、良くも悪くも「自助」という理念が非常にはっきりしている。細かく言えば、医療保険での公的な保障を強化しようとしたいわゆる〝オバマケア〟に象徴されるように、アメリカの民主党は古くから「国民皆保険」を提唱するなど、より積極的な政府の介入を志向し、逆に共和党は市場志向が強いという政党間の相違があるわけだが、ヨーロッパと比べた場合、公的な社会保障やそれへの支持は圧倒的に小さい。

少々個人的な感慨にふれると、本書の中で幾度かふれたように私は1980年代の終わり2年間と「9・11」のあった2001年の計3年ほどアメリカで暮らしたが、そうした社会保障システムの違いが、いかに街の相貌——都市の中心部において窓ガラスが割れたまま放置されていたりゴミが散乱しているような光景が普通に存在することなど——や人々の生活、行動、意識のありように影響を及ぼすかを痛感した。

ちなみに以上のような国際比較に関しては、エスピン＝アンデルセンというデンマーク出身の社会政策学者の『福祉資本主義の三つの世界（The Three Worlds of Welfare Capitalism）』という著作が研究者の間では非常に有名で、「比較福祉国家論」という研究分野の代表作の一つとなっている。この著作の中でエスピン＝アンデルセンは先進諸国の社会保障を、北欧のような「社会民主主義」、大陸ヨーロッパの「保守主義」、イギリスやアメリカなどの「自由主義」の三つに分けつつ、それを脱商品化や社会的階層化といった定量的な指標を軸に類型化し、分析を行っている。

ここで「脱商品化」というのは、社会保障以外の領域も含めて言えば、たとえば農業や教育といった分野をどこまで市場経済にゆだねて「商品化」しているか、あるいは公的なシステムによって対応しているかといった座標軸である。そしてごくラフに述べれば、エスピン＝アンデルセンの議論での以上の三類型は、先ほどの図表4－6での社会保障の三つのモデルとある程度重なっていると思われる。

**＊「社会民主主義／保守主義／自由主義」と「リベラリズム／コミュニタリアニズム／リバタリアニズム」**

ここで用語に関する点について少しだけふれると、エスピン＝アンデルセンの分類に出てくる「社会民主主義」、「保守主義」、「自由主義」という言葉は、ヨーロッパの政治における基本的な用語であり、実際、政党の名前などにもそれは使われているものである。一方、アメリカを中心とする政治哲学の領域では、（日本でも近年様々な文脈において言及されるようになっているが）、「リベラリズム」、「コミュニタリアニズム」、「リバタリアニズム」という用語法が一般的である。

ここでもっとも注意すべきは、「リベラリズム（自由主義）」の意味がアメリカとヨーロッパでほぼ正反対の意味になっている点である。すなわち、アメリカでの「リベラリズム」ないし「リベラル」は、同国の民主党に示されるような、あるいはロールズなどの政治哲学に表されているような、（個人の一定以上の平等のための）積極的な政府の介入を志向する理念であるが、ヨーロッパでは全く逆に、（本来の意味の）自由主義、つまり市場経済を重視しそれに対する政府の介入はミニマムであるとの考え方を意味する。上記のエスピン＝アンデルセンの分類で、イギリスやアメリカが「自由主義」に位置づけられるのはその一例である（この論点について詳しくは広井［2003／2015］参照）。したがって、ヨーロッパの用語法における「社会民主主義」がアメリカでの「リベラリズム」に、「保守主義」が「コミュニタリアニズム」に、「自由主義」が「リバタリアニズム」に比較的近いという、いささか錯綜した関係性が存在しているのである。

## 「資本主義の多様性」とアメリカ・ヨーロッパ・日本

以上、社会保障の国際比較という話題にそくして、その三つのグループという点について述べた。これは少し角度を変えて論じるならば、「**資本主義の多様性**（diversity of capitalism ないし varieties of capitalism）」というテーマ、つまり資本主義と一口に言っても実際には国によって非常に異なる姿をとる、というテーマとつながっている。

たとえば先ほどの図表4‐4（186ページ）において、経済格差の度合い（ジニ係数）が国によって大きく異なるという点を見たが、この点だけを見ても、単純に〝資本主義においては必ず大きな格差が生じる〟と結論できるものではなく、それは社会保障システムのあり方など、政府ないし公的部門の対応のあり方（ひいてはコミュニティのあり方）等によってきわめて大きな相違が生じるのである（資本主義の多様性をめぐる議論についてはAmable［2003］、Hall and Soskice［2001］等を参照）。

同時に、そのように社会保障システムのあり方や資本主義の形態に現状で大きな違いが存在することを踏まえた上で、そうした相違が、今後〝接近〟していくことになるのか、むしろ今後も〝多様化〟していくのかというテーマが、資本主義システムの「収斂（convergence）と発散（divergence）」という話題として、これまで様々な形で議論されてきた。

この点はそれだけで独立したテーマになるものであり、ここで主題的に論じる余裕はないが、しかし本書の関心にそくする形で、ごく基本的な点だけをあえて単純化して述べるならば、以下のような形で、特に「アメリカ」と「ヨーロッパ」の間で社会システムのありように根本的な相違が生じているという点はおさえておきたいと思う。

**●アメリカ………強い拡大・成長志向＋小さな政府**
**●ヨーロッパ……環境志向＋相対的に大きな政府**
**●日本…………理念の不在と〝先送り〟→ビジョンとその選択に関する議論の必要性**

多少の説明を行うと、アメリカは（トランプを挙げるまでもなく）経済等の「拡大・成長」への志向が際立って強く、近年では地球温暖化に関するパリ協定（２０１５年）からの離脱にも示されるように、「環境」への配慮という志向は優先度が低い。また、先ほど少し述べた政党間の相違はあるものの、基本的に「小さな政府」志向が強く、市場経済による解決という考え方が根強い。

これに対してヨーロッパは、（もちろんヨーロッパの中での「多様性」や相違も大きいが）概して経済と並んで「環境」あるいは「持続可能性」にも一定以上の配慮を行うという志向が定着しており、また、「福祉国家」の理念に象徴されるように、格差など様々な社会的問題への対応を市場経済に委ねてしまうのでなく、政府ないし公的部門が積極的に再分配や規制を行うという考え方が土台にある。

なお、以上の対比における前半の軸（強い拡大・成長志向か環境志向か）はいわば「富の総量」に関する対立軸であり、後半の軸（小さな政府か相対的に大きな政府か）はいわば「富の分配」に関する対立軸と言え、この両者をトータルに視野に入れて社会システムのありようを考えていくことが重要と私は考えている。この点は後ほど第7章で「持続可能な福祉社会」という、今後のあるべき社会の姿について述べる際にあらためて立ち返りたい。

以上に述べたアメリカとヨーロッパの対照という点について、やや冗談めかして言えば、かなり以前に漫才で「欧米か！」というフレーズがはやったことがあったが、私は通常、「欧米」という表現は使わないようにしている。なぜならアメリカとヨーロッパは、社会システムのあり方から人々の価値観、行動様式等々を含めて、全く異なる社会のあり方を示していて、一括りにすることはミスリーディングであるからだ。

これはシステムのあり方という客観的な次元を超えて、それぞれの地域での滞在経験を踏まえて、私が生活レベルで実感する点である（ちなみに第2章で述べたようにまちづくりや都市のありようもアメリカとヨーロッパで大きく異なっている）。そして、〝成熟社会の豊かさ〟といった観点から見た場合、ヨーロッパがはるかに望ましく、高い生活の質を実現していることを私自身は強く感じてきた。

## 日本の場合——ビジョンの「選択」の議論を

ところで、では肝心の日本はどうか。大きく言えば、戦後の日本はあらゆる面においてアメリカの圧倒的な影響下にあり、また特に〝アベノミクス〟などを掲げる現政権はアメリカ志向が強いので、「強い拡大・成長志向か、環境志向か」という軸については基本的に前者が優位であるだろう。

一方、「小さな政府か、大きな政府か」という軸については、興味深いことに社会保障の分野においては日本は当初からヨーロッパ（特にドイツ）のそれをモデルとし——大正から昭和初期においてドイツの医療保険や年金を規範とする制度を創設するなどした——、また高齢者ケアなどの領域では北欧（やイギリス）の制度の一部も導入するなどしてきたので、日本のシステムはアメリカとはかなり異なるものになっている。そして、本章の図表4-3（183ページ）で社会保障給付費の国際比較を見たように、ヨーロッパが概して「高福祉」、アメリカが「低福祉」

とすれば実質的に「中福祉」というに近い姿を実現してきたのである。

しかしそうした方向について、そのための財源ないし税負担までを含めて社会的に合意してきたわけではなく、〝経済成長により自ずと社会保障の財源はまかなわれる〟という発想でやってきたため、なし崩し的に「中福祉・低負担」という姿となり、ＧＤＰがほとんど増えなくなった90年代以降からの帰結として、本章の冒頭でも述べたように、現状の社会保障のための負担すら忌避し、大量の借金を将来世代に先送りする結果となっている。

これは端的に言えば、ヨーロッパ、アメリカのいずれと比べても〝ひどい〟対応の姿ではないか。つまり「高福祉・高負担か、低福祉・低負担か」といった選択を行わず、社会保障の給付に見合った負担を回避し、将来世代にそのツケを回すという姿は、ある意味で率直に「低福祉・低負担」（＝社会保障の水準は低いが税負担も低い）という道を選択し、現在の世代の責任において問題への対処を行っているアメリカと比べても、**困難な意思決定を先送りして〝その場にいない〟将来世代に負担を強いる**という点で、もっとも無責任な対応と言うべきだろう。

要するに、先ほど「アメリカ＝強い拡大・成長志向・プラス・小さな政府」、「ヨーロッパ＝環境志向・プラス・相対的に大きな政府」という対比を行ったが、こうした富の規模とその分配について、どのような理念の下にどのような社会モデルを作っていくのかという、「ビジョンの選択」に関する議論を日本は一刻も早く進めていくべきなのである。

## 2 資本主義の歴史的変容

### 資本主義の歴史的進化と福祉国家・社会保障

これからの時代における社会保障のあり方を考えるにあたり、以上は社会保障の国際比較という、いわば空間軸を見たが、併せてもう一つ、時間軸からの視点として、資本主義の歴史的進化と福祉国家ないし社会保障という話題について見ておこう。

結論を先取りして述べれば、ここでのポイントは、17世紀前後に生まれた資本主義というシステムが、その進化のプロセスにおいて、市場経済への政府の介入という、資本主義への〝修正〟あるいは〝社会主義的〟な要素の導入を行ってきたという点であり、しかもその内容は、「事後的な救済」から「事前的な介入」という方向に展開してきたということである。

その全体を示しているのが図表4–7である。まず最初のステップとして、資本主義の黎明期たる1601年に、イギリスにおいてエリザベス救貧法(Poor Law)と呼ばれる、現在の生活保護に相当するような制度がつくられた。いみじくもイギリスの東インド会社が設立されたのが1600年であり、ほぼ同時期に資本主義の本格的展開を象徴するような出来事が起こったこ

**図表4-7　資本主義の進化と社会保障**

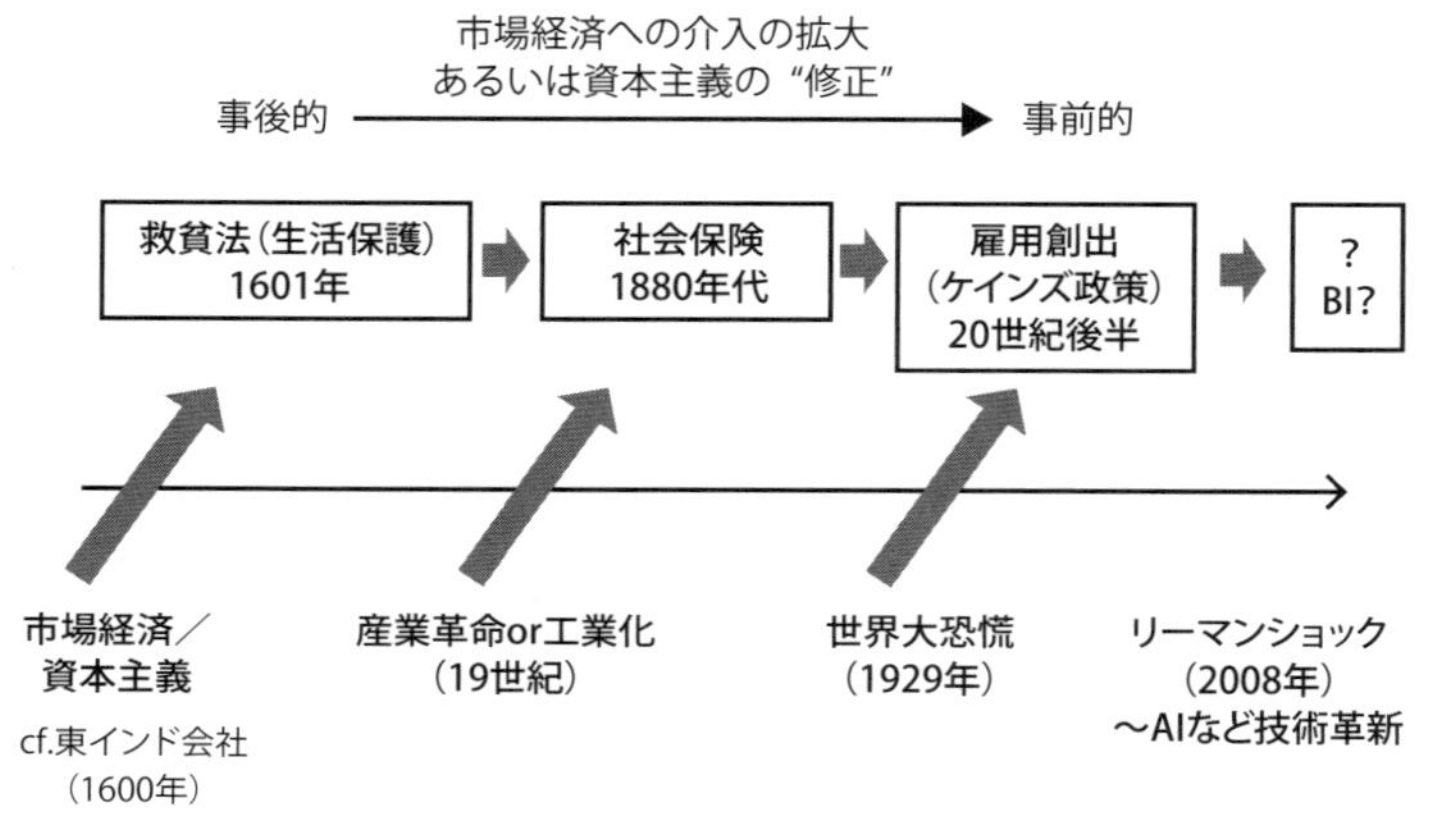


とになる。救貧法に関して言えば、資本主義あるいは市場経済の拡大は自ずと貧富の差ないし貧困層の増加に帰結するものであり、貧困に陥った者に〝事後的に〟給付を行うのが救貧法の実質的な内容だった。

しかし19世紀に至り、工業化も加速する中で大量の工場労働者が生まれるようになると、救貧法のような事後的な救済策ではとても〝追いつかなく〟なる。そこで、当時イギリスを追いかける形で急速な工業化を遂げていたドイツにおいて、病気や事故、高齢などに対して備えるべく〝あらかじめ〟保険料を支払うという、社会保険の制度が世界史上初めて創設される。1880年代のビスマルクの時代であり、これは救貧法のような制度に対して対象となる人々も大幅に広がり、かつ「事前的」あるいは「予防的」な性格のシステムと言える。

こうして工業化の進展とともに資本主義は大きく拡大していくが、しかし第一次大戦後の1929年にはいわゆる世界大恐慌が起こり、大量の失業者が発生するとともに、先ほどの社会保険制度の前提であった雇用そのものが大きく崩れてしまう（社会保険というシステムは、雇用を前提としつつ給与の一部を保険料として積み立て対応するという性格のものだった）。

こうした状況において、当時のマルクス主義陣営は、「恐慌は生産を国家が管理していないため生産過剰が生じて生じるのであり、したがって生産そのものを国家が計画的に管理する社会主義システムが不可避である」という議論を展開したわけだが、ある意味でそこに資本主義の救世主のような形で現れたのがケインズだった。すなわちケインズは、（社会主義とは異なり）生産は基本的に市場経済に委ねつつ、しかし政府が様々な公共事業や社会保障などの再分配政策を行うことで、（人々の需要を喚起しそれを通じて）「雇用」そのものを創出することができると主張したのである。

しかしこれは「修正資本主義」とも呼ばれたように、資本主義あるいは市場への政府の介入がより大きくなったシステムであったわけで、ヨーロッパの場合は「福祉国家（welfare state）」の理念とも結びつき、資本主義と社会主義の〝中間の道〟とも言われたのである。

このように資本主義の流れを大きく見ると、救貧法が生まれた1601年以降、その進化の過程で、**資本主義が危機、つまり成長の駆動力が枯渇するような状況に瀕した際に、ある意味で段階的に社会主義的な要素、つまり市場経済への政府の介入を順次強めてきたという、大きな歴史の流れ**が浮かび上がってくる。

いずれにしても、こうしてとりわけ20世紀後半、先進諸国の政府の財政規模、すなわち市場経済への政府の介入の度合いは飛躍的に増加し、かつ一定の経済成長を維持してきたわけである。しかし70年代頃から経済成長は次第に鈍化し、２００８年にはリーマンショックが起こり、その後一時的に回復するかのように見えたものの、その後は「長期停滞」と呼ばれるような慢性的な低成長が続き、格差も大きく広がっている。

それでは、以上見てきたような資本主義の進化における3ステップ、つまり①救貧法、②社会保険、③ケインズ政策という、大きな流れの先にある対応は何なのか、という問いが本質的な意味をもつことになる。

手がかりは、先ほどから論じているように、以上のようなステップの中で、市場経済に対する政府の介入、あるいは資本主義の修正がより強いものとなり、しかもそれは「事後的な救済」から「事前的・予防的な介入」、あるいは資本主義の周辺部から中枢部への介入へと進化してきたという点である。このベクトルをさらに進めるとすれば、いわばもっとも「事前的な対応」あるいは資本主義システムの根幹部分への介入ということが浮かび上がってくるだろう。

## 「楽園のパラドックス」と対応

この点をもう少し広い視野で見ると、興味深いことに、1972年に有名な『成長の限界』を出したローマ・クラブが、1997年に出した『雇用のジレンマと労働の未来』と題する報告書の中で「楽園のパラドックス」ということを論じている。「楽園のパラドックス」とは、〝生産性が最高度に上がった社会では、皮肉にもほとんどの人が失業する〟ということである。

最近、AIの関係でこの種の議論がよくなされているが、それは人工知能に限った話ではないはずで、ある意味でローマ・クラブの議論は昨今のAIに関する議論を先取りしていたとも言えるだろう。つまりここでの生産性は「労働生産性」のことであるが、労働生産性が高いということは、少ない労働でたくさんの生産が上げられるということだ。したがって最高度に生産性が上がった社会では少人数の労働ですべての人々の需要を満たすことができ、よってほとんどの人が失業することになる。これが「楽園のパラドックス」の意味であり、近年の〝AIによって人間の雇用が失われる〟という議論と構造は同じものである。しかもこの場合、仕事につける一部の人に富が集中することになるので、それが分配や格差の問題にもつながることになる。

ではどうしたらよいのか。対応は大きく「過剰の抑制」、「再分配」、「コミュニティ経済」の三つに行き着くだろう。第一の点は、主に労働（時間）政策や環境政策に関わる対応であり、たとえば労働生産性が上がった分は、労働時間を減らし、そのぶん余暇ないし仕事以外の時間を増やし、あるいは社会的なつながりや活動に時間を回して生活全体の豊かさや満足度を上げていくという方向である（ヨーロッパの場合、ドイツなどの労働時間貯蓄制度等はこうしたねらいのものだ）。第二の点は先ほどまで議論していた社会保障などの対応であり、これはこの後で論じる。第三の点は、第2章の議論とつながるが、ヒト・モノ・カネが地域で循環するような経済を発展させていくことであり、つまりコミュニティに包含される形での雇用を創出していくことである。

## 「事前的な対応」とベーシック・インカム

では、社会保障を中心とする再分配についてはどうか。先ほど、資本主義の進化の中で「事後的な救済」から「事前的・予防的な介入」、あるいは資本主義の周辺部から中枢部への介入という大きなベクトルが見出せるという議論を行い、それを踏まえて、もっとも「事前的な対応」あるいは資本主義システムの根幹部分への介入ということが浮かび上がってくるということを述べた。

私は、こうした方向の線上に浮上してくるものとして、特に「人生前半の社会保障」及び「ストックに関する社会保障」という対応が重要と考えているが、それらについて述べる前に、様々な文脈においてしばしば話題となっている、いわゆる「ベーシック・インカム（ＢＩ）」の意義についてここで簡潔に述べておきたい。

ベーシック・インカムとは、単純に言えば「すべての人に一定所得を無条件で給付する」仕組みをいう。近年では、先ほどもふれたＡＩによる人間の労働の代替という文脈の中で、〝ＡＩによって多くの人々の仕事はなくなるので、労働と無関係に所得を保障するベーシック・インカムの仕組みが必要だ〟といった議論がなされることが多い。

私は、そもそもベーシック・インカムというシステムの「意味」をどう理解するかという点に関して、先ほどから議論している、資本主義の進化の中での「事後的な給付から事前的な対応へ」という把握が、もっとも本質的な視点を提供してくれると考えている。

つまり、**ベーシック・インカムとは〝あらかじめ基礎的な所得を給付する〟という仕組みであるので、まさに「事前的な給付」の究極の形であり、資本主義の進化における「事後的な給付から事前的な対応へ」という方向の、ある種の到達点に位置する制度**として把握することができるだろう（ここで再び図表４‐７、１９８ページをご覧いただきたい）。

以上の点を確認した上で、しかし私自身は、ベーシック・インカムの全面的導入はなお時期尚早であり、部分的なベーシック・インカムが妥当と考えている（部分的なベーシック・インカムとは若者向け、地方向け、農業向けといったもの〔後述〕)。

そう考える理由は、社会保障など再分配システムのあり方は、上記のように資本主義そのものの歴史的進化の程度に応じて対応がなされていくべきものだが、昨今のＡＩなどの議論はいささかＡＩの能力(及びそれによる人間の労働の代替)を過剰に評価している。しかし現実には、高齢化等の流れの中で今後は〝人が人をケアする〟領域、あるいは人間こそが主役になるような(労働集約的な)領域がむしろ増大し、かつ特に日本の場合は人口減少に伴う労働力供給の不足も同時に進行していくため、ベーシック・インカムの必然性はきわめて限定されたものになると考えられるからである。

言い換えれば、ベーシック・インカムの全面的導入は、ＡＩ等によって人間の労働の多くが代替され、たとえば失業率が4〜5割を超えるような段階に至ってなされるべきものだろう。

この点に関し、次のような思考実験を想定してみよう。たとえば失業率が8割に及ぶような社会となり、その結果生活保護の受給者が全人口の8割を占めるといった事態に至った場合、思えばそうした状況においては「生活保護」とベーシック・インカムという二つの制度は実質的にほとんど変わらないものになる。いわば資本主義の進化の極において、社会保障の起源たる生活保護(ないし救貧法)とベーシック・インカムという、〝両極〟に位置する制度がクロスするとも言える。

そうした事態においては、ベーシック・インカムは半ば必然的に要請される制度になるはずであるが、私自身は、失業等の状況を見ても事態はそこまでには至っておらず、むしろ先述の〝部分的な〟ベーシック・インカム（高齢者の基礎年金の充実に加え、若者向けBI、農業版BI、〝地域おこし協力隊〟のような地方版BIなど）がさしあたり求められると考えている（ちなみにこのう ち若者向けについては、私はかなり以前から〝若者基礎年金〟という仕組みを提案している（広井［2006］）。そしてこの点はこの後で述べる「人生前半の社会保障」や「ストックに関する社会保障」という話題とつながることになる。

## ＊中国における「社会主義市場経済」と資本主義

本章で論じているような資本主義の進化と変容あるいは福祉国家との関連に関して、あまり論じられていないテーマとして、中国における「社会主義市場経済」というシステムをどう評価するかという話題がある。「社会主義市場経済」とは社会主義から出発しつつそこに資本主義的な要素（市場経済）を導入するというシステムのあり方であり――それが社会主義であるということの最大のポイントは「土地所有」に関する公有制という点である――、他方、「福祉国家」とは本章で述べてきたように、資本主義から出発しつつ、そこに社会主義的な要素――この場合は富の（事後的な）再分配――を導入するシステムである。したがって単純化して言えば、社会主義から資本主義のほうへ接近したのが

「社会主義市場経済」であり、逆に資本主義から社会主義に接近したのが「福祉国家」であり、実は両者はすでに連続的な関係にある（こうした点について広井［2006］参照）。

そして、さらに資本主義が進化していった結果として、（3で論じるように）土地を含む「ストック（資産）」の再分配といったことがなされるようになっていくと、両者の関係は限りなく接近したものとなる。私は第7章でも論じるように、「資本主義・社会主義・エコロジーのクロス・オーバー」という方向が今後大きな課題として顕在化していくと考えているが、そうした点からも、また中国という国がこれからの時代においてその存在感を一層高めていくという点からも、以上のことは21世紀の世界における「社会システム構想」というテーマにとって興味深い意味をもつことになるだろう。

## 3　これからの社会保障

### 今後の社会保障の方向①――「人生前半の社会保障」の強化

以上のような議論を踏まえた上で、これからの人口減少時代の社会保障において、特に重要と思われるテーマを二つ挙げてみたい。それは「人生前半の社会保障」と「ストックに関する社会保障」で、これらはいずれも先ほど述べた、「事後的救済から事前的対応へ」、あるいは資本主義システムの根幹部分への介入という方向のライン上にも位置づけられるものである。第一の「人生前半の社会保障」は、その名のとおり子どもや若い世代に関する社会保障を指している。

日本の場合、高齢化率の高さということもあって、社会保障全体のうち高齢者関係給付が約7割（68・7%）を占めている（2009年度）。そして、これまでの日本における社会保障の議論は圧倒的に高齢者関係が中心で、つまり年金、介護、高齢者医療が社会保障をめぐる話題の基本をなしていた。

実際、高度経済成長期を中心とする人口増加の時代においては、現役世代については先述のように終身雇用の「カイシャ」がしっかりとした生活保障を提供し、したがって生活のリスクは主に退職期以降ないし高齢期に集中していたので、社会保障は高齢者を中心に考えればよかったのである。

しかし近年では、「カイシャ」や「家族」の流動化ないし多様化の中で、あるいは特に若年層を中心に非正規雇用の割合が増加する中で、様々なリスクが人生の前半にも広く及ぶようになっている。加えて、所得格差（含資産面）が世代を通じて累積し、**個人が生まれた時点で「共通のスタートライン」に立てる**という、戦後の日本において一定程度維持されていた状況が大きく変容し、崩れてきている。

一方、人口減少との関連では、20代や30代における生活の安定や所得水準は、結婚ひいては出生率にも大きな影響を与えている。第1章で述べたように、20代〜30代の男性について、年収が300万円以上か未満かで結婚率に大きな相違があるといった点にそれは示されており、したがって若い世代の雇用や生活の不安定は、未婚化・晩婚化を通じて出生率の低下ないし少子化につながり、人口減少の基本的な背景になるのである。

加えて、高度成長期においては大都市圏の周辺に当時の日本住宅公団（現在のUR都市機構）が大量に住宅団地を作ったわけだが、そこに入ったのは、当時結婚年齢が早かったこともあって、比較的若い子育て世代だった。つまり公的住宅が若い世代に対する「ストック」面での生活保障としてきわめて重要な役割を果たしたのだが、そうした公的住宅は後退し、かつ公的住宅の入居者については高齢者の割合が増加するとともに、晩婚化のため単身の若者が増えたものの公的住宅はなお家族世帯向けが中心といった問題がある。

こうした状況の中できわめて重要になっているのが「人生前半の社会保障」なのだが、それを国際比較した図表4-8を見ると、日本の低さが目立っており、「小さな政府」志向で社会保障の規模が小さいアメリカよりも小さいという現状になっている。

また教育に対する支援は、当然のことながら「人生前半の社会保障」の重要な柱となるもの

図表4-8 「人生前半の社会保障」の国際比較（対GDP比、2015年）

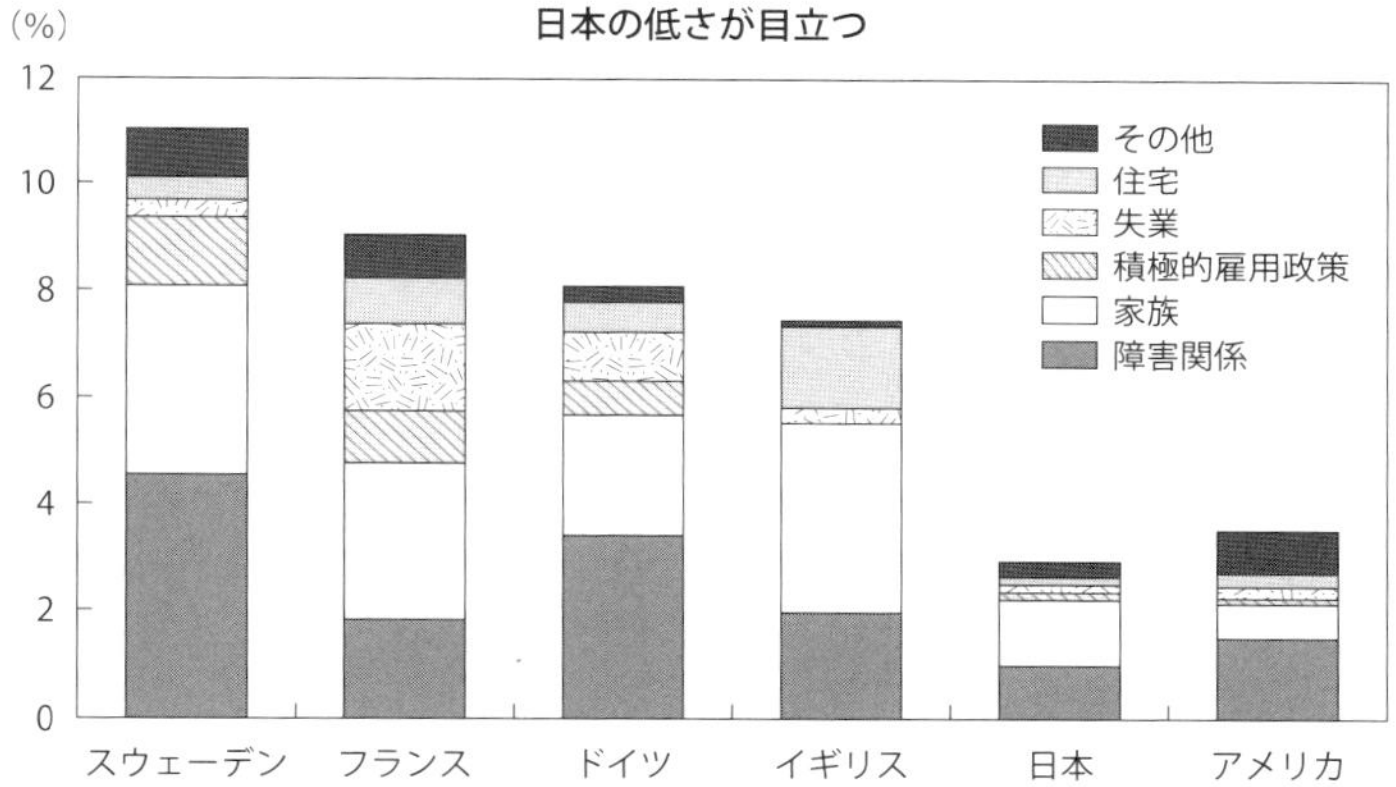

（出所）OECDデータ

だが、図表4－9に示されているように、公的教育支出の国際比較（対GDP比）を見ると、日本は先進諸国（OECD加盟国）の中でもっとも低いグループに属しているのである。特に日本の場合、小学校に入る前と、高等教育期における私費負担が、先進諸国の平均値に比べるとかなり高いという特徴がある。

一方、こうした制度面とは別に、現在の日本における各年代の「消費」という点について見てみると、次のような興味深い事実がある。

すなわち、総務省「家計調査」2017年分（速報）によれば、二人以上の世帯の全体の消費額は、物価の影響を除いた実質では0・3％減と4年連続の減少となっているが、年代別に見ると、特に60歳以上の消費は増加している一方、**40代未満とりわけ30代未満の消費が減少してお**

図表 4-9　公的教育支出の国際比較（対GDP比、2015年）

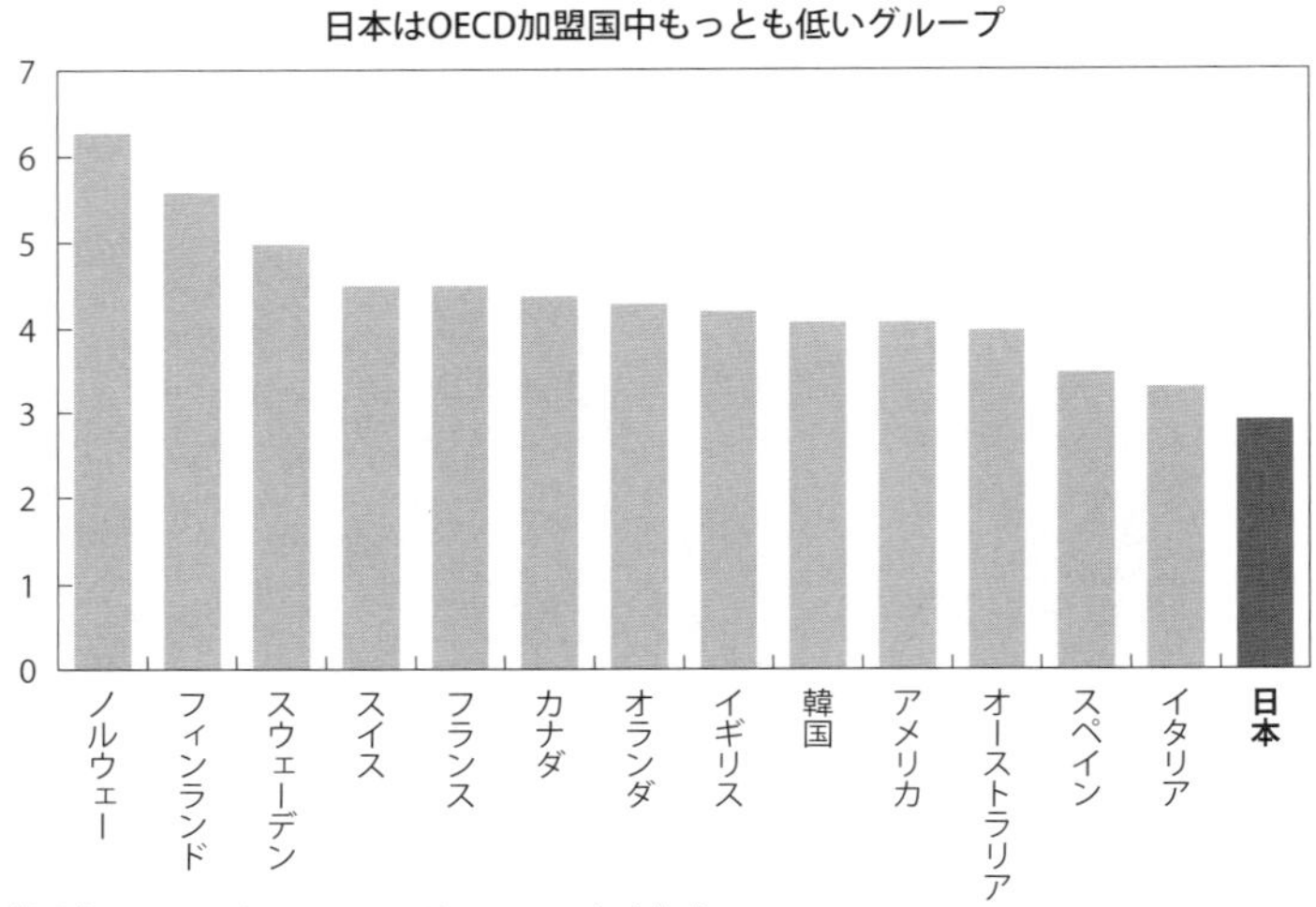


（出所）OECD, *Education at a Glance 2018* より作成
特に就学前と高等教育期において、教育における私費負担の割合が大（高等教育期についてはOECD平均31%に対し日本は68%

**り、若年・子育て世代の消費が減少していることが全体の消費を押し下げている**という状況になっている（日本経済新聞２０１８年2月27日付）。

このように、経済の活性化という点から見ても、若い世代に十分な配分がなされず消費が低迷していることがネックとなっており、いわば現代のケインズ政策的な発想からも若い世代への支援が重要な意味をもっているのである。

したがって、あらゆる方策を通じて「人生前半の社会保障」の強化を図っていくことが必要であり、さしあたって重要と思われるのは、

①高等教育と就学前教育の私費負担

割合をヨーロッパ諸国並みに。

②若者（単身を含む）への公的住宅支援の強化。

③地域おこし協力隊を1万人以上の規模に（地方に移住する若者への支援）。

といった対応である。この場合、その財源としては、相続税ないし資産課税の強化のほか、年金の報酬比例部分への課税強化等も検討すべきである。ちなみに、現行の日本の年金の一部はある意味で〝逆進的〟な制度になっており（いわゆる報酬比例の給付構造であることから高所得層ほど現役世代から多くの移転を受けることになる）、この点も踏まえた上での世代間の再配分が必要である。

上記のうち③の地域おこし協力隊（日本の各地において地域活性化等の活動に関わる若者等を、概ね1～3年の期間にわたり支援する制度）について補足すると、地域おこし協力隊への支給額は一人当たり300～400万円程度なので、かりにそれを1万人にしても規模感としては300～400億円程度であり、たとえば年金の給付額54兆円（2016年度）とは文字通り〝桁違い〟の規模である（ちなみに地域おこし協力隊の隊員数は制度がスタートした2009年度には89名に過ぎなかったが2018年度には5530名にまで増加している）。

いま年金の給付額についてふれたが、さらに比較を行うならば、現在の日本の教育予算（文科省文教関係予算）は4・2兆円（2019年度予算）、また国立大学の予算（国立大学法人運営費交付金）は1・1兆円（同）であり、年金などの給付に比べていかに小さいかがわかる。

あえて大づかみな言い方をするならば、年金給付の約54兆円のうち、せめて1兆円程度を高所得高齢者から若い世代に移転ないし再配分することが、世代間・世代内の公平からも、また日本社会の持続可能性からも妥当ではないかと私は考えている。

## 今後の社会保障の方向②──「ストックに関する社会保障」の強化

これからの社会保障の方向においてもう一つ重要な柱が、「ストックに関する社会保障」の強化という点である。

思えば、これまでの社会保障に関する議論は、年金にしても医療、生活保護等にしても基本的に「フロー」面に関するものだった。

しかし、少し考えてみればわかるように、実際にはフロー（収入）の格差より「ストック」（貯蓄、住宅、土地等）の格差のほうがずっと大きいというのが現実である。

図表4-10はそうした点に関するもので、これは日本の所得と資産をめぐる経済格差（ジニ係数）の動向を示している。一番下が「年間収入」で、上のほうが「住宅・宅地資産」や「貯蓄現在高」のジニ係数となっており、つまり収入の格差より住宅・宅地や貯蓄の格差のほうがか

図表4-10　所得と資産をめぐる経済格差（ジニ係数）の動向

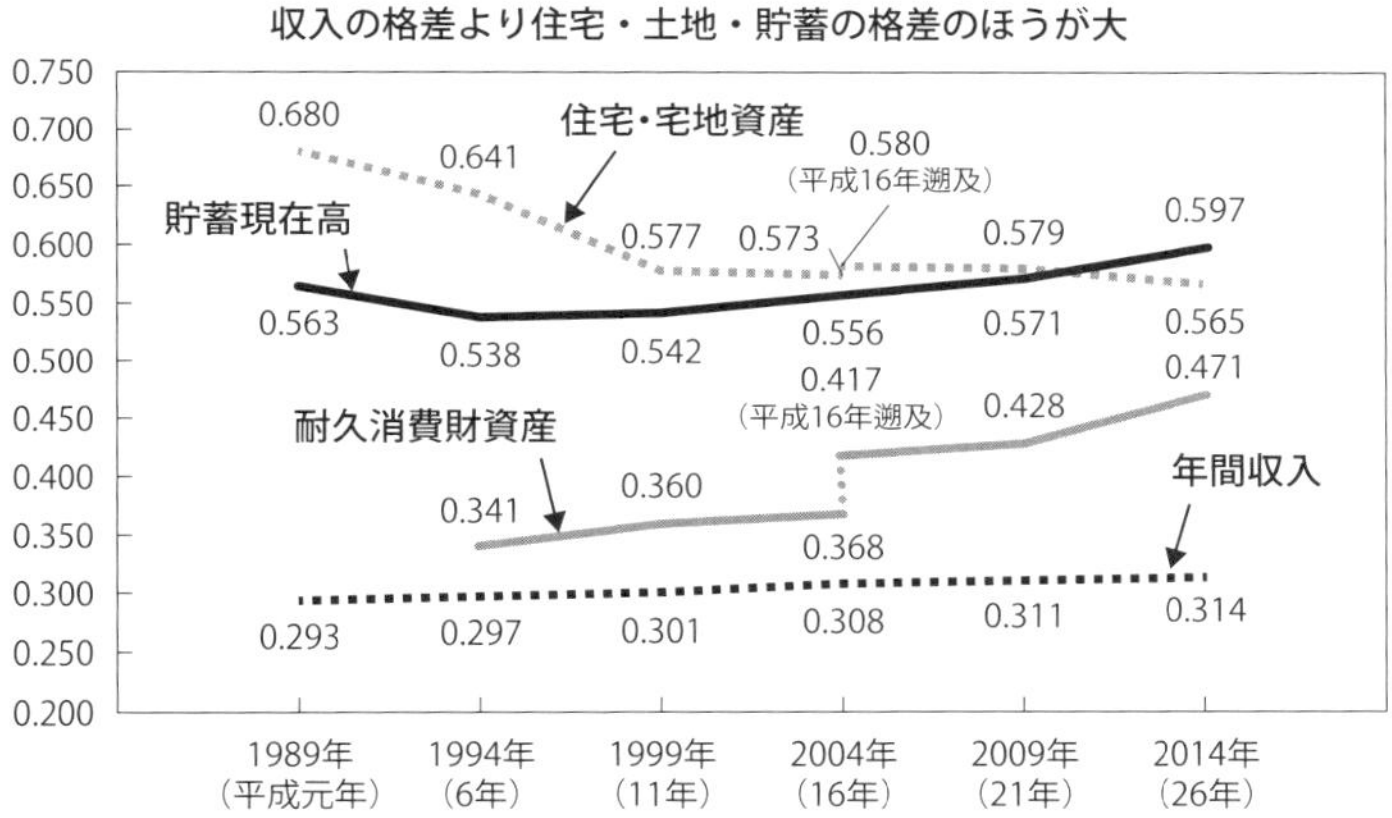


（出所）総務省統計局「平成26年全国消費実態調査」

なり大きいのだ。

思えば、そもそも住宅などのストックは生活の基本的な基盤であると同時に、先ほどもふれた、人生において共通のスタートラインに立てるという、「機会の平等」の基礎的な条件と言えるだろう。

加えて、「フロー」が拡大を続けた高度成長期あるいは人口増加の時代に対して、人口減少社会ないし成熟・定常経済の時代においては、「ストックの分配」や所有のあり方が大きな課題になっていく。これはフランスの経済学者ピケティが、ベストセラーとなった『21世紀の資本』で論じたテーマともまさにつながるだろう。

したがって、これからの人口減少時代における社会保障、ひいては資本主義のあり方を考えるにあたっては、こうした「ストックに関する社会保障」あるいは資産の再分配ということを正面から考えていく必要がある。

日本の場合、公的住宅は小泉改革以降縮減される方向にあり、またかつて司馬遼太郎も『土地と日本人』という著書の中で論じたように（司馬［1980］）、残念ながら日本において土地は〝私的所有〟の対象であるとの意識が根強く、言い換えれば「土地の公共性」という意識が希薄である。あえて俗な表現を使うならば、〝俺の土地をどう使うかは俺の勝手だ〟といった意識が強いのである。

関連して述べれば、近年の大きな社会的課題として挙げられる①シャッター通り、②空き地・空家、③耕作放棄地という三つの問題は、異なる領域の話題であるように見えて、実はいずれもいま取り上げている土地の私的所有の強さ、そしてその〝家族を超えた継承〟が日本において難しいという点がベースにあるという点において共通しているのである。

また、東日本大震災の復興作業が大きく遅れた一つの大きな背景として、やはり土地の私的所有性が強く、公共的な観点からのその制約や規制等がきわめて困難であるという点があった。

したがって先ほどもふれたように、人口減少社会においては自ずと空き地・空家が急速に増加していくという点を含め、「土地」やストックの公共性というテーマを正面からとらえ、既存の制度の改変を行っていかなければ様々な問題が放置され、悪化の一途をたどっていくだろう。

この点に関して、以前の著書に書いたことで、日本では必ずしも共有された認識になっていないと思われることだが、実はヨーロッパにおいては「土地の公有」ということが広く見られ、また住宅については公的住宅の割合が日本やアメリカに比べて大きい（広井［2009b］）。今後は日本においても、人口減少社会という新しい時代の構造変化を踏まえながら、土地の所有や規制における公共性や、土地以外を含めたストックの再分配ないし課税のあり方等について、包括的な視野に立った議論を進めていくことが求められている。

**＊年金制度のあり方とベーシック・インカム**

ここで、金融庁研究会の報告書（2019年6月）での〝老後資金2000万円〟の記載が大いに話題となった年金制度の現状と今後の方向について、要点のみ簡潔に指摘しておこう。

私の見るところ、日本の年金制度の基本的な問題は、**「本当に必要な層に十分な年金が支給されておらず、逆に、公的年金の必要性が相対的に薄い層に、過剰とも言える年金が支給されている」**という点にある。そして日本の現在の年金制度がそうなるのは、いわゆる報酬比例部分（厚生年金の2階部分）、つまり〝高い所得の人が、高い保険料を払った見返りに高い年金を得る〟という仕組みが中心で、逆に生活の基礎的部分を保障するはずの基礎年金が、（財源の半分は保険料、残り半分は税で賄われるという仕組みであるため）十分にその役割を果たしていないからである。

以上の点と並び、非正規雇用等の広がりや年金制度への不信から、国民年金の納付率の低さという問題があり（2018年度における納付率は68・1％で［25–29歳では56・3％］、免除者・猶予者を含む実質納付率は40・7％）、また特に日本の場合、支払った保険料と給付の関係における世代間格差の問題がある。

そもそも年金という制度をどう考えるかという点について、上述のような〝高い所得の人がそのぶん高い年金を受けるような制度を国が運営する必要があるのか？〟という基本的な疑問を私はもっている。そうした仕組みは民間に委ねてよく、公的年金は基礎的な所得を平等に保障するという点を中心とするべきではないか。

これらの点を踏まえ、年金改革についての私の見解は、「基礎年金を手厚くするとともに税でまかなう制度とし、逆に報酬比例部分は順次スリム化していく」というものだ（広井［1999］、［2006］）。これは年金を「（高齢者版）ベーシック・インカム［BI］」のような性格の制度にしていくこととも言え、デンマークなどはこれに近い仕組みとなっている。こうした方向の改革を順次実現していくことで、上記のような問題は改善していくことになる。

加えて、先ほど「人生前半の社会保障」のところでふれたように、高所得高齢者への年金課税を強化し、その税収を教育や子育て・若者支援にあてることで、世代間の公平とともに、貧困の連鎖を緩和し、各人が「共通のスタートライン」に立てる社会の実現が可能になると考えられる。

## 予防的な社会保障という方向性

以上、これからの社会保障の重要な課題として、「人生前半の社会保障」と「ストックに関する社会保障」について述べた。これらはいずれも2で述べた「事後的救済から事前的対応へ」、あるいは資本主義システムの根幹部分への介入という方向の上にも位置づけられるものである。

こうした方向は、少し別の角度から表現するならば、これからの人口減少時代における**「予防的社会保障」**の重要性という形でとらえることもできるだろう。すなわち、社会保障における以下のような方向である。

（a）事後から事前へ……人生前半の社会保障
（b）フローからストックへ……ストックに関する社会保障
（c）サービスないし「ケア」の重視へ……心理社会的ケアに関する社会保障
（d）都市政策・まちづくり・環境政策との統合

（a）は人生のできるだけ早い段階でのサポートということであり、また（b）のストックには上記の住宅や土地、資産のほか教育なども含まれる。（c）は医療・福祉に関するものであり、（d）は第2章で述べたように、たとえば街が〝歩いて楽しめるコミュニティ空間〟であることで、介護予防や生活の質の向上にもつながるといった点である。

これらは全体として言えば、〝貧困に陥る前に、失業する前に、病気になる前に、介護が必要になる前に〟等々、早い段階において様々なサポートが提供されるということであり、もちろん病気や貧困等に陥った後の支援や保障が重要であることは言うまでもないが、それだけにとどまらず、より包括的な支援を展開していくという方向である。そしておそらくこうした方向が、サービスや支援の質の向上とともに、「予防的」な効果を併せもち、社会保障にかかる費用が着実に増加していく中で、その支出を節減したり財政的な持続可能性を高める意味をもつと考えられる。

## 検討されるべき税財源

最後に、社会保障にかかる費用をまかなっていくための税財源について考えたい。

「増税」などということは誰でも避けたい話であり、また日本の場合、〝選挙〟で票を得るためにはなおさらそうなのだが、社会保障を中心に現に多くの出費をしている以上、それを忌避して借金を次世代に先送りすることはもう終わりにしなければならない。

その上で、具体的な税財源については、私は以前からこれからの社会保障その他のための税財源として、特に①消費税、②相続税、③環境税を含む資産課税の三者が重要であるということを論じてきた（広井［２００１ｂ］）。

①の消費税については、日本の高齢化率がすでに世界一であることからも、また本書の中で繰り返し述べてきたように、すでに１０００兆円に及ぶ借金を将来世代にツケ回ししているという状況からも、早急にヨーロッパ主要国並みの水準の20％以上に引き上げることが必要である（ちなみにスウェーデンやデンマークは25％、フランス20％、イギリス20％、ドイツ19％といった状況）。

この場合、日本では消費税について〝逆進的〟という批判が根強いが、そこには根本的な誤解が含まれており、次の点を強調しておきたい。

すなわち、１９７０年代頃までは、先進諸国においても政府の支出のうち社会保障が占める割合は小さく、したがって所得再分配は「累進課税」によって行うのがもっとも重要だった。

しかしそれ以降、高齢化の進展もあって近年においては政府支出の最大の項目が社会保障となっており、したがって（社会保障は主として中所得以下の層に給付される部分が大きいので）いわば**税金を〝集める段階〟より〝使う段階〟での再分配効果が大きくなっている**のである（日本について見れば、正味の一般歳出予算に占める社会保障関連費の割合は、１９８０年度には27％に過ぎなかったが、本章の初めで見たように２０１９年度には55％もの規模になっている）。

つまり、社会保障の規模が非常に大きくなった超高齢社会ないし成熟社会においては、**「税の累進性による再分配から社会保障給付による再分配へ」**という構造変化が見られるのだ。したがってヨーロッパがそうしてきたように、消費税を上げつつ社会保障の水準を高めていく（かつ借金を返済していく）ことが重要なのである。実際、充実した福祉国家である北欧などヨーロッパ諸国では消費税率は高く、かつ格差も小さいという事実を再認識すべきだろう。

ちなみに、所得税の累進税率の強化はなされてしかるべきだが、かりに高所得層の税率を大幅に上げたとしても（対象者の数が限られるため）得られる税収はせいぜい数千億円程度であり、1％だけで3兆円近い税収がある消費税とは大きな相違がある。したがって税部分だけですでに34兆円（2019年度）に及ぶ社会保障をまかなうには、所得税の累進強化はごく補助的なものにとどまるという点を認識する必要がある。

②の相続税については、「人生前半の社会保障」のところで述べた、生まれた時点で〝共通のスタートライン〟に立てることを保障するという観点から、世代を通じた（親から子への）格差の累積や固定化に一定のブレーキをかけることが重要であり、したがって相続税を現状よりも強化し（税率及び対象者）、それを特に人生前半の社会保障に充当するという方向が求められている（ちなみに現状では年間死亡者のうち相続税がかかるのは8％程度である）。

また③の環境税（ひいては土地・資産課税）については、ここでは詳述は避けるが、ドイツ、デンマーク、オランダなど多くのヨーロッパ諸国が「環境税収を社会保障にあてる」という政策を行っている。それは〝環境税を導入・強化して環境負荷を抑制すると同時に、その税収を社会保障に活用し、〝環境と福祉の改善の同時達成〟を目指すという考え方であり、これは第7章で述べる、環境と福祉を総合化した「持続可能な福祉社会」の理念とも重なっているのである（詳しくは広井［2001b］、［2015］参照）。

以上は具体的な税項目にそくした議論だが、これと並行して、ある意味でより根本的なテーマとなるが、そもそも「税」というものをどうとらえるかという議論や意識の転換を進めていくことが人口減少時代の日本において大きな課題になるだろう。この話題は拙編『福祉の哲学とは何か』である程度論じた話題だが（広井編［2017］）、根底にあるのは〝家族や集団を超えた支え合い（ないし連帯）〟というテーマであり、本書の第7章で立ち返りたい。

# 第5章

# 医療への新たな視点

## 1　持続可能な医療――医療のエコロジカル・モデル

### 「持続可能な医療」というテーマ

人口減少社会とは、並行して高齢化が着実に進展していく社会でもあり、そこでは様々な面で医療という領域が社会全体にとっても大きな意味をもつ。ここでは人口減少社会における医療あるいは医療制度のあり方を、「持続可能な医療」という視点を軸にして考えてみよう。

まず基本的な確認となるが、２０１６年度で日本の医療費は42・１兆円となっており、高齢化の進展もあって年々着実に増加している。そして医療費全体の中で、65歳以上の高齢者の医療費がすでに約６割（59・７％）を占めている。第１章でも述べたように、今後日本の高齢化率は上昇を続け、２０６０年過ぎ頃に約40％でピークを迎えるわけだが、その頃には医療費全体の７割以上が老人医療費となる見通しである。

医療費の増加自体が問題というものではないが、日本の場合、医療は公的医療保険制度のもとで提供されており、医療費は税金が約４割（38・６％）、社会保険料が約５割（49・１％）、患者自己負担が残り約１割（11・５％）という形でまかなわれている（厚生労働省「平成28年度 国民医療費の概況」)。そして、税によってまかなわれている部分は現在約16兆円だが、本書の中で論じてきたように、私たちはこうした医療や社会保障に使われる税負担を忌避し、その多くを将来世代にツケ回ししているのである。

「持続可能な医療」というテーマの主眼の一つはこの点であり、私たちは今後も増加を続ける医療費を一体誰がどのように払うのかという話題を正面から議論していく必要がある。現在行っているように、それを将来世代に先送りするという方向は絶対に避けなければならないだろう。

## 何が健康水準を決めるのか——アメリカの医療政策からの示唆

以上は医療費に関する点だが、「持続可能な医療」というテーマはこうした医療の費用面だけに関わるものではない。ここで、これからの医療のあり方を大きな視座からとらえていく一つの手がかりとして、図表5-1をご覧いただきたい。

これは、アメリカ連邦政府の研究開発予算の推移を分野別に見たものである。基本的な確認をすると、アメリカの研究開発予算あるいは科学予算というのは半分強が国防、つまり軍事関連で、この図はそれを除いた部分である。

このグラフを見てまず目にとまるのが「医療」のところであり、国防を除くアメリカ政府の

**図表 5-1　アメリカ連邦政府の研究開発予算（国防関連以外）の分野別推移（1953–2017年度、10億ドル［実質］）**

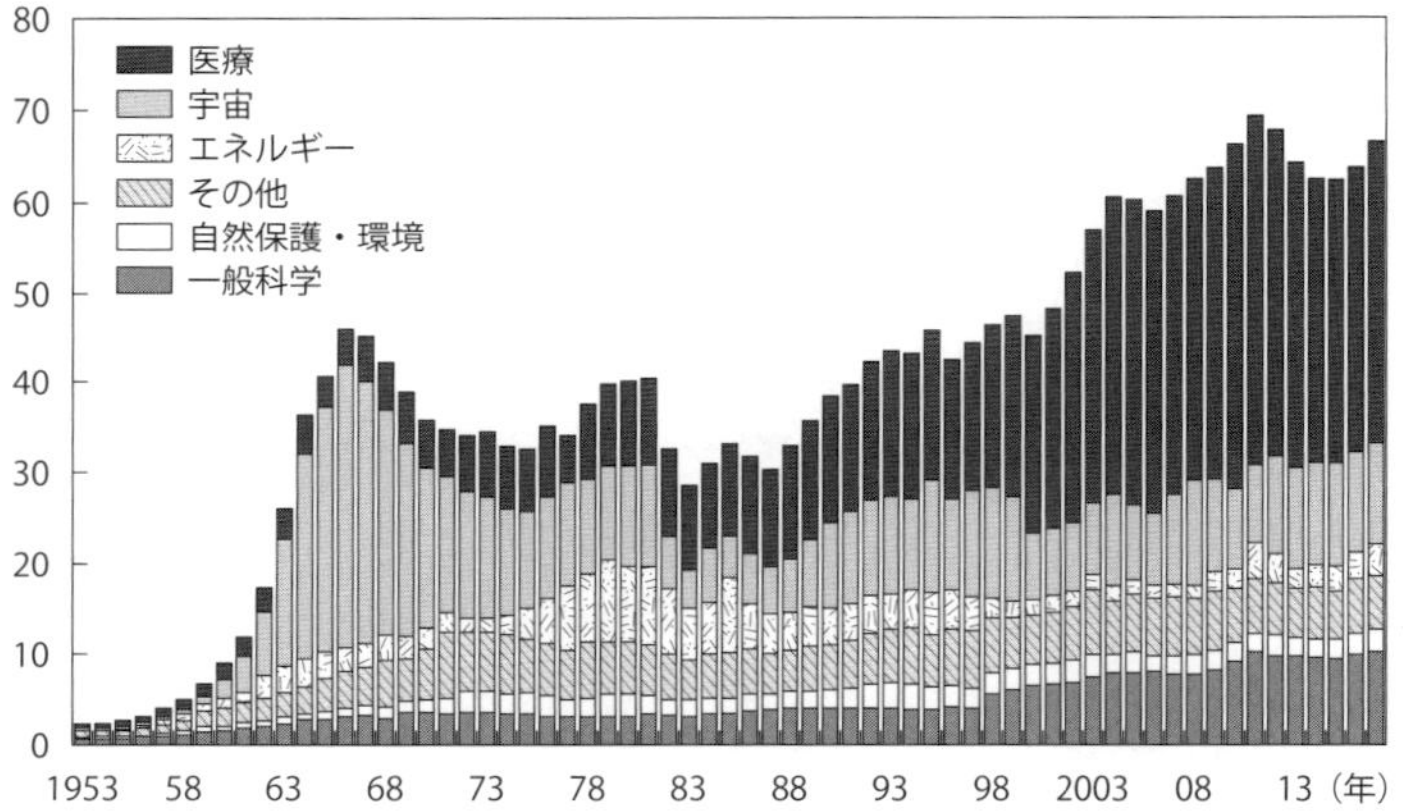


（出所）AAAS（アメリカ科学振興協会［American Association for the Advancement of Science］）資料

研究開発予算の約半分を占めていて、他を圧して大きいことが示されている。時代による変遷を見ると、１９６０年代頃は、いわゆるＮＡＳＡに象徴されるような「宇宙」関連の研究開発予算が大きかったことが示されているが、１９８０年代頃からは医療が着実に増加を続け、現在に至っているのである。

私は、アメリカの科学研究費には〝二つのＭ〟と呼ぶべき柱があるという言い方をするのだが、すなわちそれは〝Military（軍事）〟と〝Medical（医療）〟である。この二つの分野にアメリカは圧倒的に力を入れて科学研究ないし研究開発を行っているということになる（こうしたアメリカにおける医学・生命科学研究政

図表5-2　医療費の対GDP比と平均寿命の関係（国際比較）

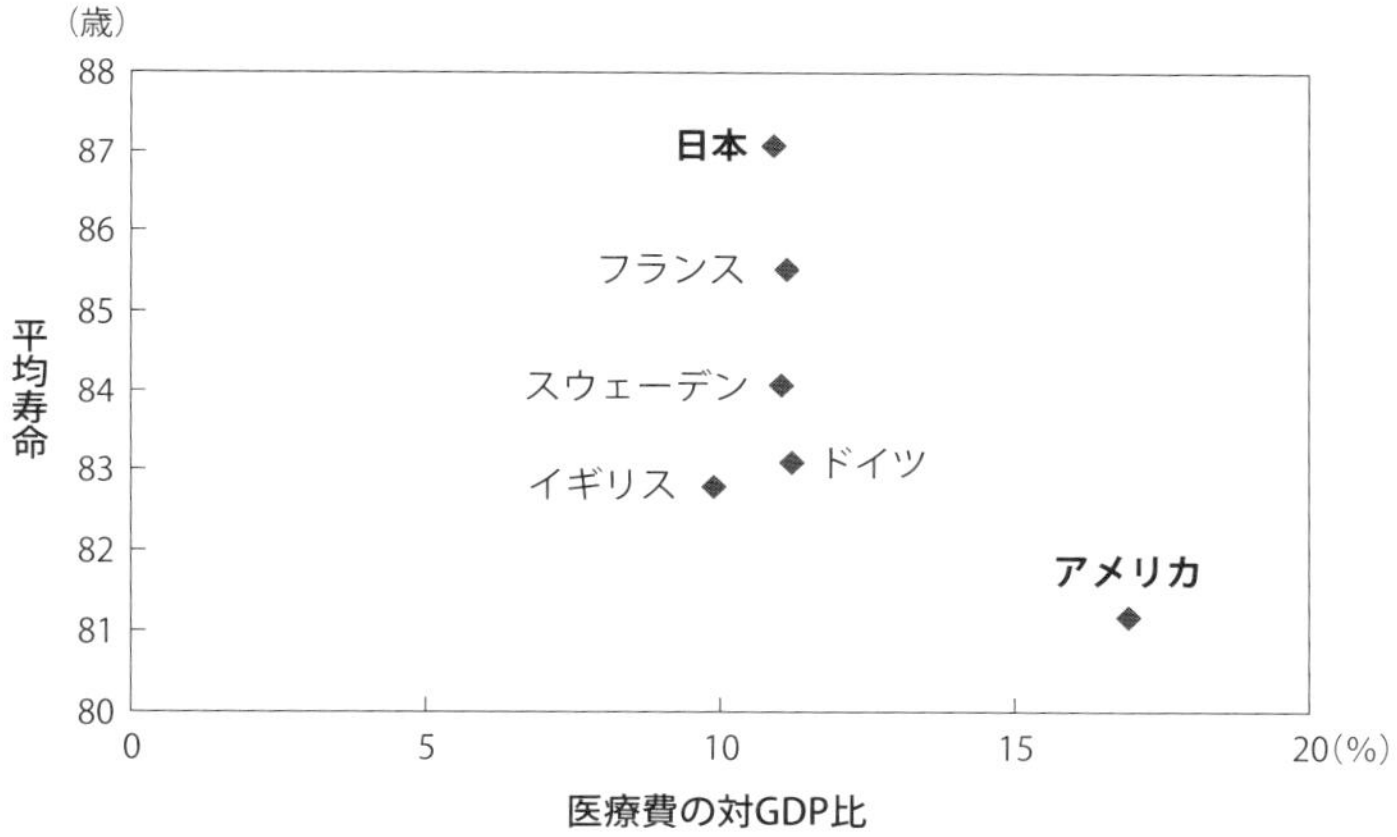


（注）いずれも2015年。
（出所）*OECD Health Statistics 2017*より作成

策の歴史的展開については広井［1992］参照）。

しかし以上の点を踏まえた上で、今度は図表5-2を見ていただきたい。これは横軸が医療費の対GDP比（%）、つまり経済全体の中でどれだけ医療にお金を使っているかを示し、一方、縦軸は平均寿命を示しており、日本を含む先進主要国の国際比較である。

これを見ると、**先進諸国の中で医療費の規模が圧倒的に大きいアメリカは、それにもかかわらず平均寿命がもっとも短い**ことがわかる。

要するに、先ほど見た医療分野の研究開発を含め、アメリカは医療に多大なお金を使っているわりに、平均寿命あるいは健康

図表5-3　虚血性心疾患の死亡率の国際比較

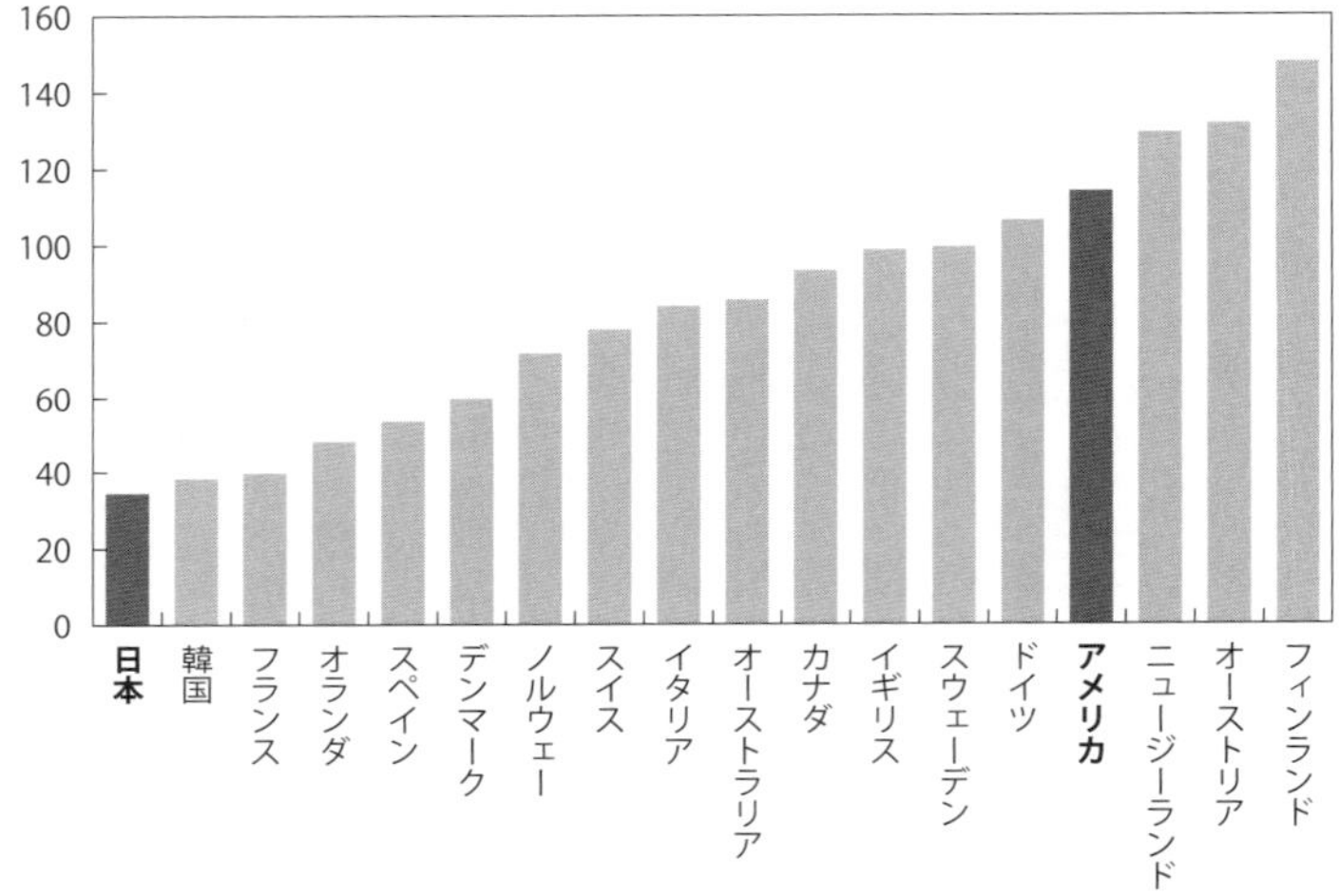


（注）人口10万人当たり人数（年齢調整）。主に2014年データ。
（出所）*OECD Health Statistics*より作成

水準は良好ではないわけである。また、この図における日本の位置を見ると、日本は比較的低い医療費でもっとも高い平均寿命を実現しており、いわば医療ないし健康に関するパフォーマンスが比較的よいことがわかる。

では、これはどのような理由から生じているのだろうか。

この問いに答えていく手がかりとして、図表5-3や図表5-4を見てみよう。図表5-3は、虚血性心疾患つまり心臓病に関する死亡率の国際比較である。アメリカは死亡率が非常に高く、日本は先進諸国の中でもっとも低いということが示されている。

この背景の一つには、食生活が関

図表5–4　肥満率の国際比較

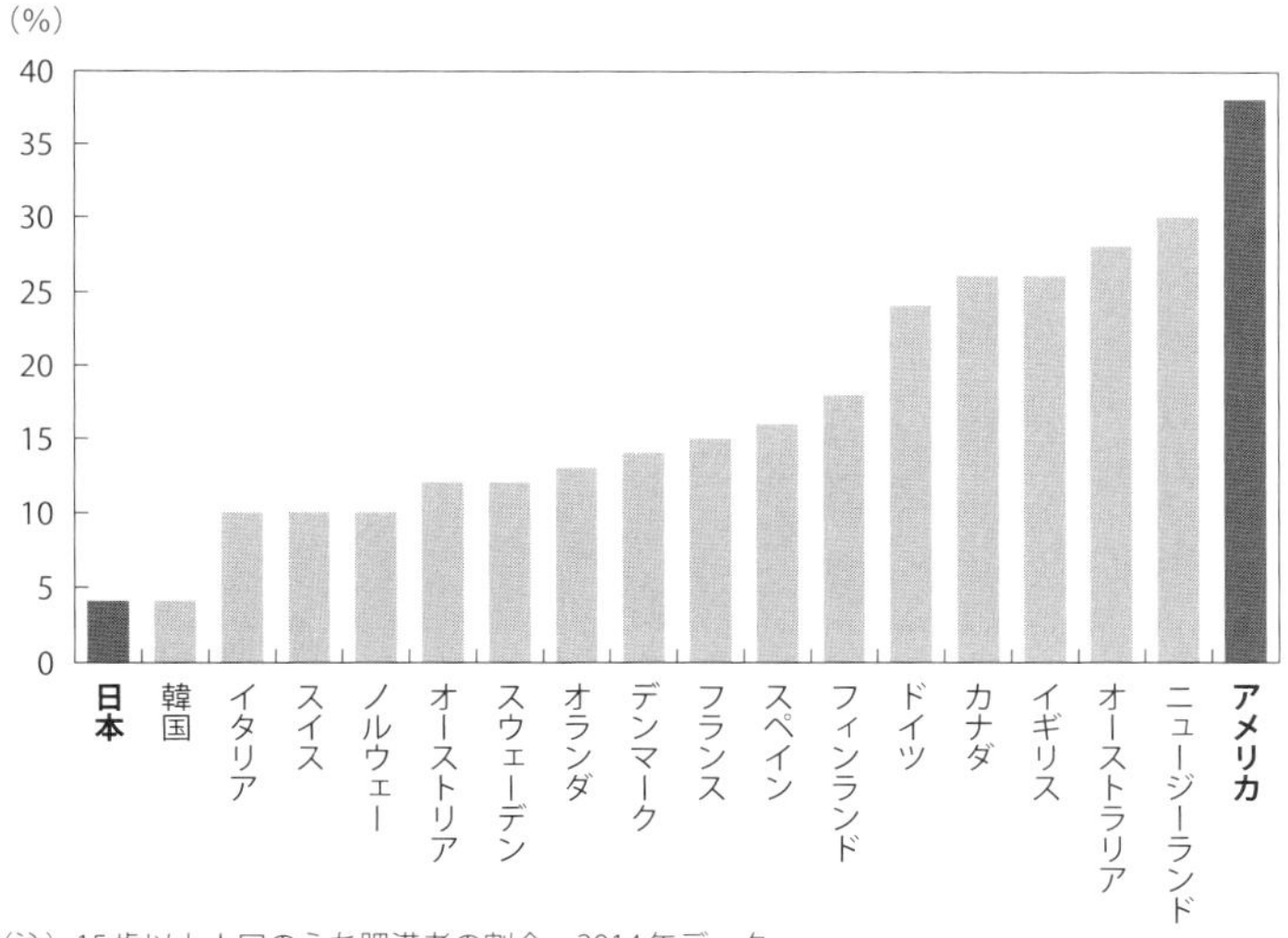


（注）15歳以上人口のうち肥満者の割合。2014年データ。
（出所）OECD, *Caring for Quality in Health*, 2017より作成

わっていることが容易に想像できるが、関連して図表5－4を見ると、これは肥満率の国際比較だが、やはりアメリカが一番肥満率が高く、日本や韓国はもっとも低いことが示されている。このように平均寿命については、食生活を含むライフスタイル全体のあり方が大きく関わっているのである。これらは、いわば医療技術や医療システムの〝外〟にある、生活や社会全体のあり方に関する要因と言えるだろう。

　視点を発展させる意味で、さらに図表5－5をご覧いただきたい。これは経済発展と平均寿命ないし健康水準の関係を図にしたものであり、

**図表5-5　経済発展と平均寿命**

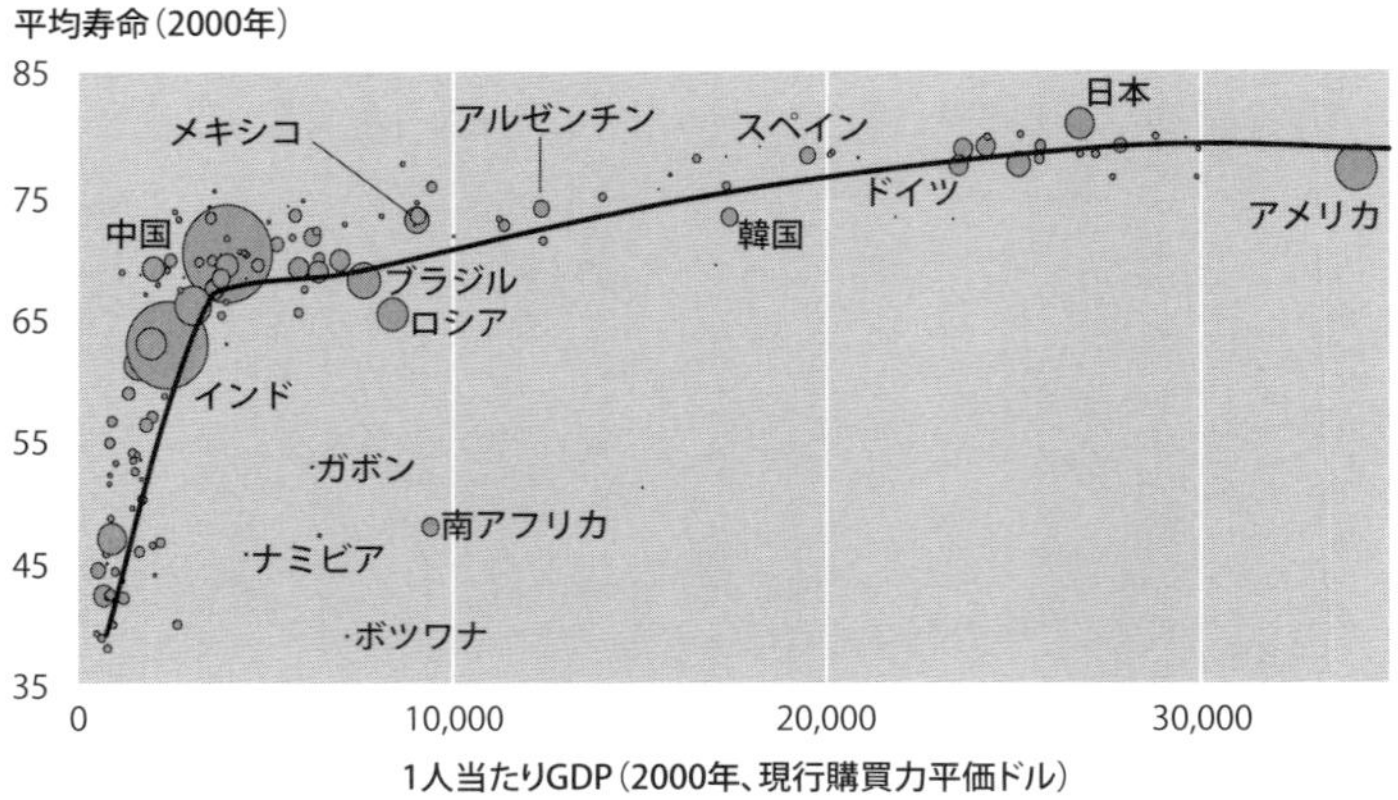


（注）それぞれの丸の大きさは各国の人口規模を示す。
（出所）世界銀行編『世界開発報告2006 経済開発と成長における公平性の役割』、一灯舎、2006年

横軸が一人当たりのＧＤＰ、言い換えれば経済発展の度合いを示していて、縦軸が平均寿命となっている。

様々な国がプロットされているが、この図を見て言える基本的なことは、経済発展のある段階までは、経済発展に伴ってほぼ比例的に寿命が延びていくけれども、一定の段階を過ぎると、両者の関係がかなりあいまいになっていくということである。

つまり、先ほど見たようにアメリカは経済的には豊かだが平均寿命はそれほど長くないという具合に、経済発展があるレベルを過ぎると、むしろ経済発展以外の要因が健康や寿命にとって非常に重要な要因になってくるのである。「経済発

展以外の要因」とは、先ほどふれた食生活などのライフスタイル、貧困や経済格差、公的医療保険のあり方、ストレスや労働のあり方、犯罪率などといった要因を指している。

ちなみにこうした経済発展と平均寿命ないし健康という話題に関しては、イギリス出身のアンガス・ディートンという経済学者が2015年にノーベル経済学賞を受賞しており、非常に現代的なテーマと言える（ディートン［2014］）。

ところで、この経済発展と平均寿命の関係については、読者の中で気づいた方もいるかもしれないが、第1章で述べた、幸福ないし幸福度の議論と少し似ている点がおもしろいと思われる。つまり、経済発展の初期段階では、経済が豊かになるのに伴ってほぼ比例的に幸福度も上がっていくけれども、ある段階を過ぎると両者の関係がランダムになってきて、経済以外の要因が大きくなってくるという話題である。そうした点で、「経済発展と健康」そして「経済発展と幸福」というテーマは、両者の共通性と相違を含め、つなげて考えていくと一層興味深いものだろう（広井［2018］参照）。

## 「持続可能な医療」と「持続可能な社会」

以上の点を踏まえて、「持続可能な医療」という視点との関連も含めて指摘したいのは、〝「多資源投入型医療」は必ずしも費用対効果が高い（cost-effective）とは言えない〟という点である。

つまりアメリカが典型的であるように、研究開発を含め、医療に多大な資源やお金を注いでいる国や社会が、必ずしも優れた健康水準を実現しているわけではない。そしてこれは、医療あるいは医療システムという枠を超えて、人々の消費や生産のあり方を含め、経済社会全体のあり方と深く関わっているテーマなのである。

すなわち、〝大量生産・大量消費・大量廃棄〟という経済社会や人々の消費・ライフスタイルのありようと不可分のものとして、〝栄養過多→肥満等→高有病率→高治療費〟といったサイクルが生じており、その結果たとえば先ほど見たように心臓病などの有病率も高くなり、医療費も高騰していくことになる。

再び余談めくが、本書の中で幾度かふれてきたように私はアメリカで3年ほど暮らしたが、アメリカの食生活の問題を様々な場面で痛感した。健康にとって「野菜が良い」ということでサラダを食べているかと思いきや、濃厚なドレッシングの〝海〟に浮かぶようなサラダを食べていたり、スーパーに並ぶ牛乳やヨーグルトは「ノンファット（脂肪分ゼロ）」のようなものばかりで、それ自体は良いことかもしれないが、どこか人工的であったり、もっと別の対応があるのではないかといった違和感が強くあった。逆にフランスにしてもドイツにしても、ヨーロッパの国々の場合は、牛乳やヨーグルトなどはできるだけ〝自然〟のものを食べつつ、食生活全体がもう少し健康的というパターンを示していると言えるだろう。

また私が滞在していたのはボストンだったが、夕方になるとチャールズ川という川の近辺などで、今日はマラソン大会でもあるのかと思うくらい多くの人々がジョギングしていて、それも悪いことでは決してないが、もう少し食生活など元にある生活自体を〝過剰〟でない方向にすることが大事ではないかと思ったりしていた。

いま〝過剰〟ということを述べたが、こうした点に関し、イギリスの医師であり医学史家でもあるトマス・マッキューンという研究者が『人間の病気の起源（The Origins of Human Disease）』という本を書いている。彼はこの著書の中で、かつては栄養失調などいわば〝欠乏による病〟であったのが、現代はむしろ〝過剰による病（disease of affluence）〟の時代になっているということを論じているのである（Mckeown［１９８８］）。

いずれにしても、以上の議論からも示唆されるように、「持続可能な医療」というテーマを考える場合、それは「持続可能な社会」という点と不可分であって、医療や健康の問題を、それだけを切り離して考えるのではなく、消費や生産、労働のありようやライフスタイル、コミュニティのあり方等々、ひと回り大きな視野でとらえ直していくことが重要と考えられる。

## 「複雑系としての病」

こうした点を、病気あるいは医学や科学のあり方にそくして考えた場合、「複雑系としての病《やまい》」という視点が重要と私は考えている。

ある意味では当然のこととも言えるが、病気の原因というのは、身体内部の物理・化学的な要因のみならず、ストレスなどの心理的要因、環境との関わり、また労働時間や働き方、経済格差といった社会的要因等が深く関わっており、これらが複合的に作用する帰結として生じるのであって、こうした諸要因の全体を視野に入れたアプローチが求められている。

またこうしたテーマを考えていくと、そもそも「病気」とは何か、「科学」とは何かといった、より根本的なテーマにもつながっていくだろう。

たとえば近年、そうした話題を扱う領域の一つとして、第3章でも言及した「社会疫学（social epidemiology）」という学問分野が発展している。社会疫学におけるキーコンセプトは「健康の社会的決定要因（social determinants of health）」で、まさに先ほど述べたような病気の原因を社会的要因まで含めて幅広く掘り下げていく分野である。

この分野の代表的研究者の一人にウィルキンソンという研究者がいるが、ウィルキンソンは経済史の研究から医療ないし疫学の領域に移った人物である。その著書の一つである『格差社会の衝撃』では、狩猟採集から農耕、工業社会へと展開してきた人類史全体の中での格差と平等そして健康との関わりを分析する一方、現代の状況について、肥満などかつて贅沢病とされたものの社会的分布が逆転し貧困層の病気となること、ニューヨーク市のハーレムでの死亡率

図表5–6　ライフサイクルと医療費
生涯の医療費のうち半分（49%）は70歳以降で

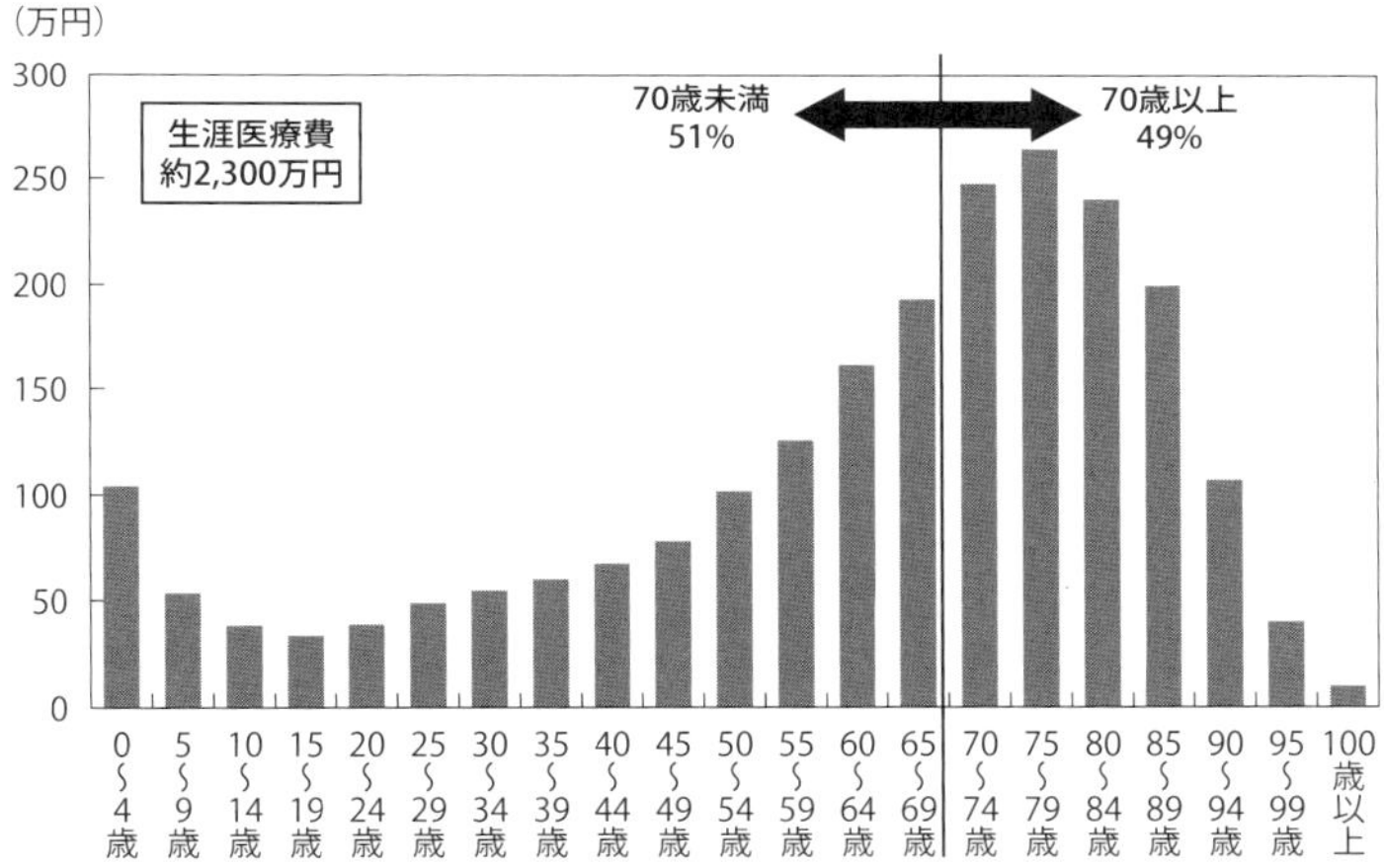


（注）2005年度の年齢階級別1人当たり医療費をもとに、「平成17年簡易生命表」による定常人口を適用して推計したものである。
資料：厚生労働省「平成17年度 国民医療費」、「平成17年簡易生命表」より保険局作成

はバングラデシュのそれよりも高いこと等といった諸事実に言及しながら、病気をめぐる社会的要因についての議論を深めている（ウィルキンソン［2009］）。最近の著書では、ウィルキンソンは平等度の高い社会のほうが、ストレスの低減や幸福度の向上につながりやすいことを論じている（Wilkinson and Pickett［2018］。なお日本に関しては近藤［2005］参照）。

以上のような点を、疾病構造の変化という点からとらえてみよう。図表5–6は人生の中のどの時期に医療費を使っているかを示したもので、ある意味当然と言えるかもしれない

**図表5-7　15-44歳の病気の負担（burden of disease [DALYs]）の主要要因（先進国、1990年）**

**「人生前半の医療」は精神的・社会的なものが中心**

| 男性 | | 女性 | |
|---|---|---|---|
| 1）アルコール摂取 | 12.7 | 1）うつ病 | 19.8 |
| 2）道路交通事故 | 11.3 | 2）統合失調症 | 5.9 |
| 3）うつ病 | 7.2 | 3）道路交通事故 | 4.6 |
| 4）自傷行為 | 5.6 | 4）双極性障害 | 4.5 |
| 5）統合失調症 | 4.3 | 5）強迫障害 | 3.8 |

（出所）世界銀行（2002）、Murray and Lopez, *The Global Burden of Disease, Harvard University Press*, 1996

が、生涯の医療費の約半分は70歳以降にかかるということがわかる。そして高齢化が進む中で、医療全体が高齢者関連にシフトしているのである。

また図表5-7はやや古いデータだが、DALYsというWHO（世界保健機関）などが使っている指標を用いて、先進諸国における15歳から44歳までの「病気の原因」（何が寿命を短くしたり、障害の原因になっているか）を見たものである。男性、女性とも精神関係の病気（うつ病、アルコール摂取、統合失調症など）あるいは社会的な要因（道路交通事故）が上位を占めているのがわかる。言い換えれば、「人生前半の医療」は精神的ないし社会的なものが中心であることが示されており、こうした点からも、先ほど述べた「複雑系としての病」という視点が重要となると考えられるだろう。

そして、これらをやや概念的なモデルとしてまとめたのが図表5-8で、これは病気や健康に関する様々

図表 5–8　様々なケアモデル：医療に関する包括的なアプローチの必要性

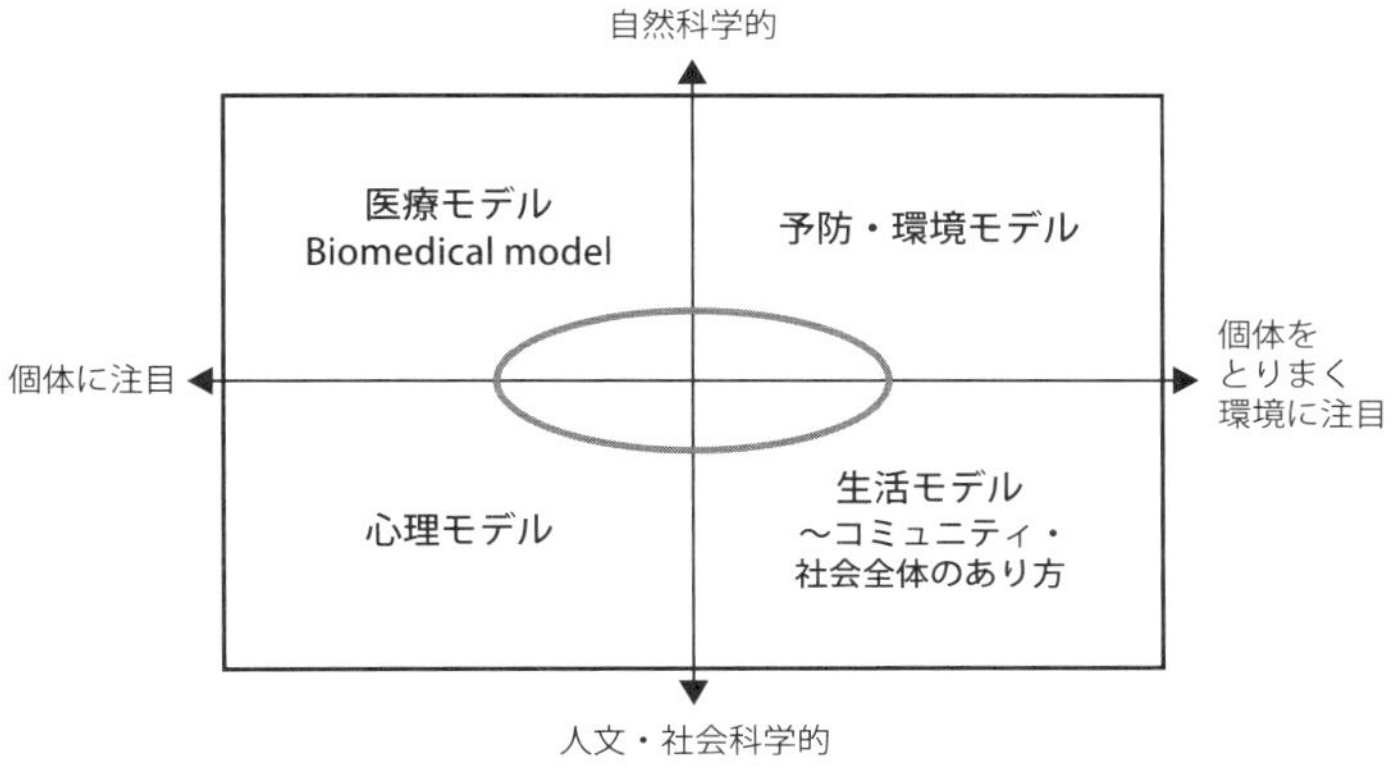


（出所）広井［1997］を改変

なアプローチを「ケアのモデル」という視点から整理したものだ。

　このうち左上の「医療モデル（Biomedical model）」は、歴史的に見れば19世紀頃に成立した「特定病因論」と呼ばれる考え方をベースにしており、元来これは〝一つの病気には一つの原因（物質）があり、それを除去すれば病気は治る〟という、ある意味で単線的なモデルである。これは感染症などの場合には非常に有効だったわけだが、しかし疾病構造が大きく変容し、かつての感染症中心の時代から慢性疾患、ひいては先ほど見たような高齢者関連、そして精神疾患関係が前面に出る時代となっているのが現在である。したがって、左上の「医療モデル」にとどまらず、「予防・環境モデル」、「心理モデル」、さらには生活全体や社会との関わりまで視野に入れた「生活モデル〜コミュニティ・社会全体のあり方」というところまで広げた上で医療や健康の問題を見ていくことが重要であり、これらの全体を包括したアプローチを、いわば「医療のエコロジカル・モデル」と呼ぶことができると思われる。

## コミュニティ等との関わりと進化医学

これは、とりたてて難しいことを論じているわけではなく、たとえば「長野モデル」と呼ばれてきた話題を考えてみるとわかりやすい。長野県は概して長寿で知られており、たとえば2010年の国勢調査では男女ともに平均寿命が1位だった（ただし2015年の国勢調査では男性の1位は滋賀県）。一方で、県民一人当たりの後期高齢者（75歳以上）医療費は低いほうから4番目であり、つまり〝相対的に低い医療費で高い健康水準を実現している〟という点で、ある意味で「持続可能な医療」の一つのモデルを示しているわけである。

こうした状況が生まれる要因について、長野県が挙げているのは、①高齢者の就業率が高く（全国1位）、生きがいをもって生活できる、②野菜摂取量が多い（全国1位）、③健康ボランティアによる健康づくりの取り組みや専門職による保健予防活動といった点である。

考えてみればこうした要因は、〝ハイテク医療を提供する医療機関が集積している〟といったものではなく、ある意味でごく素朴で日常的な生活レベルに根ざした、個人のライフスタイルや生きがい、あるいはコミュニティないし社会とのつながり等に関するものである。そうした事柄が健康水準を大きく規定する要因になっているという点は、先ほどの「社会疫学」の知見ともつながり、またここで述べている「複雑系としての病」、あるいはケアモデルに関する包括的なアプローチという議論と重なるだろう。

ちなみに、2013年の国民生活基礎調査（厚生労働省）を踏まえた分析で、山梨県が健康寿命（健康度を加味した平均寿命）において1位となっている。これに関しても様々な議論があり、たとえば「無尽（講）」と呼ばれる、地域コミュニティにおける相互扶助の活動が盛んであること、1日の平均食事時間が全国1位であることを含め豊かな食文化があること、人口当たりの図書館数と公民館数が全国1位であること等々、様々な要因との関連が指摘されている。

思えばこれらの多くは「コミュニティ」に関するものであり、「持続可能な医療」という本章のテーマは、狭い意味での医療ないし医療政策の枠を超えて、本書の第2章で論じたコミュニティやまちづくり等の議論と深くつながるのである。

以上のような点を包括的な視野でとらえていくアプローチとして、近年発展している「進化医学（evolutional medicine）」と呼ばれる領域についてふれておこう。

これは先ほども少し言及した、そもそも「病気」とは何かというテーマと関連しており、進化医学は、基本的に病気というものは人間とその環境との〝ズレ〟から生じるという把握を行う。

すなわち約20万年前にアフリカでホモ・サピエンスが生まれた頃から、私たち人間のＤＮＡないし生物学的特性はほぼ変わっていない。ところが人間を取り巻く環境や社会は、狩猟採集社会の当時から比べものにならないほど変化しており、その〝ズレ〟が病気の背景になっているという把握である。

単純な例で言えば、狩猟採集の頃は獲物が捕れずに数日間何も食べられない日があったりしたわけだが、それでも身体が維持されるように、人間には「飢餓に強い血糖維持機構」が備わっている。それは当時の人類には非常に適合的なものだったが、現在のような〝飽食〟の時代には、むしろ「逆機能」して糖尿病等を招く原因になってしまう。

あるいは、狩猟採集の頃は野原を走り回るなどして怪我をしやすいため、私たち人間の身体では血を止めるメカニズムが高度に発達しているが、これも今のような時代だと逆にそれが血栓や動脈硬化などの原因となってしまう。

その他、免疫機構の働き過ぎによる種々のアレルギーや、新たな社会的環境の中でのストレス等々、「現代の病」の大半は、以上のような人間の生物学的組成と環境とのギャップから生じているととらえることができる。これが進化医学の基本的な理解であり、それは先述の「医療のエコロジカル・モデル」の理論的根拠の一つとなるものだろう。

現代人についての比喩として、私たちは〝高速道路を自転車で全力疾走する〟ような生活を送っているという表現がなされることがあるが、まさにそうした把握と進化医学の視点は重なっている（進化医学に関してはNesse and Williams［1995］、Stearns（ed）［1999］、井村［2000］等参照）。

このように考えていくと、つきつめれば〝**病気の根本原因というものは、身体の内部ではなく社会や環境の中にある**〟という新たな発想が生まれる。したがって本章で論じてきたように、ライフスタイルの全体や、コミュニティとのつながり、労働時間など働き方、経済格差や消費・生産を含む社会全体のあり方、自然環境との関わり等をトータルに見ていく視点が、医療や健康をめぐるテーマにとってきわめて本質的になってくる。それは先述の、「持続可能な医療」を考えることは「持続可能な社会」を考えることと不可分であるという把握とも重なるものである。

## 2 医療費の配分と公共性

### 医療費の配分①：医療のどの分野に資源を優先配分するか

以上、「持続可能な医療」というコンセプトを軸にして、これからの医療や医療システムを考える際の基本的な視点や方向について述べた。

こうした議論を踏まえた上で、人口減少時代の医療政策において特に重要となってくるのは、「医療費の配分」というテーマである。

つまりそれは、〝有限〟な医療資源や医療費をどこに優先的に配分するかという話題であり、高度成長期のように、人口や経済が増加を続ける時代においてはこうしたテーマを正面から考える必要性は薄かった。しかし本章の冒頭でも述べたように、高齢化に伴って医療費は着実に増加を続ける一方、医療費全体の6割ひいては今後7割以上を占めることになる高齢者の医療費を支える現役世代は大きく減少していく。しかも、すでに私たちは現在の医療費をまかなうだけの税負担を行っておらず、それが政府の借金として累積し、将来世代にツケ回しされているのである。

図表5-9　医療費をめぐる配分構造

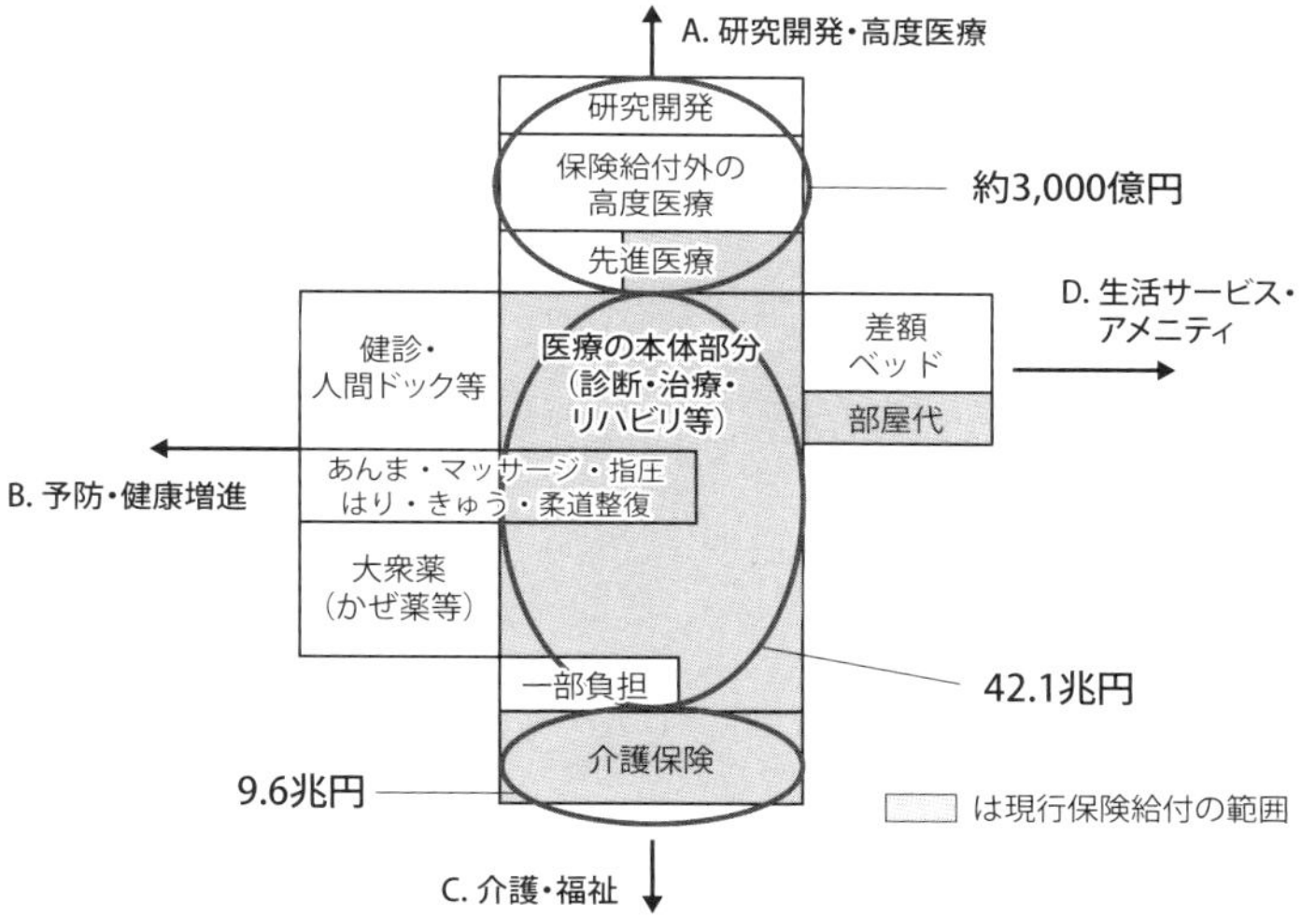


（注）本体部分の42.1兆円は厚生労働省「平成28年度 国民医療費」、介護保険の9.6兆円は国立社会保障・人口問題研究所「平成28年度 社会保障費用統計」による。
（出所）広井［1994］を改変

こうした中で「医療費の配分」というテーマが重要な意味をもつことになるのだが、それには二つの局面があると考えられる。すなわち第一は「医療のどの分野に資源を優先配分するか」という点であり、第二は「病院と診療所をめぐる配分」、つまりどのような医療施設に医療費を優先配分するかという点だ。

このうち第一の点については、図表5-9をご覧いただきたい。これは、医療関連領域の全体を「医療の本体部分（診断・治療・リハビリ等）と四つの周辺部分――A．研究開発・高度医療、B．予防・健康増進、C．介護・福祉、D．生活サービス・アメニティ――に区分し整理した上で、その一部について現在その分野にどれだけのお金が配分されているかを示したものである。

こうした現状を踏まえた上で、私自身の提案は、これからの方向として、これまで「周辺部分」と考えられてきた上記四つの領域への資源配分を相対的に重点化し、そのことを通じて診断・治療本体分野への「負荷」を減らし、医療全体としての費用対効果を高めるという方向を目指すべきである、というものだ。

そう考える基本的な理由は、

●Aの「研究開発・高度医療」については医療におけるイノベーションによる医療費節減効果であり（広井［2018］参照）、

●Bの「予防・健康増進」については文字通り疾病予防効果や、より広くは先ほど社会疫学の関連で述べた「健康の社会的決定要因」等の視点からであり、

●Cの「介護・福祉」については高齢者ケアなどにおいて、薬剤等への依存よりも〝人によるケア〟を厚くするという、先述の「生活モデル」のもつ費用対効果の高さであり、

●Dの「生活サービス・アメニティ」については患者の主観的満足度が高まることである。

もちろんこれらについては個別の技術やサービスにそくして実証的な調査研究がなされるべ

きものだが、医療費の配分に関する基本的な認識や方向づけとして、以上のようなパラダイムないし考え方の枠組みを考慮することが重要と思われる。

また、以上は医療に直接関わる領域の資源配分だが、先ほど「複雑系としての病」あるいは「長野モデル」等にそくして述べたように、実際には高齢者のコミュニティとのつながりや、第2章で述べた街の中に〝歩いて楽しめる空間〟や居場所があるということ自体が、介護予防や疾病予防としての大きな意味をもっている。したがって医療の領域と、まちづくりや都市政策、環境政策等との連携や総合化が進められていくことが大きな課題となる。

## 医療費をめぐる公私の役割分担

なお、以上の医療費の配分に関連して、そうした費用を公的な枠組み（公的医療保険等）でまかなうのか、個人が負担するのかという「公私の役割分担」をめぐる論点がある。

私自身は、特に診断・治療分野との関わりの大きい領域ほど、できる限り公的な保障を行うべきものと考える。そう考える根拠は、一つにはやはり「公平性」という点であり、医療は生命・健康に関わる領域であり、そこでは平等という価値がもっとも強く求められる。言い換えれば、医療において〝階層消費〟が生じるのは、つまり所得によって受けられる医療が異なってくるという姿は、（アメリカはまさにそうなっているが）極力避けられるべきだろう。

もう一つの理由は、「効率性」という観点である。これはややテクニカルな議論に聞こえるかもしれないが、医療に関する経済学的分析において従来から話題になってきた論点に関するものだ。すなわち、医療という分野は「情報の非対称性」が非常に大きく、つまり医療を提供する側が圧倒的に情報をもっていて、自動車など通常の商品を買う場合と異なり、医療を受ける側がその価格の妥当性を評価するのが難しく、したがって市場経済に委ねるとかえって価格が（本来の水準よりも）高騰してしまうという論である（情報の非対称性による「市場の失敗」）。

実際、興味深いことに、医療費を国際比較した本章の図表5―2（227ページ）にも示されているように、医療を市場経済に委ねている度合いの大きい国――典型がアメリカ――ほど医療費が高く、逆に医療を公的な枠組みの中に位置づけている国――医療を主に税でまかなっているイギリスが典型――のほうが医療費が低いという事実がある。つまり逆説的にも、医療は他の領域とは異なって、（「市場の失敗」が起こりやすいため）公的な制度の中で運営したほうが「効率性」においても望ましい姿になるのである。

## 医療費の配分②：病院―診療所をめぐる配分

以上は「医療費の配分」というテーマのうち、「医療のどの分野に資源を優先配分するか」という点に関するものだが、もう一点、「病院と診療所をめぐる配分」、つまりどのような医療施

### 図表5-10　医療施設の収益率（医業収支差額）

| | 2001年 | 2003年 | 2005年 | 2007年 | 2009年 | 2013年 | 2015年 | 2017年 |
|---|---|---|---|---|---|---|---|---|
| 特定機能病院 | −11.3% | −10.1% | | | −6.0% | | −8.5% | −5.8% |
| 公立病院 | −13.9% | −11.2% | −9.1% | −17.4% | −16.5% | −5.9% | −11.4% | −13.7% |
| 国立病院 | 1.5% | | | | 2.1% | 0.4% | 0.2% | −1.9% |
| 医療法人立病院 | 4.6% | 1.8% | 1.3% | 2.5% | 2.8% | 4.3% | 2.4% | 1.8% |
| 個人立病院 | 7.1% | 7.2% | 8.7% | 5.7% | 6.5% | 10.8% | 4.6% | 3.1% |
| 一般診療所（個人） | 33.8% | 33.5% | 34.8% | 34.8% | 29.6% | 29.4% | 29.3% | 32.3% |

（注）2009年において介護関連を含め集計手法の変更がなされている。
（出所）厚生労働省「医療経済実態調査」各年版より作成

設に医療費を優先配分するかという話題がある。

図表5―10を見てみよう。これは医療施設の類型別に収益率を示したもので、上から特定機能病院（大学病院など高度な医療を提供する能力等を備えた病院）、続いて公立病院、国立病院、医療法人立病院、個人立病院、一般診療所（開業医）となっている。そして、全体の数字の並びを眺めるとわかるように、いわゆる高度な機能の病院ほど収益率が低くなっている。逆に言えば、中小規模の病院や診療所ほど、潤沢なお金が流れているということが示されているのである。

なぜそうなっているのか。これは日本の医療保険制度における診療報酬（保険点数）の構造的な問題であり、私なりに整理すると、現在の診療報酬は、

（1）「病院、とりわけ入院部門」の評価がうすい
（2）「高次医療」への評価がうすい
（3）「チーム医療」（含リハビリなど）の評価という視点

が弱い

## （4）「医療の質」の評価という視点が弱い

という特徴をもっている。この背景には、現行の診療報酬の原型ができたのが1958年で、当時は圧倒的に多数であった診療所（開業医）をモデルに診療報酬が作られたという経緯がある。

ではなぜこのように、日本の診療報酬においては病院、特に高次機能の病院には十分なお金が流れず、診療所が優遇されているのか。これについては、かなり以前に『医療の経済学』という拙著の中でも論じた点だが（広井［1994］）、いわば〝1医療機関1票〟説とも呼ぶべき政治力学が働いていると思われる。

これはどういうことかというと、医師の数からみれば、医師全体の6割強が勤務医で、3割強が開業医という具合に、勤務医のほうが多数を占めている（正確には2016年において開業医32・1％に対し勤務医が63・3％）。しかし医療機関の数としては、診療所の数が約10万であるのに対して病院の数は約8000であり、つまり経営主体の数（あるいは経営に直接関わる医師の数）においては圧倒的に診療所が多いわけである。だとすれば、政治力学的にはそちらの意見が通りやすく、診療所（開業医）に手厚い医療費が配分される結果になっているのである。

しかしこれは医療費の配分のあり方として妥当なものとは言えないだろう。しばらく前に、

「医療崩壊」ということがかなり議論されたことがあり、そういう現状は今もなお残っているが、医療崩壊というのは実質的には「病院崩壊」であり、診療所にはむしろ潤沢なお金がまわっている。最近も議論されている、医師など医療従事者の過労や超過勤務という点も、病院、特に高次機能の病院に十分な医療費がまわっていないことが大きいのである。この点が正面から議論されていないのが現状だ。

したがって、病院、特に高次機能やチーム医療の機能を担う病院への十分な評価や医療費の配分の拡大が重要であり、このことは医師等の勤務条件の改善や、「病院崩壊」の是正につながるだろう。また、日本の場合、病院と診療所の評価体系の区分が不明確であるが、諸外国を見ると診療所（開業医）については何らかの総枠規制が設けられているのが一般的であり（イギリスでの人頭払制、ドイツでの総枠規制・総額請負制等）、何らかのそうした規制がなされるべきである（こうした点について詳しくは広井［２０１８］参照）。

医療費の配分という点について述べてきたが、これらの全体を通じて重要な視点として、**「医療の公共性」**という点を最後に指摘しておきたい。

日本においては様々な歴史的経緯もあり、医療は概して〝プライベート〟な領域として考えられる傾向が強く、それについての社会的あるいは「公共的」な議論は希薄なものにとどまってきた。しかし本章の冒頭でもふれたように医療の経済的規模はすでに40兆円を超え、また医療はそのほとんどすべてが公的医療保険制度の枠の中で運営されており、つまり医療は〝公的なお金〟――私たちが公的な制度を通じて支払うお金――でまかなわれているのである。

そうであるならば、私たちがそもそも医療にどれだけのお金を使うのか、その配分をどうするのか、医療のどの領域を優先するのか等々といった点を、一部の関係者のみにとどまらず、人々の間でもっと議論し、また〝選択〟したり〝提言〟したりするといったことがあってよいはずではないか。

この点は、本書の中で様々な話題にそくして述べてきたように、かつての高度成長期と異なり、人口減少あるいはポスト成長の時代となり、〝有限な資源の配分〟をどうするかというテーマが大きく浮上する時代状況においてとりわけ重要と思われる。

本章では「持続可能な医療」というコンセプトを軸にして、人口減少と高齢化が進む時代の医療ないし医療システムのあり方を様々な角度から考えてきた。2で論じた「医療費の配分」という課題についての対応を進めつつ、1で述べたように医療や健康というものをコミュニティやまちづくり、環境といった領域を含む広い視点からとらえ直して包括的な政策展開や実践を行い、将来世代に医療費の負担を先送りしている現状から脱却していくことが何より求められている。

# 第6章

# 死生観の再構築

## 1 超高齢化時代の死生観と「深層の時間」

### 死亡急増時代と死亡場所の多様化

これからの時代は、人口減少社会であると同時に超高齢化の時代でもあり、それは自ずと〝死亡急増時代〟、つまり年間の死亡者数が高度成長期などに比べてはるかに多い時代ということを意味する。

図表6–1はそうした年間死亡者数の推移を今後の推計を含めて示したものである。高度成長期の1950年代から70年代頃までは死亡者数はおよそ70万人程度だったが、80年代頃から増加基調となり、2000年を過ぎた頃には100万人を超え、現在はさらに急増中で、高齢化率がピークを迎える2040年頃には170万人弱まで増加することが予想されている（国立社会保障・人口問題研究所推計）。文字通り私たちは〝死亡急増時代〟を生きているのだ。

時代状況との関連を述べると、戦後の日本社会は、人口増加ということと並行して、経済の成長あるいは物質的な富の拡大ということをもっぱら目標にして走ってきた。個人の人生にたとえると、社会全体が文字通り「若く」、〝上昇、進歩、成長〟という方向にひたすら坂道を登っ

**図表6‒1　年間死亡者数の推移と今後の推計**

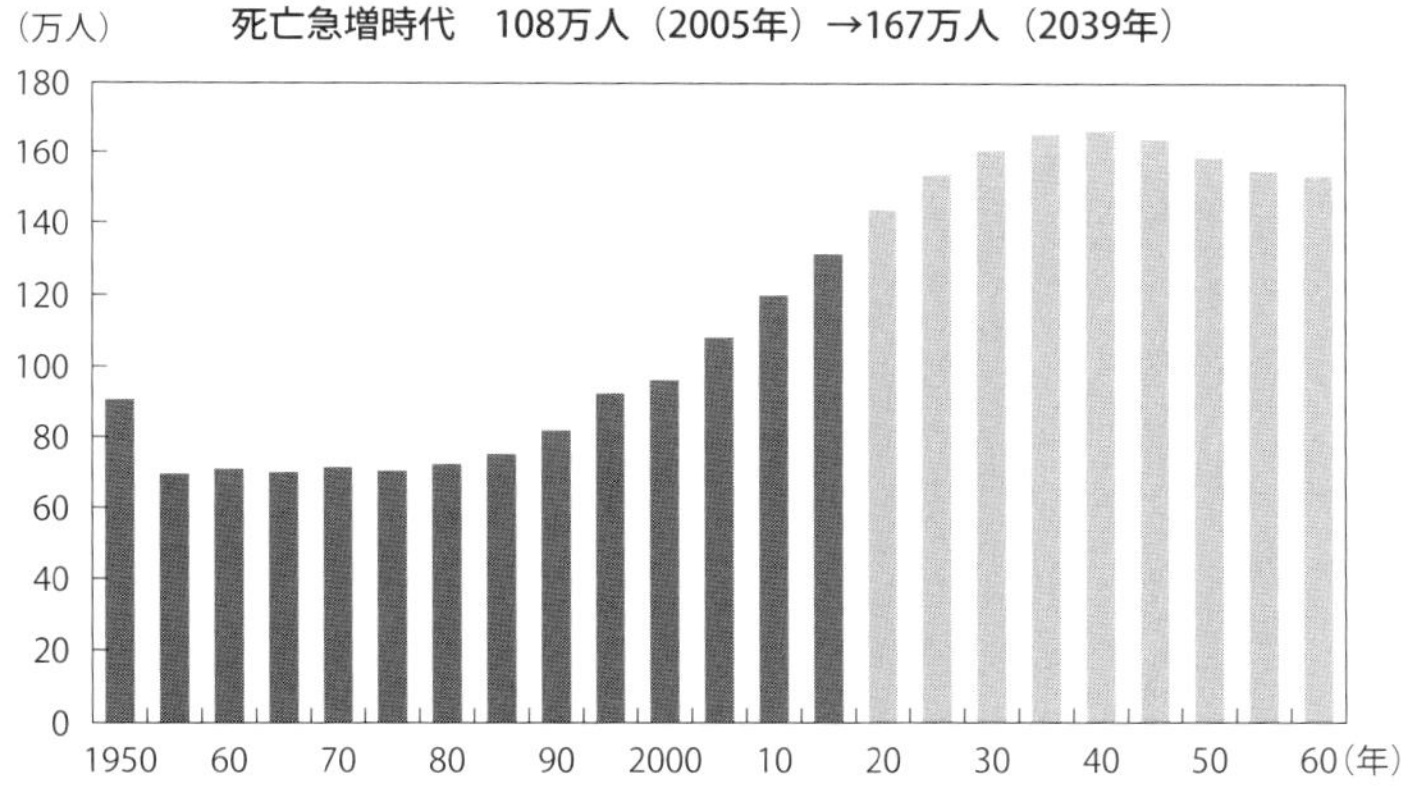


（出所）2010年までは厚生労働省「人口動態統計」。2015年以降は国立社会保障・人口問題研究所「日本の将来推計人口（平成24年1月推計）」の中位推計

ていった。それは「生」を限りなく拡大していくということでもあり、その先にある老いや死といったことにはあまり関心を払わず、視野の外に置いてきた。

ところが人口減少社会となり、物質的な富が飽和する中で経済も成熟化の時代を迎えつつあり、本書の中でも様々な角度から述べてきたように、日本社会全体が〝離陸〟から〝着陸〟の方向を模索しつつある。そして上記のように高齢化に伴って年間死亡者数も増加し、ということはすなわち「看取《みと》り」ということが社会の中で日常的な現象となっていく中で、死生観の再構築ということが、日本人全体にとっての大きな課題となっているのである。

死生観という話題に入る前に若干〝外形的〟な事実を確認すると、図表6‒2は戦後日本

**図表6-2　日本における死亡場所の年次推移**

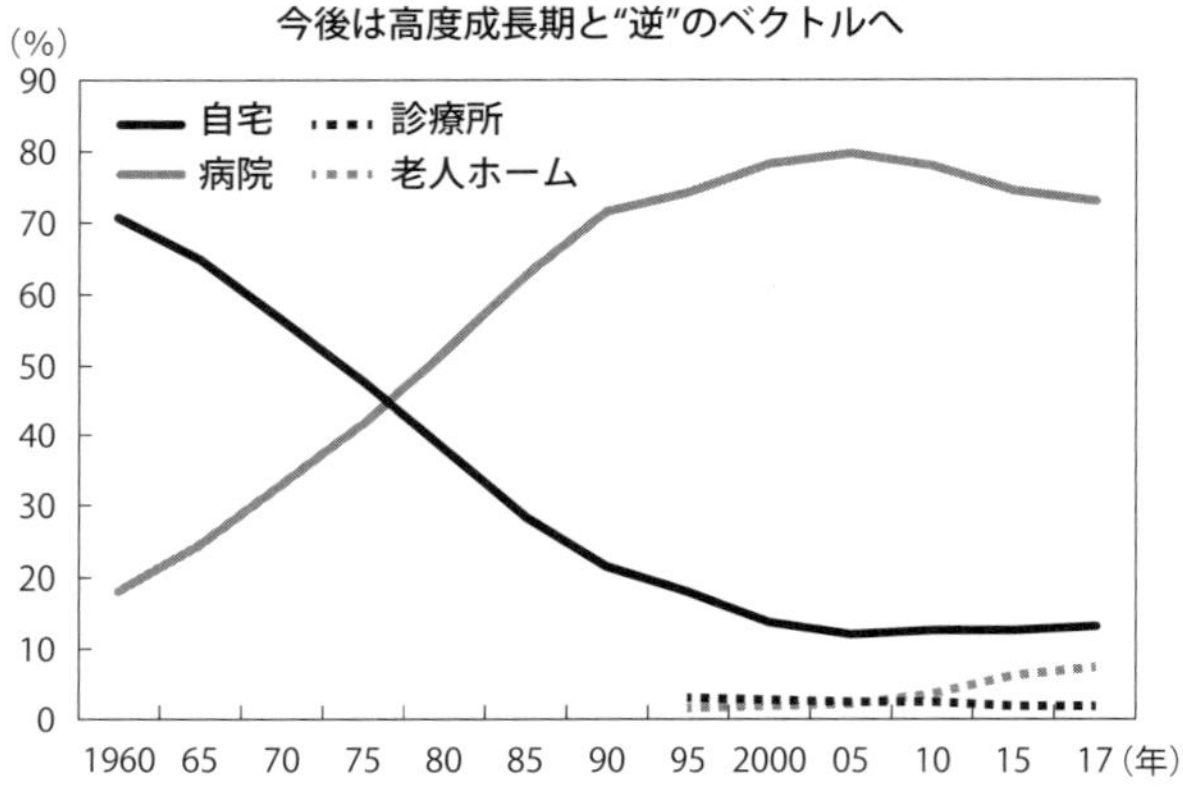


（注）病院の割合は2006年に前年から初めて減少（2005年の79.8%から2017年には73.0%に）。一方、老人ホームが徐々に増加（2005年の2.1%から2017年には7.5%に）。
（出所）厚生労働省「人口動態統計」より作成

における死亡場所の推移を示したものである（人口動態統計）。高度成長の入り口にあった1960年頃では、病院で亡くなるのは2割未満で、大半は自宅で亡くなっていた。しかし高度成長期ないし人口増加の時代に状況は一変し、自宅死と病院死の割合は逆転して、病院死が8割を占めるようになった。

以上のことは、看取りあるいはターミナル（終末期）ケアに関する文脈ではしばしば言及されてきた事実関係だが、1990年代後半にそうした関連の調査研究をしていた際、私自身は、そうしたトレンド（病院死の割合の増加）はやがて成熟化し、今後はむしろ逆の動き、つまり自宅あるいは老人ホームなど病院以外の場所での死が増え

**図表6–3　死亡場所の国際比較**

| | 日本（2017年） | イギリス（1990年） | デンマーク（1999年） |
|---|---|---|---|
| 病院 | 73.0% | 54% | 49.9% |
| ホスピス | — | 4% | — |
| 自宅 | 13.2% | 23% | 21.5% |
| 福祉的施設・住宅等 | 老人ホーム 7.5%<br>介護老人保健施設 2.5% | ナーシング・ホーム、レジデンシャル・ホーム 13% | プライエム・保護住宅 24.7% |
| その他 | 診療所　1.8% | | 診療所　3.8% |

（出所）日本は厚生労働省「人口動態統計」。イギリスは David Clark, *The Future for Palliative Care*, Open University Press, 1993。デンマークは松岡洋子『デンマークの高齢者福祉と地域居住』、新評論、2005年

ていくことになるのではないかと考えていた。実際、1997年に出した『ケアを問いなおす』という本の中で、**「死に場所の選択の拡大と多様化」**ということを論じたのである（広井［1997］）。

そして、ある意味で予想通りというべきか、図表6–2にも示されているように病院死の割合は2006年に初めて減少に転じ（79・8％→79・7％）、その後も徐々に減少を続け（2017年には73・0％）、一方、老人ホームの割合が徐々に増加するという状況になっている（2005年の2・1％から2017年には7・5％まで増加）。

思えば、日本の総人口が初めて減少に転じたのも同時期であり（2005年）、したがって人口増加あるいは経済の高度成長という時代の流れと、病院での死が増えることには一定の連関があったと言えるかもしれない。逆に、亡くなる場所が病院に限らず

多様化していくというのは、先進諸国あるいは成熟社会において一般的に見られる現象であり、やや古いデータだが、図表6-3に示されるように、イギリスやデンマークでは病院死の割合は5割前後であり、自宅や老人ホームで亡くなる割合が日本よりかなり大きい状況にある。

## 看取りをめぐる認識の変化

死に場所という外形面に限らず、看取りのケアのあり方そのものについても、私が上記の著書や関連の調査研究書を出した頃は、たとえば〝できるだけ自然な死を望む人にはそうしたケアが提供されるべきだ〟という主張に対して、「自然な死」などといったことはありえない、といった反論が出され、当時大論争になったりした。

しかし近年では、特別養護老人ホームで看取りのケアにあたってこられた医師の石飛幸三氏が『「平穏死」のすすめ』という著書を公刊し（石飛［2010］）、それが大きな反響を呼んでベストセラーとなったり、NHKが「老衰死」というテーマに関する特集番組を組んだりするなど、私から見れば〝隔世の感〟と言えるほど、看取りのあり方や死に関する意識や議論においてこの20年の間に大きな変化が生じている。

ちなみに、『文藝春秋』の2013年7月号は「2013年のうらやましい死に方」という特集記事を掲載したが、これは人の死に方や看取りに関して読者に投稿を募集し、寄せられた投稿について作家の五木寛之氏がコメントするという内容のものだった（1999年の第1回に次いで2度目）。

この中で五木氏は、いま私たちは「『団塊死』の時代」という時代状況を迎えつつあると指摘するとともに、「『死』はいま『生』よりも存在感を強めている」と述べている。さらに今回の投稿内容を1999年の時のそれと比べながら、この十数年でかなり雰囲気が変わり、「いま『生き方』と同じように、『逝き方』を現実の問題としてオープンに語り合えるようになってきた気配がある」と概括しているのである。

たしかに〝終活〟という言葉が普通に使われるようになったり、コンビニに置かれている週刊誌の大抵の号がそうした関連の記事で埋まったりしている現状を見ると、時代状況は大きく変化しているとも言える。ただそれでもなお、それらの多くは文字通り〝終活〟の外面的な事柄に関するものであり――もちろんそれはそれで重要なことだが――、なお看取りや「死生観」の深い部分について、満たされていないニーズがあるように思える。

## ライフサイクルのイメージと時間

この場合、どのような死生観をもつかはもちろん一人ひとりにかかっているが、死生観というものは「時間」ということと深く関連していると私は考えている。

図表6-4　ライフサイクルの二つのイメージ

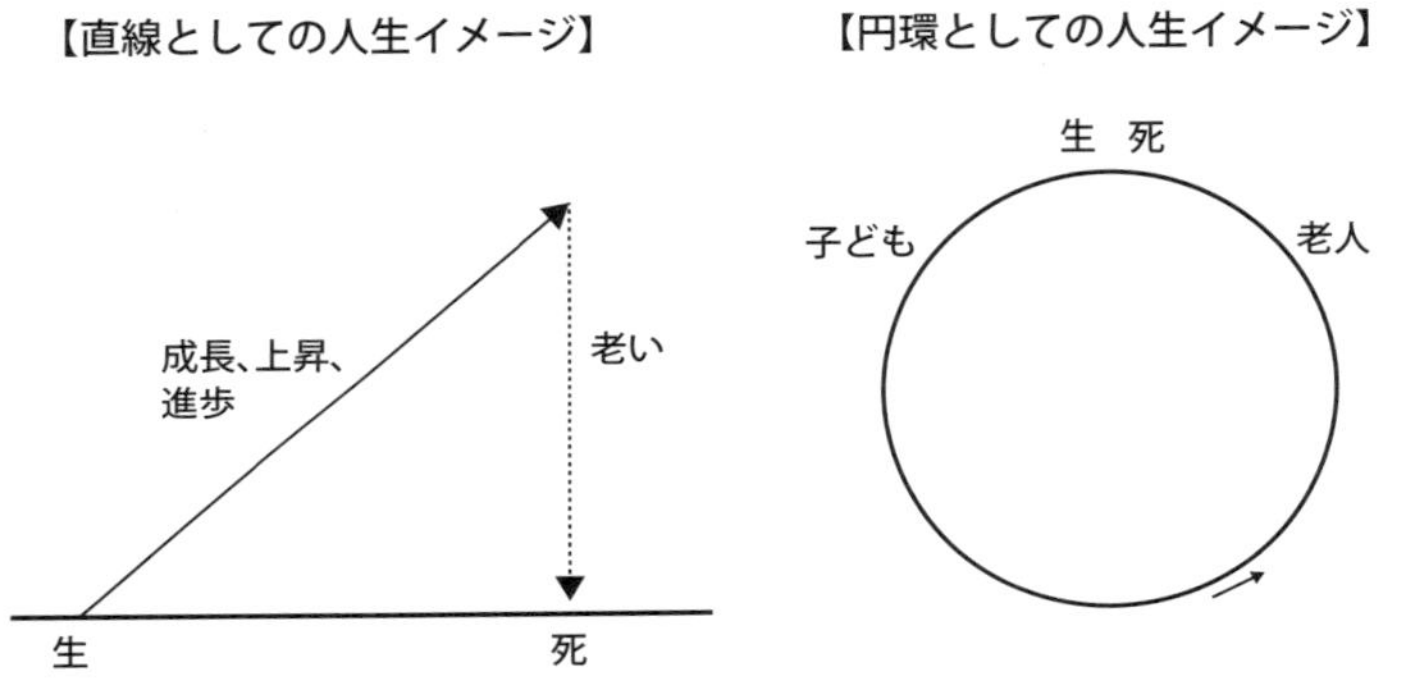


話の手がかりとして、「人生」あるいはライフサイクルのイメージというものを考えてみよう。人生、つまり人が生まれ、成長し、老い、死んでいくという全体的な過程について人々がもつイメージには、さしあたり大きく二つのタイプがあるように思われる。ひとつは「直線としての人生イメージ」であり、もうひとつは「円環としての人生イメージ」だ（図表6―4）。

前者の場合、人生とは基本的に〝上昇、進歩する線〟のようなものであり、そのこと自体はプラスの意味をもつが、こうした人生イメージの場合、「老い」はどうしてもネガティブな性格のものとなり、さらに死はその果ての「無」への落下という意味合いが強くなる。おそらく高度成長時代を駆け抜けてきた戦後の日本人にとっての人生イメージは、大方こちらに近かったと言えるのではなかろうか。他方、後者（円環としての人生イメージ）のほうでは、人生とは、生まれた場所からいわば大きく弧を描いてもとの場所に戻っていくようなプロセスとして考えられる。この見方では、「生」と「死」とは同じ場所に位置することになる。

私にとって、そもそもこうした円環的な人生イメージを具体的に感じるきっかけを与えてくれたのは、『バウンティフルへの旅』という1985年のアメリカ映画だった。「バウンティフル」はアメリカ南部の地名で、主演女優のジェラルディン・ペイジはこの作品により同年のアカデミー主演女優賞を受賞している。

内容を簡単に紹介すると、ペイジ演ずる主人公の老女は、夫には大分以前に先立たれ今は息子夫婦とともに町に暮らしている。自分の死がそう遠くないであろうことを意識し始めている彼女は、死ぬ前に一度だけ、生まれ育った場所であるバウンティフルを訪れたいと思うようになる。バウンティフルは遠く離れた田舎の場所であり、今ではほとんどただの草原のようになっているところだ。彼女は周到に計画を立てた上で、ある日こっそり家を抜け出し、長距離バスを乗り継いでバウンティフルまでの旅を「決行」することになる。

ここから先はむしろ映画をご覧いただければと思うが、このように「自分が生まれ育った場所を、死ぬ前にもう一度見とどけたい」という思いは、人間の心の深い部分に根ざした普遍的な願いのように思われる。そして、このことを先の「円環としての人生イメージ」と結びつけて考えると、彼女にとってバウンティフルは、「生まれた場所」であると同時に、いわば**「たま**

しいの還っていく場所」ともいうべき存在としてあったのではないだろうか。

私自身は、死生観においてもっとも重要なことは、その人にとってのこうした「たましいの還っていく場所」とでも呼べるものを見出すことではないかと考えている。

これはとりたてて難しいことを言おうとしているのではない。私事にわたり恐縮だが、10年ほど前に亡くなった私の父は、実家が田舎の農家だったこともあってか、老後は郊外の小さな農園で野菜を育てることを最大の生きがいにしていた。そしてその場所を「還自園」、つまり自然に還っていく園と名付けていたのだが、それは父親にとって、農園で過ごす時間が〝自然に還る〟時間であるという意味にとどまらず、人生を終えた後にそこに還っていくという意味をもっていたと思う。

もう一つ例を挙げると、社会保障論という大教室の講義でターミナルケアのテーマを取り上げた際に学生に書いてもらった小レポートで、岩手県出身のある女子の学生（当時2年生）は「ターミナルケアにおける『地元』の重要性」と題して次のような文章を記していた。

ターミナルケアと死生観について、私は「若者」のうちに「どう死ぬか」ということを考えておく必要がある、また「地元」と呼べる場所を生産年齢のうちに失わない、あるいは作っておくことが重要だと考える。……もし、生産年齢の間、それまで住み慣れた地域を離れ、全く地縁のないところで人生の大部分を過ごしたとしても、「地元」と呼べる場所を失わない限り、そこが各人にとっての還っていく場所であり、心が休まる場所であり、還っていくコミュニティとなりうるのではないだろうか。……人によって変わる可能性があるが、日本人が望む「安らかな死」というものには、このような還るべき場所（自分が居てもいいと周りに認められている場所）にいるのだという安心感が必要となってくるのではないかと考える。

ターミナルケアをめぐるテーマが、「地元」ということと結びつけられて語られているのが印象的で、それは単なる空間的な意味を超えた、「たましいの還っていく場所」という性格をもっているように思われる。

## 深層の時間——生と死のふれあう場所

「直線としての人生イメージ」「円環としての人生イメージ」という話題から始め、特に後者との関連で「たましいの還っていく場所」ということについて述べた。この延長で、さらに「時間」という話題について考えてみたい。

私たちは日々の生活の中で、いわば「日常の時間」というべき時間を生きている。それは通常、

「カレンダー」的な時間であり、過去から未来へとつらなる「直線」としての時間である。

しかしそうした「直線的な時間」というものは、決して絶対唯一のものではなく、そうした時間のいわば根底に、それとは異なる時間の層があるとは考えられないだろうか。

たとえて言うと次のようなことである。海での水の流れを考えると、表面は速い速度で流れ、水がどんどん流れ去っている。しかしその底のほうの部分になると、流れのスピードは次第にゆったりとしたものとなり、場合によってはほとんど動かない状態であったりする。これと同じようなことが「時間」についても言えるのではないだろうか。日々刻々と、あるいは瞬間、瞬間に過ぎ去り、変化していく直線的な時間の底に、もう少し深い時間の層というべきものが存在し、私たちの生はそうした時間の層によって支えられているのではないか。

私は、そうした時間の層を**「深層の時間」**と呼んでみたい（広井［１９９７］）。このように述べるといささか観念的なことを主張しているように響くかもしれないが、必ずしもそうではない。たとえばニュートン力学においては直線としての「絶対時間」は自明の存在として考えられたが、アインシュタインの相対論に至ると、そうした時間（や絶対空間）は客観的な実在ではなく、人間が世界を理解するにあたっての便宜的な座標に過ぎないとされた。また生物学系の議論では、人間が認識しているのはあくまで「人間の時間」であって、それは時間の一つに過ぎず、様々な生き物はそれぞれにおいて異なる固有の「時間」の中を生きているという見方がされるようになっている。このように「直線的な時間」は決して唯一絶対のものではないのである。

そして、先ほどから述べている「直線」と「円環」との対比については、これらは並列する関係にあるというよりは、いわば時間の異なる層を示しており、もっとも表層にあるのが「直線的な時間」で、その底には回帰する円環としての時間があり、さらにその底に、もっとも根底的な「深層の時間」が存在すると考えてみてはどうだろうか。

そうした「深層の時間」は、先ほど海の水の流れにたとえたように、もっとも底にある不動の部分であり、刻々と変化していく事象の中にあって〝不変のもの〟ともいえる。そのように見ていくと、そうした深層の時間は最終的には「死」とつながるものであり、言い換えれば「生と死がふれあう場所」と呼べるような性格をもっているのではないか。

私たちは「生と死」というものを全く接点のない対立物と考えがちであるが、生と死はむしろ連続的なものであり、私たちの生は、深層の時間において死とつながっているのではないだろうか。

以上は「時間」ということを手がかりとした死生観に関する一つの考え方に過ぎないが、いずれにしても、それぞれの仕方で死生観の再構築を行っていくことが、現在の日本においてもっとも根本にある課題であると思えるのである。

## 日本人の死生観——その三つの層

いま「死生観の再構築」という言い方をしたが、私は、戦後の日本においては経済成長あるいは物質的な富の拡大ということにすべての関心が向けられたことから（加えて戦前についての反省やトラウマもあって）、死生観というものがほとんど〝空洞化〟していったという議論を行ってきた（広井［２００１a］参照）。

しかし本章の初めでも少し言及したように、経済が成熟化し、物質的な富の拡大ということに尽きない「よりどころ」や価値に人々が意識を向けるようになる中で、死生観に関わるテーマへの関心が高まっているように見える。

実際、私は大学の講義やゼミで死生観をめぐる話題を毎年取り上げてきているが、そうしたテーマへの学生たちの〝食いつき〟はかなり強く、もちろん個人差はあるものの、死生観や（広い意味での）宗教についての若い世代の関心が高いことを感じてきた。

さらには卒論のテーマで、たとえば宗教と自殺予防との関係、アニメの聖地といった話題を取り上げる学生もいる。また、私は第2章で述べたように「鎮守の森・自然エネルギーコミュニティ・プロジェクト」というプロジェクトをささやかながら進めているが、その関係で各地の神社などを訪れると、意外にも（しばしば高齢層以上に）若者の姿を多く見かけることを印象深く思ってきた。

他方で、先ほどもふれた〝終活〟との関連を含め、これまで死といったテーマを忌避してきた団塊世代前後の層も、自らの老いや死に直面する中で、死生観への関心が自ずと高まっているように思われる。

したがって人口減少社会を迎える日本にとって、こうしたテーマが世代の違いを超えた共通の関心事の一つとなっているとも言えるのである。

それでは、死生観というテーマを、日本人あるいは日本社会という文脈にそくして考えるとどのようなことが言えるだろうか。

やや大づかみな整理をすると、私は日本人の死生観は次のような三層構造になっていると考えている。それをまとめた図表6−5を見ていただきたい。

もっとも基底にあると思われるのは「〝原・神道的〟な層（A）」で、これは簡潔に言えば〝八百万《やおよろず》の神様〟やジブリ映画にもつながるような、自然の中に単なる物質的なものを超えた何か、あるいは有と無を超えた何かを見出すような世界観ないし死生観である。私はこれを**「自然のスピリチュアリティ」**と呼んでいる（広井［2003／2015］）。

二番目にあるのが「仏教的な層（B）」で、これは涅槃《ねはん》や空《くう》といった観念とともに、より抽象化ないし理念化された形で死や生を理解する枠組みである（近世以降日本に伝わったキリスト教もこの次元に対応する）。

図表 6–5　日本人の死生観：その三つの層

| | 特質 | 死についての理解／イメージ | 生と死の関係 |
|---|---|---|---|
| **A. “原・神道的”な層** | **「自然のスピリチュアリティ」** | 「常世（とこよ）」、「根の国」<br>……具象性 | 生と死の連続性・一体性 |
| **B. 仏教（・キリスト教）的な層** | 現世否定と解脱・救済への志向 | 浄土、極楽、涅槃等（仏教の場合）、永遠の生命（キリスト教の場合）<br>……抽象化・理念化 | 生と死の二極化 |
| **C. “唯物論的”な層** | “科学的”ないし“近代的”な理解 | 死＝「無」という理解 | 生＝有<br>死＝無 |

そしてもっとも表層にあるのがいわば「近代的ないし〝唯物論的〟な層（C）」で、これは端的に〝死＝無〟ととらえる。

先ほども述べたように、戦後の日本では、死を賛美した戦前のトラウマもあり、高度成長期を中心に圧倒的に第三の唯物論的な層が強くなったが――その典型が団塊世代と思われる――、今もう一度根底にある伝統的な死生観、つまりAやBの層を再発見ないし再評価する時代になっているのではないか。

私自身は、もっとも根底にあると思われる、先ほど「自然のスピリチュアリティ」と呼んだ自然観ないし生命観が大きな意味をもつと考えている。「スピリチュアリティ」という言葉は日本では誤解されることも多い言葉だが、物質的な次元あるいは有と無（ないし生と死）を超えた次元に関わるコンセプトであり、また個々の宗教の相違を超えたところに存在する精神性や価値という意味合いもある。

この場合、キリスト教や仏教などの普遍宗教――第3章で述べた紀元前5世紀の枢軸時代において初めて成立したもの――においては、スピリチュアリティは、「永遠の生命」とか「空」といった例のように、理念化・抽象化された概念として考えられる傾向が強い。

これに対して、日本を含む地球上の各地域・文化圏におけるもっとも基底的な層においては、スピリチュアリティは「自然」と一体のものとして考えられてきたと思われる。それは同じく第3章で述べた、狩猟採集段階の後半期に生じた「心のビッグバン」とつながるものと考えられるが、〝八百万の神様〟というイメージに示されるような、非生命を含む自然の中に単なる機械論的なそれとは異なる、内発的な力を見出すような自然観ないし生命観である。

そしてこうした見方は、先ほど述べた「深層の時間」や「生と死の連続性」というとらえ方という把握ともつながってくると思われる。

## ＊「鎮守の森ホスピス」の可能性

以上に関連するより具体的な次元の話として、日本の伝統的な死生観や自然観を踏まえた上でのホスピス（死にゆく人が安らかに死を迎えられることに配慮した施設・サービス。イギリスの女性医師シシリー・ソンダースが1967年に開設したセント・クリストファー・ホスピスが先駆とされる）や看取りのケアというテーマがある。日本におけるホスピスは、1970年代頃からまずキリスト教系のものが導入され（淀川キリスト教病院、聖隷三方原病院などが先駆例）、1990年には医療保険において緩和ケア病棟入院料という診療報酬上の仕組みが施設基準とともに制定され、順次普及してきている。また仏教ホスピスと呼ばれるものも存在するが、しかしこれらと同時に、いわば「鎮守の森ホスピス」とも呼びうるような、日本の伝統的な死生観・自然観に根ざしたホスピスや看取りのケアのあり方が考えられてもよいのではないか。こうした関心から、本書の中で幾度かふれてきた「鎮守の森・自然エネルギーコミュニティ・プロジェクト」の柱の一つとして、京都市の南の八幡市に位置する石清水八幡宮の神職の方たちとも連携して「鎮守の森ホスピス」に関する調査や検討を進めているところである。

## 2　死生観をめぐる現代的展開

### 現代版「不老不死」の夢

死生観の再構築というテーマに沿って述べてきたが、現代的な状況に目を向けると、これらとはある意味では〝逆〟の方向に向かうような動きも様々な形で進んでいる。〝逆〟の方向というのは、死生観というものを通じて何らかの意味で「死」を受容するという方向とは異なり、むしろテクノロジーによって「死」をとことん遠ざけ、「生」の領域を無限に拡大させるという方向である。

特にそれは〝現代版「不老不死」の夢〟とも呼びうる、次のような展開である。「不老不死」は、人間にとっての古代からの〝永遠の夢〟と呼べるようなテーマであった。ところが近年に至って、こうした不老不死をめぐる話題が、科学の分野において正面から取り上げられるに至っている。

私が見るところ、それには次のような二つの異なる流れがあるように思われる。第一は生命科学や医療の領域で、その象徴はやはり再生医療の急速な展開である。第二は、情報科学に関連する領域であり、その一つの典型は、人間の「意識」を機械やインターネット上に〝移植〟し、「永遠に生きられる」ようにするという議論だ。

単純に言えば、前者は主として人間の「身体の不死」に関わるものであり、後者は主に「意識の不死」を目指すものと言うこともできるだろう。

以上のうち、メディア等を通じて近時私たちに身近になっているのは、後者の「意識の不死」に関する話題かもしれない。たとえば第３章でもふれた、２０１４年公開のジョニー・デップ主演の映画『トランセンデンス』では、殺害された天才科学者の脳の情報のすべてを、同じく科学者の妻がインターネット上に〝アップロード〟し、死んだ夫がコンピューターの中で〝生き続ける〟ようにするという内容のものだった。こうした発想の下敷きの一つになっているのは、これも同章で言及したアメリカの未来学者カーツワイルの「シンギュラリティ」論——AIなどがやがて人間の知性を凌駕するという議論——である。

しかも、これは単にSF的な荒唐無稽の話にとどまるのではない。第3章でもふれたが、2017年に出版された『脳の意識　機械の意識——脳神経科学の挑戦』という本の中で、工学研究者の渡辺正峰氏（東京大学）は、「未来のどこかの時点において、意識の移殖が確立し、機械の中で第二の人生を送ることができることが可能になるのはほぼ間違いないと私は考えている」と述べている（渡辺［2017］）。

一方、先ほど「不老不死」に関する第一の流れとして指摘した、再生医療など生命科学の展開に関しては、アメリカの大統領生命倫理評議会が2003年に報告書（『治療を超えて』）を公刊しており、生命関連技術の発達によって可能となる「不老の身体」といった話題が正面から論じられている。

私たちはこうしたテーマをどう受け止め、考えたらよいのだろうか。ここで単純な結論を述べることは困難だが、以上のような方向は、「人間と自然」、「個人とコミュニティ」をそれぞれ切断した上で、〝独立した個人を軸にして人間が自然を完全にコントロールする〟という、近代的な原理をその極限まで追求するという性格のものだろう。それは第3章において、「第4の拡大・成長」を目指す方向として挙げた議論とそのまま重なっており、それが死生観というテーマと自ずとつながっているのである。

私はむしろ、そうした限りない〝切断〟や〝離陸〟の方向ではなく、個人の根底にあるコミュニティや自然、ひいてはその（先ほど「自然のスピリチュアリティ」と呼んだ）根源にあるものを再発見することで、新たな死生観が開けると考えている。

言い換えれば、「無」の積極的な価値を内包するような新たな死生観、そして地球や人間の有限性を視野に入れた（「地球倫理」と呼ぶべき）思想、および「持続可能な福祉社会」と呼びうる社会モデルの構想が求められていると思えるのである。

## 生と死のグラデーション

一方、死生観という点に関して進みつつある現代的な状況について、別の角度から見てみたい。

私の実家（岡山）にいる母親はすでに80代の後半になるが、何十年も続けてきた商店を数年前に店じまいしたせいもあってか、しばらく前から現れていた認知症の症状が一層顕著になってきた。以前にはなかったことだが、かなり前に亡くなった両親や、10年ほど前に亡くなった夫（私の父）は今どこに行っているのか、なかなか帰ってこないではないか、といった趣旨のことを口にするようになった。

そのような母親の言葉を聞いていると、ある意味で半分〝夢の中の世界にいる〟といった印象を受けることがある。そしてさらに言えば、「生」と「死」というのは通常思われているほど明確に分かたれるものではなく、そこには濃淡のグラデーションのようなものがあり、両者はその意味で連続的であって、母親はそうした（中間的な）状態にあるようにさえ思えることがある。

以前は、「ピンピンコロリ」といった言い方もあるように、たとえば〝昨日まで田んぼで農作業をしていたが今朝見たら亡くなっていた〟というようなイメージとともに、生から死へとストンと落下するような、ある意味で非連続的な生―死のとらえ方が一般的で、またそうした亡くなり方が比較的望ましいものとして描かれることが多かった。

私自身もそれは一つの〝良い〟死に方になりうると思ってきたが、しかし上記のような経験から、先ほど述べたような「生と死のグラデーション」あるいは「生から死へのゆるやかな移行」という見方も重要ではないかと思うようになったのである。

それはやや理屈っぽく言えば、「生」と「死」を明確に区分し、「生＝有、死＝無」とした上で、死の側を視野の外に置いてきた近代的な見方に対し、生と死をひとつづきの連続的なものとしてとらえることで、いわば死をもう一度この世界の中に取り戻し、両者をつなげるという意味をも担うのではないか。

そして実はこうした方向は、意外にも現代の科学の新たな展開と共振する。それは「リアルとバーチャルの連続化」と呼びうるような方向だ。

いわゆるＡＩや情報技術などが高度化する中で、『マトリックス』や『インセプション』といった映画が印象的に描いてきたように、〝現実とは脳が見る（共同の）夢に過ぎない〟という世界観が浸透し始めている。つまり何がバーチャル（仮想的、夢）で、何がリアル（現実）かの境界線があいまいになり、連続化しているのである。

こうして超高齢化の進展と、情報科学の展開という全く異なる背景から、「夢と現実」の境界、そして「生と死、有と無」の境界のゆらぎが生じ、あるいは「リアルとバーチャルの連続化」が進んでいる。

そして、高度成長期には確固たるものに見えた「唯一の現実」というものが多層化し、夢と現実がクロス・オーバーしていく。こうした根本的に新しい――同時に〝なつかしい未来〟と呼びうる――時代の構造変化の中に、人口減少時代における私たち日本人の死生観のゆくえは位置しているように見える。

## 「無の科学」への道標

最後に、先ほども言及した「無」の意味やその積極的な価値という点に関して述べておきたい。

死生観と言う時、私が連想する文学作品の一つに、よく知られた芭蕉の「閑《しずか》さや岩にしみ入る蝉の声」の句がある。

ここでの「蝉」、短い一生でありながら命の限り声を出して鳴いている蝉とその声はまさに〝生〟の象徴であり、一方、ここでの「岩」は、イメージとしては奥深い山の中にある、苔むし少し湿って黒々とした岩で、それは〝死〟の象徴である。

そして、蝉の声が岩に「しみ入る」というのは、静寂を舞台に〝生〟と〝死〟が融合するという、宇宙的とも言えるような世界観を表現したものであると思っていた。本章で述べた「生と死の連続性」というテーマともつながる内容である。

しかし何年か前、よく行っている八ヶ岳の南麓で何気なく過ごしていた時、次のような経験をした。それは、その近辺にわりと多く見られる巨大な岩の群――かつて噴火があった時ものだろうか――のいくつかが、まるで大きなエネルギーをもっているかのように思われたのである。

ひるがえって、そのような経験から先ほどの芭蕉の句を思うと、それを少し違った意味に理解することができると考えた。すなわち、芭蕉の句での「岩」は、先ほど述べたような〝死〟

の象徴というよりも、むしろ根源的な「生命」あるいは究極の「存在」そのものを表すものであり、そして静けさの中で蝉の声がしみ入るというのも、それらが生命や存在の根源に融合するといったイメージではないか。

以上は芭蕉の句にそくした私の解釈に過ぎないが、一方、現代の物理学では（アインシュタインが示したように）質量とエネルギーの等価性ということが言われ、多少比喩的に言えば岩のような物質ないし物体は〝エネルギーのかたまり〟であり、したがって岩にある種のエネルギーを見てとるという発想は、一概に非合理的と言えない面もあるだろう。

さらに、近年の物理学や宇宙論においては、「真空のエネルギー」ひいては「無のエネルギー」といった話題が議論されるようになっている。

たとえば一般向けの科学雑誌『ＮＥＷＴＯＮ』の２０１０年2月号は、『「無」の物理学」という特集号だったが、そこでは次のように述べられている。

「無」とは何か？　多くの人は「何もないこと」と答えるだろう。「そんな退屈なものについて、何をいまさら論じることがあるのか」とさえ思うかもしれない。（中略）ところが、物理学にとっての「無」は、決して退屈なものではない。（中略）物理学の発展につれて、「無」はますます重要になりつつある。「無」が素粒子を生みだす。「無」がエネルギーをもっている。「無」が宇宙を誕生させる……。今や「無」と物理学は切っても切れない関係にある。「無」の不思議さ、奥深さを探究してみよう。

こうして17世紀に生まれた近代科学もまた、その歩みの究極の展開において、「無」そのものを正面から論じるに至っているのである。

本章では、人口減少社会としての日本における「死亡急増時代」という話題から始め、看取りをめぐる課題にも言及しつつ、「深層の時間」そして「自然のスピリチュアリティ」という私自身の死生観に関する視点を提起すると同時に、近年の新たな状況がもたらす「生と死のグラデーション」、「リアルとバーチャルの連続化」といった話題にそくしながら死生観をめぐる現代的な課題について考えてきた。

最終的にそれはそもそも「死」や「無」をどうとらえるかというテーマに行き着くことになり、これは私自身にとってなお探究途上の課題であるが、いずれにしても超高齢化時代の到来ということとも相まって、「無」や「死」についての文・理を超えた、科学、人間、社会等の多領域に及ぶ横断的な探究がいまこそ求められている。

# 第7章

# 持続可能な福祉社会
## ――地球倫理の可能性

本書においては、「人口減少社会のデザイン」というテーマを中心にすえて、一方ではそれをコミュニティやまちづくり・地域再生、社会保障といった個別領域にそくして考えるとともに、他方では資本主義、人類史といった長い時間軸の中でその意味や展望を論じてきた。最後に、本書のここまでの議論を踏まえた上で、今後私たちが実現していくべき社会のありようやその土台となる理念ないし思想を、「持続可能な福祉社会」というコンセプトを軸に吟味してみたい。

## 1 グローバル化の先の世界

### 単純なグローバル化の終わりの始まり

議論の手がかりとしてまず考えてみたいのは、「グローバル化の先の世界」あるいは「グローバル化の終わりの始まり」という視点である。

近年、国際的な動きに関する話題で目立つものと言えば、やはりイギリスのEU離脱をめぐる動きといわゆる〝トランプ現象〟ということになるだろう。これらについては様々な角度からの議論があるが、ここでは私の関心から見て必ずしも十分論じられていないと思われる点について述べてみたい。

あらためて言うまでもなく、私たちが現在言うような意味での「グローバル化」を最初に本格化させたのはイギリスである。つまり同国において16世紀頃から資本主義が勃興する中で、たとえば1600年創設の東インド会社――これは株式会社の起源ともされる――に象徴されるように、イギリスは国際貿易の拡大を牽引し、さらに産業革命が起こって以降の19世紀には、〝世界の工場〟と呼ばれた工業生産力とともに植民地支配に乗り出していった。

その後の歴史的経緯は省くが、そうした他でもなく〝グローバル化を始めた国〟であるイギリスが、経済の不振や移民問題等の中で、その帰趨はなお未確定であるものの、少なくともグローバル化に対する「NO」のメッセージを発信するに至ったというのが今回のEU離脱の基本的な性格と言うべきだろう。

つまり**「グローバル化の始まり」を先導した、まさにそのイギリスにおいて、「グローバル化の終わり」という方向への動きもまた始まった**のである。

アメリカのトランプ現象も似た面をもっている。20世紀はイギリスに代わってアメリカが世界の経済・政治の中心となり（パクス・アメリカーナ）、強大な軍事力とともに「世界市場」から大きな富を獲得してきた。しかし新興国が台頭し、国内経済にも多くの問題が生じ始める中、TPP離脱や移民規制など、まさに「グローバル化」に背を向ける政策を本格化させている。

イギリスを含め、ある意味でこうした政策転換はまさに〝都合のよい〟自国中心主義であり、すなわちグローバル化で〝得〟をしている間は「自由貿易」を高らかにうたって他国にも求め、やがて他国の経済が発展して自らが〝損〟をするようになると保護主義的になるという、身勝手な行動と言う以外ない面をもっているだろう。

## 「グローバル化の先」の二つの姿

しかし他方で、私は以上とは別の意味で「グローバル化の限界」が様々に見え始めているのが現在の世界であり、第2章でも論じたように、今後はむしろ「ローカライゼーション」という方向が新しい形で進んでいく時代を迎えると考えている。

すなわち、環境問題や持続可能性などへの関心が高まる中で、まずは地域の中でできる限り食糧やエネルギー（特に自然エネルギー）を調達し、かつヒト・モノ・カネが地域内で循環するような経済をつくっていくことが、地球資源の有限性という観点からも望ましいという考え方が徐々に広がり始めている。

私が見るところ、こうした方向がかなり浸透しているのはドイツや北欧などの国々であり、これらの地域では、「グローバル経済から出発してナショナル、ローカル」という方向で物事を考えるのではなく、逆にむしろ「ローカルな地域経済から出発し、ナショナル、グローバルと積み上げていく」という社会の姿が志向され、実現されつつある。ちなみにドイツは周知のように2022年までの原発廃棄をうたうとともに、電力のうち再生可能エネルギーによるものがすでに約4割となり（2018年）、また2050年にはそれを8割にまで高めることを目標としている。

したがってやや単純化して対比すると、「グローバル化の終わり」あるいは**「グローバル化の先」の姿には大きく異なる二つの姿がある**と言えるだろう。

一つは強い「拡大・成長」志向や利潤極大化、そして排外主義とセットになったナショナリズム的な方向であり、トランプ現象はある意味でその典型である。

もう一つは、ローカルな経済循環やコミュニティから出発し、それをナショナル、グローバルへと積み上げながら「持続可能な福祉社会」と呼びうる姿を志向する方向であり、上記のようにドイツ以北のヨーロッパに特徴的である。

以上のような二つのベクトルの〝せめぎ合い〟が顕著になっているのが現在という時代ではないか。それは第3章で人類史の「拡大・成長と定常化」という視点に沿って示した展望からすれば、私たちが人類史における「第3の定常化」へと移行できるか、あるいはなお限りない拡大・成長を志向するかという分水嶺と重なるものと言える。

## 「持続可能な福祉社会」という社会像

こうした点に関して、図表7-1を見ていただきたい。これは縦軸に「経済格差」を示す指標であるジニ係数をとり、横軸にはEPI（環境パフォーマンス指数、Environmental Performance Index）と呼ばれる、イェール大学環境法・政策センターが策定した「環境」に関する総合的な指標をとって国際比較したものだ。縦軸の「経済格差」は「福祉」に関わるものなので、この図は「福祉」と「環境」とを包括的に俯瞰したものとも言えるだろう。

興味深いことに縦軸と横軸はある程度相関しており、左上のグループは「格差が大きく、環境パフォーマンスも良くない」国々であり、先進国ではアメリカや日本などが含まれる。逆に右下のグループは「格差が小さく、環境パフォーマンスも良い」国々であり、ドイツやスイス、北欧諸国などがここに含まれる。

そしてこの点は、先ほど言及した「**持続可能な福祉社会 sustainable welfare society**」という社会のあり方とまさに関連している。つまり「持続可能性」は「環境」と関わり、「福祉」は富の分配の公正や個人の生活保障に関わるものなので、「持続可能な福祉社会」とは、「個人の生活保障や分配の公正が実現されつつ、それが環境・資源制約とも調和しながら長期にわたって存続できるような社会」を意味している。

言い換えれば、「持続可能な福祉社会」というコンセプトの主眼は、「環境」の問題と「福祉」

図表7-1　「持続可能な福祉社会」指標

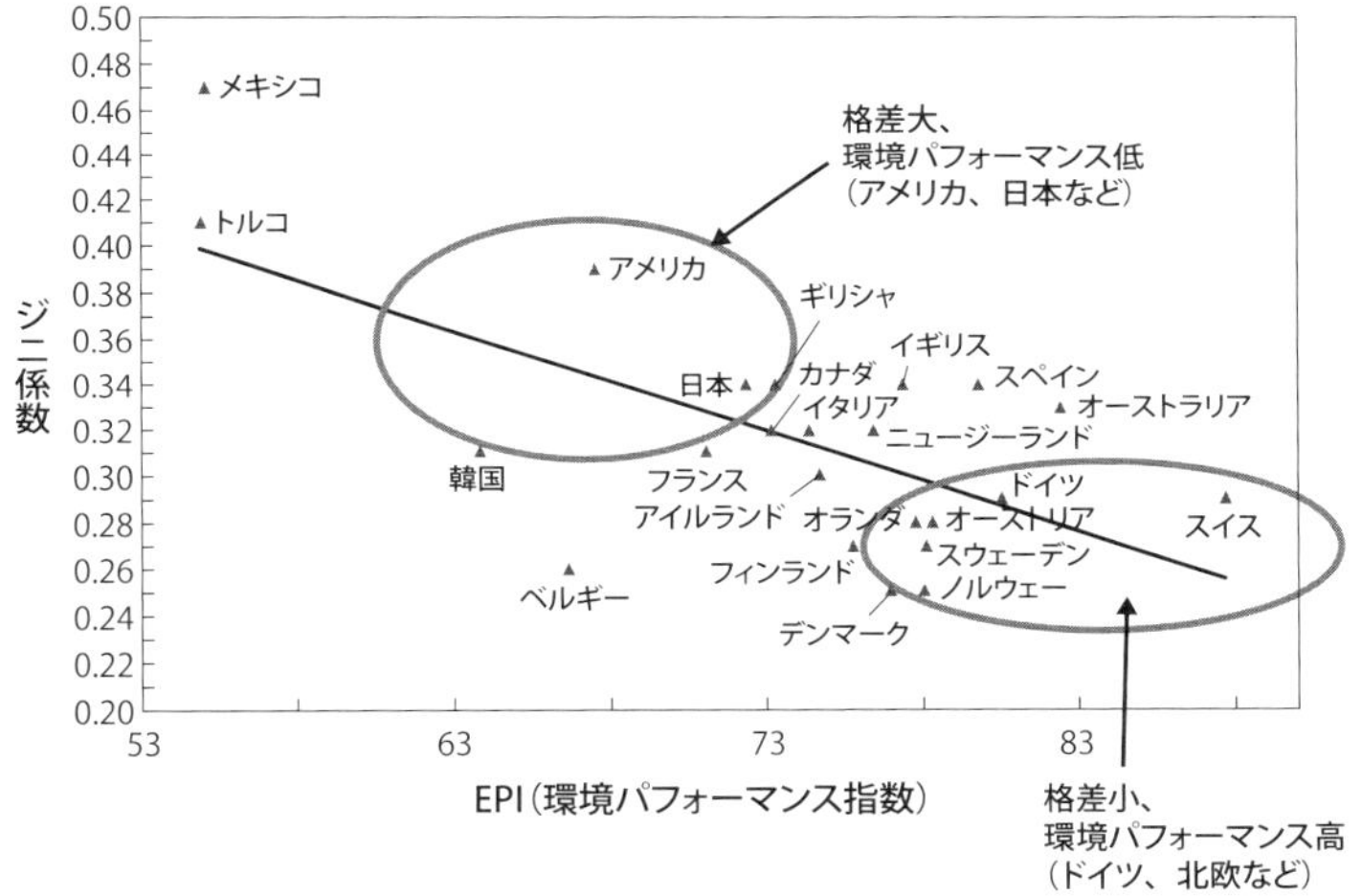


（注）ジニ係数は主に2011年（OECDデータ）。EPIはイェール大学環境法・政策センター策定の環境総合指数。

の問題をトータルにとらえる点にあり、図表7－1はまさにそうした観点からの国際比較なのである。

「環境」と「福祉」にさらに「経済」という点を加えて整理すれば図表7－2のようなものとなる。この場合、人口を含めて拡大・成長の時代においては、「経済」という点に一義的な価値が置かれる傾向が強くなるが、成熟・定常化あるいは人口減少の時代においては、持続可能性に関する「環境」の視点、富の分配の公正に関する「福祉」の視点を総合的に見ていく必要があるのだ。

そして、再び図表7－1にそくして見れば、グラフの右下にあるドイツや

図表 7-2 「環境―福祉―経済」の総合化

| | 機能 | 課題ないし目的 |
|---|---|---|
| **環境** | 「富の総量（規模）」に関わる | 持続可能性 |
| **福祉** | 「富の分配」に関わる | 公平性（ないし公正、平等） |
| **経済** | 「富の生産」に関わる | 効率性 |

北欧といった国々は、縦軸の「福祉」のパフォーマンスも、横軸の「環境」のパフォーマンスも良好であり、まさに「持続可能な福祉社会」という社会像に近い姿を実現しつつあると言える。

しかもドイツやデンマークなどに特に顕著であると思われるが、こうした国々は先ほど述べたように、ローカルな経済循環やコミュニティから出発しつつ、それをナショナル、グローバルへと積み上げていくという姿を志向している。その具体的なイメージとして、ドイツの地方都市のにぎわいや豊かさについては第２章などで述べたが、同時にここで述べている「持続可能な福祉社会」というモデルは、本書のイントロダクションで論じたＡＩを活用した政策提言における**「地方分散型」システム**という方向とも重なっているのである。

ここで誤解のないように補足すると、上記のように「ローカルな経済循環」から出発するというのは、必ずしもローカルな地域のみで完結したり閉鎖的になることを意味するわけではない。ドイツの経営思想家ハーマン・サイモンが「隠れたチャンピオン企業（hidden champions)」というコンセプトにそくして論じているように、ドイツにはローカルな地域にしっかりと基盤をもちつつも、製品の世界シェアが世界有数といった中小規模の企業が少なくない（サイモン［２０１２］）。ローカルなヒト・モノ・カネの循環から「出発」するという点が重要であり、その先にどのような形態をとるかについては様々な可能性があると言うべきだろう。

## 日本の可能性──「経済と倫理」の分離と再融合

ところで図表７－１（２８３ページ）においては、先ほど確認したように日本は（アメリカなどと同様に）グラフの左上のほうに位置しており、現状では「持続可能な福祉社会」という姿からは遠いように見える。

この背景には、本書のイントロダクションや第２章などで述べてきたように、人々の間の「社会的孤立」度が高く、したがって社会保障など「家族を越えた支え合い」には消極的で、かつ高度成長期の〝成功体験〟から「すべての問題は経済成長が解決してくれる」という意識がなお強く、これらの結果として格差（ないし福祉）や環境の両者においてパフォーマンスが低くなっているという現状があるだろう。

しかしもう少し歴史をさかのぼって見ると、実は日本において、経済や経営の領域で「持続可能性」という価値が重視されてきた流れや伝統を見出すことができるのではないか。この点を、「経済と倫理」という視点にそくして少し考えてみよう。

「経済と倫理」というと、現在では対極にあるものを並置したような印象があるが、近代以前あるいは資本主義が勃興する以前の社会では両者はかなり重なり合っていた。日本について見ると、近江商人の〝三方よし〟の家訓がすぐ思い出されるし、江戸後期に活躍した二宮尊徳は「経済と道徳の一致」を強調していた。

二宮尊徳はある意味で誤解されている思想家であり、後の時代に明治国家によってかなりデフォルメされたイメージが浸透していった面があるが、現代風に見れば財政難と人口減少時代における〝地域再生コンサルタント〟あるいは〝ソーシャル・ビジネスの実践者〟と呼ぶべき存在に他ならなかった。

黒船ショックをへて日本が急速に近代化の坂道を登り始めて以降も、こうした世界観はなお一定の程度保たれていた。「日本資本主義の父」とされる渋沢栄一は『論語と算盤』を著し、経済と倫理の一致ということを論じたし、この時代の事業家には、渋沢や倉敷紡績の大原孫三郎のように様々な「社会事業」ないし福祉活動を行う者も相当数いたのである。

ちなみに渋沢栄一は『論語と算盤』の中で、「正しい道理の富でなければ、その富は完全に永続することができぬ。ここにおいて論語と算盤という懸け離れたものを一致せしめることが、今日の緊要の務めと自分は考えているのである」と述べている。これは現代風に言うならば、

**〝企業経営においては「持続可能性」が重要であり、そこにおいて経済と倫理は一致する〟**というメッセージと理解できるだろう。

さて、戦後の高度成長期になると状況は微妙に変化していったように見える。〝経営の神様〟といわれた松下幸之助が「根源の社」という社を設けるなど宇宙的とも呼べるような独自の信仰をもっていたことは比較的知られており、同様の例はこの時期の日本の経営者に多く見られる。「経営と信仰」というのは、一見これも対極に位置する二者のように見えるが、思えば経営というのは、きわめて不確実性の高い状況の中で「孤独」な意思決定を迫られる作業であり、何らかの「よりどころ」がなければ困難な営みとも言えるだろう。

一方、国民皆保険の整備（1961年）など、高度成長期は福祉ないし社会保障は「政府」が公的制度として行うという時代となり、そのぶん経営者は社会事業などからは遠ざかっていった。第4章の社会保障と資本主義の進化をめぐる話題ともつながることだが、良くも悪くも「企業＝利潤極大化、政府＝再分配」という〝役割分担〟、つまり**企業はただひたすら利益を追求すればよく、それによって生じる格差や貧困などの問題は政府が（社会保障制度などを通じて）対応するという「二元論」的な枠組み**が、システムとして整備されていったのである。

ただし、当時はモノがなお不足していた時代であり、松下幸之助自身が考えていたように、企業がモノをつくり人々に行き渡らせることがそれ自体ある意味で「福祉」でもあったのである（実際、生活保護を受ける世帯も当時着実に減少していた）。ある意味で、高度成長期という時代は「収益性」と「倫理性」が半ば予定調和的に結びつくような、牧歌的な時代だったとも言えるだろう。

しかし1980年代前後からこうした状況は大きく変容し、一方でモノがあふれて消費が飽和していくと同時に、「経済と倫理」は大きく分離していった。他方では、日本がそうであるように経済格差を示すジニ係数は増加を続け、また資源や環境の有限性が自覚されるに至っている。

## 新たな動きの萌芽

けれども近年、いわば〝「経済と倫理」の再融合〟とも呼ぶべき動きが、萌芽的ではあるが現われ始めているように見える。たとえば「ソーシャル・ビジネス」や〝社会的起業〟に取り組む若い世代の言明などを読むと、それは渋沢栄一や近江商人の家訓など、ひと時代前の経営者の理念と意外にも共鳴するのだ。

私にとって身近な例を挙げると、社会的課題の解決を志向する会社を立ち上げたある卒業生が、自分がやろうとしていることを「世界実現」と呼んでいたことが印象に残っている。「自己実現」というと、どこか自己愛的なニュアンスが残るのに対し、彼の場合は、むしろ世界（ないし社会）そのものをある望ましい方向に近づけていくこと――世界実現――が自分の基本にある関心であるというのがその主旨だった。

あるいは、小規模ながら環境関連のベンチャー企業を立ち上げ、再生可能エネルギーと農業を結びつけた「ソーラーシェア」という試みを普及すべく奔走している別の卒業生などの例を見ても、同様のことが感じられるのである。

なぜこうしたことが生じているのか。もっとも大きくは、本書で様々な形で論じてきたように、経済や人口が「拡大・成長」を続ける時代から、人口減少という点を含めて成熟・定常化へ移行しつつあるという構造変化が本質にあるだろう。その中で「拡大・成長」時代あるいは人口増加の時代と同じ行動パターンや発想を続けていれば、企業や個人は〝首を絞め合う〟結果になる。

実際、企業の不祥事などで、記者会見場において幹部が並んで深々と頭を下げるという場面を見るのが近年では日常の出来事のようになっているが、そこには何か時代の構造的要因と呼ぶべきものが潜んでいるように思える。

残念ながら日本の場合、これも本書の中で何度かふれてきたように、高度成長期の〝成功体験〟がなお根強く染みついているため、単純な「拡大・成長」型の発想から抜け出せていない面も大きい。しかし以上のように**経済・経営をめぐる日本での理念や実践の歩みを長い時間軸**

**でとらえ返すと、「持続可能性」という価値あるいはそこでの「経済と倫理の融合」という理念は、明確な底流として存在している。**

これは必ずしも抽象的なレベルにとどまることではない。たとえばわかりやすい話、〝「事業規模を拡大すること」と、「事業が長く続くこと」のいずれかを選ばなければならないとしたら、どちらを選びますか?〟と問われた場合、「長く続く」ことを選ぶという経営者は、日本において決して少なくないのではないか。

言い換えれば、いわば「拡大・成長」よりも「持続可能性」「循環」「相互扶助」に軸足を置いた経済や経営という姿は、日本社会におけるこれまでの経営理念の流れを大きくとらえ返すならば、十分なリアリティをもつものとして浮かび上がってくるのである。

## 2 福祉思想の再構築と地球倫理

### 『相互扶助の経済』——日本の福祉思想へのアプローチ

「持続可能な福祉社会」というビジョン、そして経済・経営との関連について考えたが、最後にそうした方向の土台となる思想ないし哲学について述べてみたい。

本書の中で様々な形で論じてきたように、現在の日本においては政府の累積債務が１０００兆円に及ぶ規模となり、膨大な借金を将来世代にツケ回ししているという、国際的に見ても異例な状況となっている。社会保障にそくして見れば、「給付」は求めるが、そのための「負担」は忌避し、増税などの先送りを繰り返すという、世代間倫理という点からも許容しがたい事態となっている。

このような状況を改善ないし打破していくためには、一方で社会保障や税制等の制度にそくした分析や議論が重要であると同時に、いわばその根底にある、「福祉の哲学」あるいは福祉思想と呼びうるような、原理の次元にまで遡った考察や対応が求められるのではないか。

このようなテーマを構想するにあたり、一つの示唆深い導きの糸を与えてくれる著作としてテツオ・ナジタ『相互扶助の経済』がある（ナジタ［２０１５］）。

テツオ・ナジタはシカゴ大学教授を長く務めた日系アメリカ人で、日本の政治思想史を専門とし、『懐徳堂――18世紀日本の「徳」の諸相』などの著作が翻訳もされている。同書は特に近世ないし江戸時代に焦点をあてて、日本社会における「相互扶助」のあり方やその土台となった思想を明らかにしようとするものだが、その骨子は以下のようなものだ。

①近世までの日本には、「講」（頼母子講、無尽講、「もやい」などと呼ばれる、不測の事態などに備え

て仲間内で助け合うためお金を積み立てる仕組み）に代表されるような「相互扶助の経済」の伝統が脈々と存在していた。

②しかもそれは二宮尊徳の報徳運動に象徴されるように、村あるいは個別の共同体の境界を越えて講を結びつけるような広がりをもっていた。

③明治以降の国家主導の近代化の中でそうした伝統は失われあるいは変質していったが、しかしその〝DNA〟は日本社会の中に脈々と存在しており、震災などでの自発的な市民活動等にそれは示されている。

④そして上記のような相互扶助の経済を支えた江戸期の思想においては、「自然はあらゆる知の第一原理であらねばならない」という認識が確固として存在していた。

さて、以上のようなテツオ・ナジタの論の中で、特に注目したいのは最後の部分、つまり「自然」ということが、そうした（個々の共同体を超えた）相互扶助の原理となっていたという指摘である。この点についてナジタは次のように述べている。

これら徳川時代の思想家すべてにとって、自然という前提は第一の原理であった（「自然第一義」）。この見解は、（中略）すべてが普遍的な天つまり自然から、分け隔てもなく、他

者とのあいだに優劣をつけられることもなく、恵みを受けるというものであった。(前掲書)

先ほど記したように、現在の日本が社会保障を含む多くの面で混迷を深めており、また〝無縁社会〟的な状況が一層強まっているかのように見える中で、日本社会やそこでの福祉思想のポジティブな可能性についてのナジタの議論は、一つの希望を与えてくれる性格のものであると同時に、これからの福祉思想を考えるにあたって重要なヒントとなるものと思える。

## 共同体を超える原理としての「自然」

あらためてナジタの論を見ると、先ほどの引用文や二宮尊徳の報徳運動に示されるように、「相互扶助の経済」は「村あるいは個別の共同体の境界を越えて講を結びつけるような広がりをもっていた」とされている。そして、ここで重要なものとして登場するのが先述の「自然」なのである。

この点に関して図表7-3を見ていただきたい。これは人間をめぐる基本的な構造を示したもので——第2章の「コラム」でも同様のものを掲げた——、ピラミッドの一番上層には「個人」があるが、個人は初めから独立して存在するものではなく、その基盤には「コミュニティ」が存在している。加えて、コミュニティは〝真空〟の中にあるものではなく、その土台には人間

図表7-3　個人・コミュニティ・自然の関係

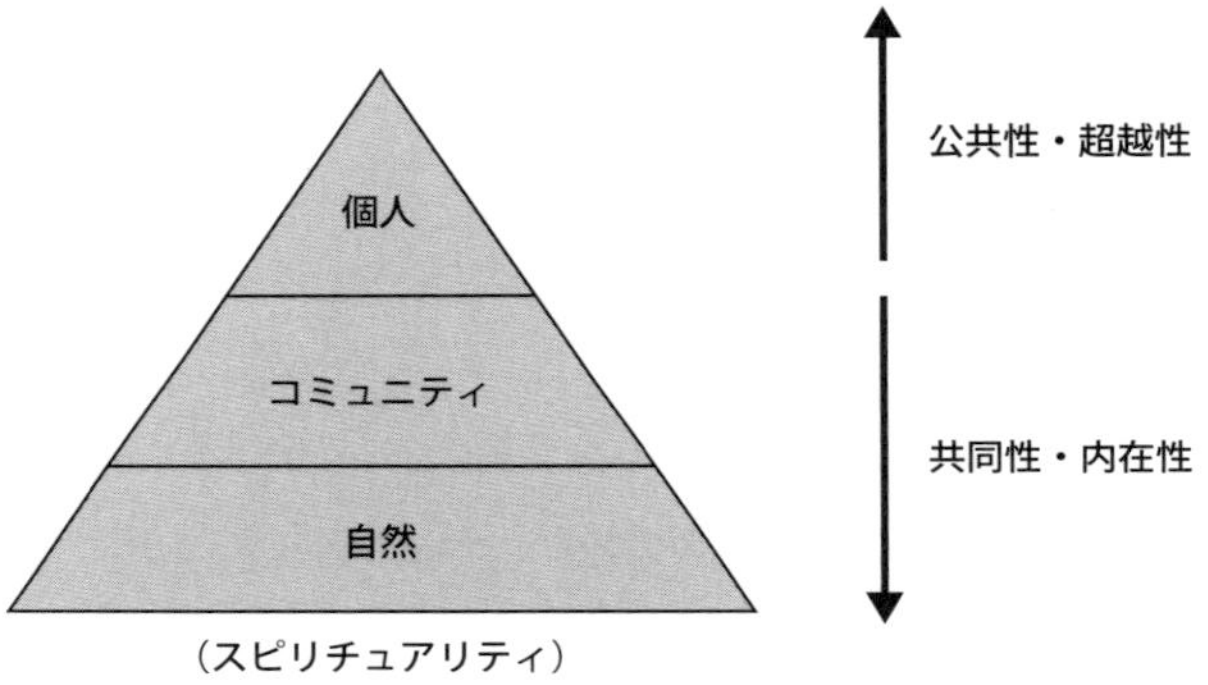


以外を含む「自然」が存在している（さらにその下にある「スピリチュアリティ」とは、前章で死生観との関連で述べたように、有と無を超えたもっとも根源的な次元をさしている）。

本書の第2章において、「農村型コミュニティ」と「都市型コミュニティ」という対比を行い、日本におけるコミュニティが前者に傾きがちであり、〝集団が内側に向かって閉じる〟という傾向が強くなりやすいという指摘を行った。これとの関連で言えば、日本社会の場合、図のピラミッドの中層にある「コミュニティ」の次元が、内部で完結して閉鎖的になりがちであるということになる。

そうしたコミュニティを〝開いて〟いく方法は、さしあたり図で上方に向かう矢印として示しているもので、「公共性」のベクトルと呼べるものである。これは上記の「都市型コミュニティ」と呼応し、つまり独立した「個人」が、特定のコミュニティあるいは共同体の境界を越え出てつながっていくというものだ。

しかしコミュニティを開いていくルートはもう一つあると言えるかもしれない。それは図の下方に向かう矢印で、「自然」とつながるベクトルである。

いま〝言えるかもしれない〟という、留保付きの表現を用いたのには理由がある。たしかに「自然」は、それを抽象的な概念としてイメージする限りでは、個別のコミュニティないし共同体を超えた性格をもっている。しかし実際には、もともと自然という存在は人間にとって、そうした抽象的な概念としてではなく、たとえばある農村共同体において、そこにおける具体的な里山や生き物としてとらえられるもので、その限りでは共同体と一体のものとしてその内部に完結し、その境界を越え出るものではなかった。

したがって「自然」というものが、何らかの意味で普遍的な理念として把握されるに至って初めて、それは個々の共同体ないしコミュニティを超えた「つながりの原理」として成り立つことになるだろう。

そして、テツオ・ナジタが取り上げる江戸時代の思想家にとって、「自然」はまさにそうした価値原理だったのである。加えてそれは、たとえば二宮尊徳が別のところで〝神がひとさじ、儒仏半さじずつ〟という風に自分の世界観を言い表しているように、原初にある神道的（ないしアニミズム的）な自然信仰と、より高次の普遍宗教ないし普遍思想である仏教や儒教とが融合した性格のものだった。

この後で簡単に整理するように、現代の日本人は、そうした江戸時代の日本人がある程度生活に密着した形でもっていた伝統的な世界観や価値原理をほぼ失っている。

そのことが現在の日本社会において、いわば集団の〝空気〟しかよりどころがなく、それぞれの集団や個人が自閉するという状況を生む根本的な原因の一つになっているのではないか。言い換えれば、こうした**「集団を超える価値原理」**を取り戻していくことが、個別のコミュニティや集団を開き、つないでいく通路になるのではないか。

と言っても、伝統的な価値の再評価というだけでは不十分だろう。とりわけ日本社会のように、個人が集団の中で抑圧されてしまうような状況が起こりやすい社会においては、まずはしっかりと「個人」を立てることが課題となる。

したがって、現在の日本の状況から出発して考えた場合、一方で（神仏儒といった）伝統的な世界観や倫理を再評価して「自然」への通路を回復すると同時に、ある程度独立した個人が個別の集団ないしコミュニティを超えてつながるという、「公共性」への志向の両方が重要になってくるだろう（これは図表7-3における、下方に向かうベクトルと上方に向かうベクトルとそれぞれ呼応している）。

いずれにしても、このようにして「個人」をしっかりと立てながら、同時に自然ないし生命を普遍的な原理にまで高めることができれば、それは現代における新たな福祉思想になりうるのではないか。そしてこれは後で述べる「地球倫理」とつながることになる。

## 日本における福祉思想の過去・現在・未来

テツオ・ナジタの『相互扶助の経済』を手がかりに議論を進めてきたが、以上のことを、江戸時代以降の日本人にとっての福祉思想をめぐる歴史的な流れをごく大まかに概観する形で確認してみよう。

先ほども指摘したように、江戸時代までの日本人は〝神・仏・儒〟、つまり神道と仏教と儒教をそれなりにうまく組み合わせて一定のバランスを保ってきたとも言える。ちなみに〝神・仏・儒〟という三者は、フランスの哲学者ガタリのいう「3つのエコロジー」(自然のエコロジー、精神のエコロジー、社会のエコロジー)ともそれぞれ対応していると思われる(ガタリ[2008])。

しかし明治以降の日本は、残念なことに次のような〝3つのステップ〟をへる過程で、こうした福祉思想の基盤を失っていった。

すなわち第1のステップは、明治維新前後から第二次大戦までである。この時期日本は、幕末の〝黒船ショック〟に象徴される欧米列強の軍事力の衝撃をへて、西欧の科学技術や政治体制等を導入していった。この場合、それらのベースにあるキリスト教までを採用するわけにはいかないため、自らの思想的基盤ないし価値原理として国家神道というものをいわば〝突貫工事〟で作り上げ、それとともに富国強兵の道を邁進していった。この時期はいわば**「福祉思想の形骸化（ないし政治化）」**として総括できると思われる。

第2のステップは、戦後から高度成長期をへて最近に至る時期である。第二次大戦の敗北により、１８０度転換する形で国家神道は完全に否定され、その代わり、戦後の日本社会は「経済成長」つまり物質的な豊かさの追求ということにすべてを集中していくことになった。いわば「経済成長」が日本人の〝宗教〟ないし精神的なよりどころになったといっても過言ではないのであり、この時期を私は**「福祉思想の空洞化」**と呼んでみたい。

そして第3ステップは言うまでもなく近年から現在に至る時期であり、つまり１９９０年代前後から、上記のようにすべてのよりどころにしていた「経済成長」すらままならなくなり、〝失われた○○年〟等々といった言辞とともに、混乱と閉塞化が進んでいった。あるいはまた、高度成長期の成功体験や、バブル期前後に〝ジャパン・アズ・ナンバーワン〟と言われた記憶が強く染み込んでいる層の一部は、「アベノミクス」に象徴されるような、かつての経済成長信仰に固執しつつ、膨大な借金を将来世代に先送りし続けている。

私たちがいま立っているのはこうした場所である。ではこれからの日本社会（ひいては日本という枠組みを超えた世界）にとっての福祉思想ないし価値原理は何になるのだろうか。

**地球倫理へのアプローチ**

これについて、まず日本にそくした文脈との関連で言えば、そうした価値原理として、やや単純化して示すなら、

「〝神仏儒〟（＝伝統的な価値）プラス個人（＝近代的な原理）プラスα」

ということが基本的な軸になるのではないか。

ここでの〝神仏儒〟は、そのうち「神」がもっとも基底的な自然信仰（自然のスピリチュアリティ）に関するもので、「仏儒」は（第3章で見たようにドイツの哲学者ヤスパースが枢軸時代と呼んだ紀元前5世紀前後の時代に生成した）普遍宗教ないし普遍思想である。これら近代以前の伝統的な価値を踏まえながら、先ほども言及したように近代的な原理としての「個人」（ないし個人の自由）という価値も重視する必要がある。しかしこれは「拡大・成長」を基調とするいわば〝近代・前期〟の価値原理であり、これだけでは、地球資源の有限性の顕在化や格差の拡大といった、近代的な原理それ自体が招いた現在の諸問題を解決することは困難である。そこで〝近代・後期〟あるいは（第3の）定常化の時代においては「プラスα」が重要になってくるのであり、それが「地球倫理」と重なってくる。

なお、以上のうちの〝神仏儒〟（＝伝統的な価値）の部分は、当然のことながら地球上の各地域によってその内実が異なる多様なものであり、その地域ごとの伝統的な価値や世界観が実質的な中身となるものである。

では地球倫理の内容はどのようなものとなるのか。ここでは簡潔な記述となるが、そのエッセンスを示しているのが図表7－4である。

ポイントは大きく二つあり、それは第一に、仏教や儒教、ギリシャ思想、旧約思想（そこから派生したキリスト教やイスラム教）といった、先述の枢軸時代に生まれた様々な普遍宗教ないし普遍思想をメタレベルからとらえ、地球上の異なる地域でそうした異質な宗教や世界観が生じた背景や構造――それは「風土」の多様性ということが重要と思われる――までを含めて理解し、多様性を含んだ全体を俯瞰的に把握するという点だ。

これは、昨今のイスラム教とキリスト教ないし西欧世界の対立など現実に生じている課題ともつながるが、様々な文化や宗教、コミュニティについて、そうした相違を地球全体の風土的多様性の中で理解するという意味で、「地球的公共性」とも呼べる方向である。

地球倫理のもう一つのポイントは、第6章の死生観のところでもふれた、自然信仰の再評価という点である。それは先ほど日本の福祉思想の関連でも言及した〝八百万の神様〟的な生命観にも通じるもので、自然や生命の内発的な力を再発見するような自然観ないし世界観である。

図表 7-4 「地球倫理」の可能性
……「第3の定常化の時代」における価値原理として

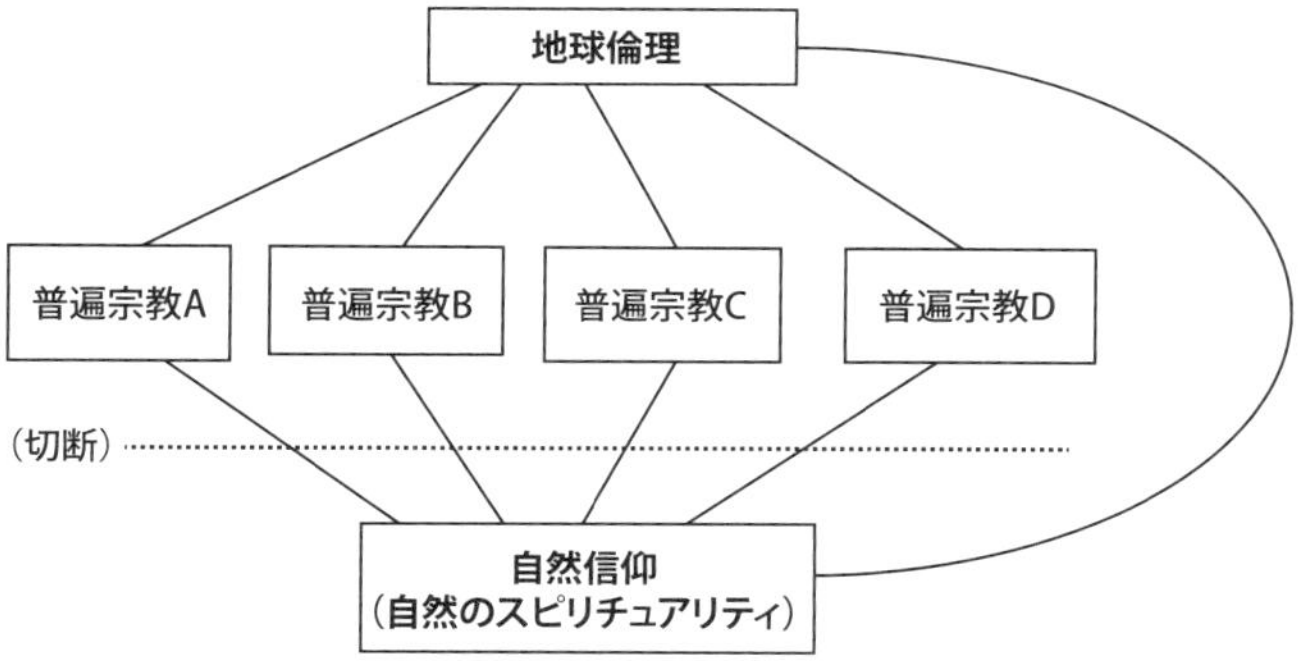


同時にそれは地球上の様々な宗教の根底にある、その意味で普遍的なものであり、先ほどテツオ・ナジタの『相互扶助の経済』の議論において注目した「原理としての自然」ともつながるものだ（なお図での「切断」とは、枢軸時代に生成した普遍宗教・普遍思想においては、原初に地球上の各地において存在していた自然信仰が、非合理的ないし呪術的なものとして否定的にとらえられることが多かったことを示している）。

日本にそくして言えば、一見迂遠に見えようとも、集団の内部に自閉しない「相互扶助」や「自然」に関する伝統的な価値ないし倫理を現代の視点から再評価し、地球倫理とも接続させつつ、新たな福祉思想の構築を図っていくことが持続可能な福祉社会の実現にとっていま強く求められている。

## ローカル・グローバル・ユニバーサル

振り返れば本章の初めで「グローバル化の先の世界」というテーマについて述べたが、このように考えていくと、「グローバル」という言葉の意味自体の見直しや再定義が必要になることに気づく。

すなわち、通常「グローバル化（グローバリゼーション）」ということが言われる場合、それは〝マクドナルド的〟に世界が一様に均質化していくといった意味で使われることが多い。

しかし先ほど述べたような「地球倫理」という把握にそくして見た場合、本来の意味の「グローバル」とは、そうした均質化・一様化という意味では決してなく、むしろ地球上の各地域の「ローカル」な風土や文化の多様性を積極的に評価しつつ、ヒトの種としての「ユニバーサル」な普遍性の中で文化の多様性が生成する全体構造を俯瞰的に把握することを意味するはずではないか。

つまり、「ローカル」（地域的・個別的）と「ユニバーサル」（普遍的、宇宙的）という対立を架橋ないし総合化する理念としての「グローバル」ということが考えられるのであり、同時に、本書の全体を通じて述べてきたように、ローカルな場所から出発しながら、有限な地球において文化や資源が互いに共存していくような社会システムの構想が求められている。

それが、これから日本が世界のフロントランナーとして駆け抜けていく「人口減少社会のデザイン」というテーマと重なるのである。

## [参考文献]


新雅史［２０１２］『商店街はなぜ滅びるのか――社会・政治・経済史から探る再生の道』、光文社新書。

石飛幸三［２０１０］『「平穏死」のすすめ――口から食べられなくなったらどうしますか』、講談社。

伊東俊太郎［２０１３］『変容の時代――科学・自然・倫理・公共』、麗澤大学出版会。

井村裕夫［２０００］『人はなぜ病気になるのか――進化医学の視点』、岩波書店。

リチャード・G・ウィルキンソン［池本幸生翻訳、片岡洋子翻訳、末原睦美翻訳、２００９］『格差社会の衝撃――不健康な格差社会を健康にする法』、書籍工房早山。

上原巌監修・日本森林保健学会編［２０１２］『回復の森――人・地域・森を回復させる森林保健活動』、川辺書林。

内平隆之、小川陽介、小林正美、米谷啓和、泉山塁威［２０１７］「多様な立場を包摂する公共空間」『建築雑誌』Vol. 132, No. 1699.

宇都宮浄人［２０１５］『地域再生の戦略――「交通まちづくり」というアプローチ』、ちくま新書。

レイ・カーツワイル［井上健監訳、２００７］『ポスト・ヒューマン誕生――コンピュータが人類の知性を超えるとき』、ＮＨＫ出版。

マイケル・S・ガザニガ［柴田裕之訳、２０１０］『人間らしさとはなにか?』、インターシフト。

フェリックス・ガタリ［杉村昌昭訳、２００８］『三つのエコロジー』、平凡社。

亀田達也［２０１７］『モラルの起源――実験社会科学からの問い』、岩波新書。

近藤克則［２００５］『健康格差社会――何が心と健康を蝕むのか』、医学書院。

ハーマン・サイモン〔上田隆穂監訳、渡部典子訳、２０１２〕『グローバルビジネスの隠れたチャンピオン企業――あの中堅企業はなぜ成功しているのか』、中央経済社。

佐伯啓思〔２０１７〕『経済成長主義への訣別』、新潮社。

阪井清志〔２０１２〕「海外主要国の都市交通制度　第４回：ドイツの都市交通制度――連邦政府の政策を中心に」『新都市』第66巻第３号。

司馬遼太郎〔１９８０〕『土地と日本人――対談集』、中公文庫。

「幸せリーグ」事務局編〔２０１４〕『「幸せリーグ」の挑戦』、三省堂。

カール・セーガン〔長野敬訳、１９７８〕『エデンの恐竜――知能の源流をたずねて』、秀潤社。

ジャレド・ダイアモンド〔倉骨彰訳、２０００〕『銃・病原菌・鉄（上）（下）』、草思社。

高松平藏〔２００８〕『ドイツの地方都市はなぜ元気なのか――小さな街の輝くクオリティ』、学芸出版社。

A・ディートン〔松本裕訳、２０１４〕『大脱出――健康、お金、格差の起源』、みすず書房。

友野典男〔２００６〕『行動経済学――経済は感情で動いている』、光文社新書。

冨山和彦〔２０１４〕『なぜローカル経済から日本は甦るのか――ＧとＬの経済成長戦略』、ＰＨＰ新書。

中村良平〔２０１４〕『まちづくり構造改革――地域経済構造をデザインする』、日本加除出版。

テツオ・ナジタ〔五十嵐暁郎監訳、福井昌子翻訳、２０１５〕『相互扶助の経済』、みすず書房。

日本経済新聞社・産業地域研究所〔２０１４〕『超高齢社会の実像――シニアたちはセカンドライフをどう考え、何を求めているのか』調査報告書、日本経済新聞出版社。

ロバート・Ｄ・パットナム〔２００６〕『孤独なボウリング――米国コミュニティの崩壊と再生』、柏書房。

原田曜平［２０１４］『ヤンキー経済――消費の主役・新保守層の正体』、幻冬舎新書。

久繁哲之介［２０１６］『競わない地方創生――人口急減の真実』、時事通信社。

広井良典［１９９２］『アメリカの医療政策と日本――科学・文化・経済のインターフェイス』、勁草書房。

広井良典［１９９４］『医療の経済学』、日本経済新聞社。

広井良典［１９９７］『ケアを問いなおす――〈深層の時間〉と高齢化社会』、ちくま新書。

広井良典［１９９９］『日本の社会保障』、岩波新書。

広井良典［２０００］『ケア学――越境するケアへ』、医学書院。

広井良典［２００１ａ］『死生観を問いなおす』、ちくま新書。

広井良典［２００１ｂ］『定常型社会――新しい「豊かさ」の構想』、岩波新書。

広井良典［２００３／２０１５］『生命の政治学――福祉国家・エコロジー・生命倫理』、岩波書店（２０１５年に岩波現代文庫として再刊行）。

広井良典［２００４］『脱「ア」入欧――アメリカは本当に「自由」の国か』、ＮＴＴ出版。

広井良典［２００５］『ケアのゆくえ　科学のゆくえ』、岩波書店。

広井良典［２００６］『持続可能な福祉社会――「もうひとつの日本」の構想』、ちくま新書。

広井良典［２００９ａ］『グローバル定常型社会――地球社会の理論のために』、岩波書店。

広井良典［２００９ｂ］『コミュニティを問いなおす――つながり・都市・日本社会の未来』、ちくま新書。

広井良典［２０１１］『創造的福祉社会――「成長」後の社会構想と人間・地域・価値』、ちくま新書。

広井良典［２０１３］『人口減少社会という希望――コミュニティ経済の生成と地球倫理』、朝日選書。

広井良典［２０１５］『ポスト資本主義　科学・人間・社会の未来』、岩波新書。

広井良典編［２０１７］『福祉の哲学とは何か――ポスト成長時代の幸福・価値・社会構想』、ミネルヴァ書房。

広井良典［２０１８］『持続可能な医療――超高齢化時代の科学・公共性・死生観』、ちくま新書。

広井良典、沈潔編［２００７］『中国の社会保障改革と日本――アジア福祉ネットワークの構築に向けて』、ミネルヴァ書房。

藤井直敬［２００９］『つながる脳』、ＮＴＴ出版。

ブルーノ・Ｓ・フライ、アロイス・スタッツァー［佐和隆光監訳、沢崎冬日訳、２００５］『幸福の政治経済学――人々の幸せを促進するものは何か』、ダイヤモンド社。

アンドレ・グンダー・フランク［山下範久訳、２０００］『リオリエント――アジア時代のグローバル・エコノミー』、藤原書店。

リチャード・フロリダ［井口典夫訳、２００８］『クリエイティブ資本論――新たな経済階級の台頭』、ダイヤモンド社。

増田寛也編著［２０１４］『地方消滅――東京一極集中が招く人口急減』、中公新書。

見田宗介［１９９６］『現代社会の理論――情報化・消費化社会の現在と未来』、岩波新書。

諸富徹［２０１８］『人口減少時代の都市――成熟型のまちづくりへ』、中公新書。

渡辺正峰［２０１７］『脳の意識、機械の意識――脳神経科学の挑戦』、中公新書。

Amable, Bruno (2003), *The Diversity of Modern Capitalism*, Oxford University Press.
Bowles, Samuel and Gintis, Herbert (2011), *A Cooperative Species: Human Reciprosity and Its Evolutions*, Princeton

University Press.

Christian, David (2004), *Maps of Time: An Introduction to Big History*, University of California Press.

Cohen, Joel E. (1995), *How Many People can the Earth Support ?*, W. W. Norton & Company

DeLong, J. Bradford (1998), *Estimates of World GDP, One Million B.C. – Present.*

Hall, Peter A. and Soskice, David W. (2001), *Varieties of Capitalism: The Institutional Foundations of Comparative Advantage*, Oxford University Press.

Louv, Richard (2005), *Last Child in the Woods: Saving Our Children from Nature-Deficit Disorder*, Algonquin Books.

Lutz, Wolfgang, Sanderson, Warren C. and Scherbov, Sergei (2004), *The End of World Population Growth in the 21st Century: New Challanges for Human Capital Formation and Sustainable Development*, Routledge

Mckeown, Thomas (1988), *The Origins of Human Disease*, Wiley-Blackwell.

Nesse, Randolph M. and Williams, George C. (1995), *Why We Get Sick: The New Science of Darwinian Medicine*, Crown.

New Economics Foundation (2002), *Plugging the Leaks.*

Stearns, Stephen C. (ed) (1999), *Evolution in Health and Disease*, Oxford University Press.

Stiglitz, Joseph E., Sen, Amartya and Fitoussi, Jean-Paul (2010), *Mismeasuring Our Lives: Why GDP doesn't Add Up?*, The New Press.

Wilkinson, Richard and Pickett, Kate (2018), *The Inner Level: How More Equal Societies reduce Stress, restore Sanity and improve Everyone's Well-being*, Penguin Press.

# あとがき

私は元号というものをさほど意識するほうではないが、「人口減少社会のデザイン」という本書の主題は、「令和」という時代の文字通り中心的なテーマになると考えている。

振り返れば、「昭和」の時代とは、人口や経済が「拡大・成長」を続け、それとパラレルに、すべてが東京に向かって流れ、また本文でも述べたように人々が〝集団で一本の道を登る〟時代だったと言える。

「平成」の時代は、いみじくもその間に日本の総人口は増加から「減少」に転じ、かつ〝失われた〇〇年〟ということが語られ、様々な社会的変化が生じた時代でもあったが、しかし経済社会の基調をなしたのは、明らかに昭和的な「拡大・成長」志向の発想ないし価値観だった。言い方を変えれば、昭和後期ないし高度成長期の（ジャパン・アズ・ナンバーワンとまで言われた）〝成功体験〟の残り香がそれだけ強固だったのである。

結果として平成という時代は、従来型の「拡大・成長」路線と、社会的現実との間に大きなギャップが生じる時代となった。その一つの典型的な帰結としては、政府の借金の累積が1000兆円を超えるまでに至り、それを将来世代にツケ回し続けるという、国際的に見ても異様な状況がある。〝成長がすべての問題を解決してくれる〟という（昭和的な）発想の下で、分配や負担といった問題をすべて先送りしてきたのである。

このように考えていくと、令和という時代の中心テーマが、上記のように「人口減少社会のデザイン」であるということは、半ば自明のことであると言えるだろう。そこでもっとも基本となるのは、昭和（〜平成）的な「拡大・成長」志向そして〝集団で一本の道を登る〟発想から抜け出し、あるいはそこから自由になり、「持続可能性」や個人の創発性に軸足を置いた社会のあり方に転換していくことである。

それは本書の中で様々な形で論じてきた「持続可能な福祉社会」という社会像と重なり、またそうした姿を実現していくことが、結果として出生率の改善ひいては人口の「定常化」にもつながっていくはずである。

＊　＊　＊

そのような方向を進めるにあたっての具体的な方策や対応、理念、時代認識について、本書の中で提起してきた主要な論点のいくつかをあらためて記すと、以下のようになる（前半の①〜⑤は比較的具体性が高く、後半の⑥〜⑩はより中長期的な時代認識や理念に関わる内容となっている）。

①将来世代への借金のツケ回しを早急に解消すべきであり、そのため、消費税を含む税の水準をヨーロッパ並みの水準に引き上げる。

②人口減少社会においては**「人生前半の社会保障」**、つまり若い世代への支援の強化が何より重要であり、またすでに生じている世代間の不公正を是正するためにも、たとえば年金給付約55兆円のうち、高所得高齢者向けのせめて1兆円程度を、課税等を通じて教育・雇用等を含めた若者支援に再配分する。

③地域ないし国土の構造として、**「多極集中」**という方向（都市や地域の「極」が多く存在しつつ、それぞれの極は集約的なまちになっているという姿）を実現するとともに、「コミュニティ空間」という視点を重視した（ドイツなどヨーロッパに典型的な）〝**歩いて楽しめるまちづくり**〟を積極的に進める。

④都市と農村は〝非対称的〟な関係にあり（不等価交換）、ほうっておけば都市が有利な構造となり人は都市に流れていくため、「都市と農村の持続可能な相互依存」を実現すべく、都市・農村間の様々な再分配システムを導入する（農業版ベーシック・インカム［BI］、地域版・若者

版ＢＩなど)。

⑤**企業行動**ないし経営理念の軸足を「**拡大・成長**」から「**持続可能性**」にシフトしていく。これは、日本が本来もっていた伝統的な経営哲学を現代的な視点から再評価することにもつながる。

⑥科学の基本コンセプトは17世紀以降、「物質→エネルギー→情報→生命」と進化してきているが、「情報」はすでにその成熟期に入り、私たちは「**生命**」を軸とし、マクロの生態系やその持続可能性に価値を置いた「**ポスト情報化**」の分散型社会システムを構想する時期に来ている。

⑦人口増加がもっとも顕著だった20世紀と異なり、21世紀は**高齢化と人口の定常化が地球規模で進行**する時代となる。日本はその〝フロントランナー〟として、「**グローバル定常型社会**」と呼びうる社会像を率先して発信していくことが求められる。

⑧環境・福祉・経済が調和した「**持続可能な福祉社会**」と呼ぶべき社会モデルを志向すると同時に、**ローカルな経済循環**から出発し、ナショナル、グローバルへと再分配や規制等を積み重ねていくような社会モデルを実現していく。

⑨根底にある「福祉思想」の再構築が重要であり、日本の場合、〝神仏儒〟という伝統的な基盤に(近代的な)「個人」そして近代後期の状況を踏まえた「**地球倫理**」と呼びうる理念の深化を図っていく。

⑩私たちは人類史の中で**「3度目の定常化」**の時代を迎えようとしているが、拡大・成長から成熟・定常化の移行期には大きな精神的・文化的革新が生じており（5万年前の「心のビッグバン」及び紀元前5世紀前後の「枢軸時代／精神革命」）、「地球倫理」はそうした画期に呼応しうる理念として深化していく必要がある。

以上は、個々の論点については当然異論があるだろうが、「人口減少社会のデザイン」を描くにあたり、いずれも避けては通れない、重要なポイントになるものだ。言い換えれば、それは本書のイントロダクションでのＡＩ分析のところでも指摘した、「２０５０年、日本は持続可能か？」という問いを考えるにあたって、不可避の論点になるものである。

＊　＊　＊

最後に、本書の成立の経緯について若干記しておきたい。

本書執筆の基本にある動機としては、「人口減少社会のデザイン」というテーマ――それは〝大変〟な難題ではあるが、きわめてチャレンジングで、本来〝おもしろい〟はずのものだ――を共有し、それに各人の知恵やアイデアや実践をもち寄り、従来型の「拡大・成長」モデルにとらわれない、これからの日本社会や世界のありようを考えていくことが、現在の日本にとっての最大の課題であるという、ある種の確信めいた意識がベースにある。それは私自身がこれまで書いてきた『定常型社会』、『創造的福祉社会』、『人口減少社会という希望』、『ポスト資本主義』といった一連の本の延長線上にあるものだ。

また、本書が生まれた背景にはもう一つ、次のような現実的な流れも関係している。私は（京都大学に2016年に移る前の）20年間、千葉大学で「社会保障論」という通年の講義を行っていたが、その内容は、社会保障論と称しながらも次第に（コミュニティやまちづくり、資本主義、幸福、死生観等々といった多様な話題を含む）ある種の〝現代社会論〟のような性格のものに進化していた。講義をする中で（学生とのやりとりを含め）私自身も考えや視点が発展するという印象を抱いていたため、何らかの形でそれに類する性格の講義のようなものを続けたいという思いがあり、そうした経緯もあって実現したのが、2018年3月及び2019年3月の、それぞれ、NPO法人東京自由大学及び京都大学東京オフィスでの集中講義（4時間×2日間）だった（京都大学こころの未来研究センター・上廣倫理財団寄付研究部門の社会還元事業の一環としての市民講座）。

前後して、以前からよく存じていた東洋経済新報社の渡辺智顕氏及び編集者の今井章博氏から本の執筆に関するお誘いがあり、上記の集中講義の内容も踏まえながら、「人口減少社会のデザイン」というテーマの本の執筆にとりかかることになった。2018年3月の集中講義のテープおこし原稿も作成いただき、当初はそれを活用することを考えていたのだが、実際に作業を始めてみると、口語体かつ講義で話した内容を本の文章に書き改めていくのはきわめて困難な作業であることがすぐわかり、ほぼ全面的に一から書き下ろしたのが本書となっている。特に２０１８年の年末と、いみじくも平成から令和に移る時の〝10日連休〟をフル活用して執筆を行ったが、このあとがきの冒頭に記した「平成から令和へ」という話題と偶然にも重なり、ちょっとした感慨がある。

私自身の中での流れとしては、２０１５年に『ポスト資本主義』という本を出し、その次は（以前からの主要な関心事である）無や死を主題とする本の構想を考えていたが、昨年出した『持続可能な医療』、そして本書と、やや〝現実的〟なテーマにそくした本の公刊を先にすることになった。現在の日本の状況を考えると、これは一つの必然的な流れだったと思っているが、原理的な次元に関わる考察も、さらに深めていければと考えている。

２０１９年８月

広井良典

【著者紹介】
**広井良典**（ひろい　よしのり）
京都大学こころの未来研究センター教授。1961年岡山市生まれ。東京大学・同大学院修士課程修了後、厚生省勤務を経て96年より千葉大学法経学部助教授、2003年より同教授。この間マサチューセッツ工科大学（MIT）客員研究員。16年4月より現職。専攻は公共政策及び科学哲学。社会保障や環境、医療、都市・地域に関する政策研究から、時間、ケア、死生観等をめぐる哲学的考察まで、幅広い活動を行っている。『コミュニティを問いなおす』（ちくま新書）で第9回大佛次郎論壇賞を受賞。その他の著書に『ケアを問いなおす』『死生観を問いなおす』『持続可能な福祉社会』（以上、ちくま新書）、『日本の社会保障』（第40回エコノミスト賞受賞）『定常型社会』『ポスト資本主義』（以上、岩波新書）、『生命の政治学』（岩波書店）、『ケア学』（医学書院）、『人口減少社会という希望』（朝日選書）、『無と意識の人類史』（東洋経済新報社）など多数。

人口減少社会のデザイン

2019年10月3日　第1刷発行
2025年4月21日　第9刷発行

著　者――広井良典
発行者――山田徹也
発行所――東洋経済新報社
〒103-8345　東京都中央区日本橋本石町 1-2-1
電話＝東洋経済コールセンター　03(6386)1040
https://toyokeizai.net/

装　丁…………橋爪朋世
D T P…………アイランドコレクション
印刷・製本……リーブルテック
編集協力………今井章博
編集担当………渡辺智顕

ISBN 978-4-492-39647-6